与孟非在作者好友英国皇室勋爵的维多利亚风格庭院中聚会家宴

已故非森作者在英国爱丁堡皇室演讲的讲义多种收藏在亚洲风林当代中国集会家宴

欧洲真相

张晓丹 著

清华大学出版社

北 京

内 容 简 介

　　《欧洲洋相》一书颠覆了以往介绍欧洲的角度，它不是摄影图集，光罗列照片；也不是旅游攻略，多介绍景点。作者通过旅居欧洲多年的精彩经历，以全新的视角，轻松有趣的文字，诙谐幽默的语言，图文并茂地与你分享异地风土人情，探究每个生动有趣故事背后中西文化的特色与差异。本书可以给从未踏足欧洲的朋友以初步认知；给粗略领略过欧洲的朋友，重温故地的回味；给曾在欧洲虽然生活过多年的朋友也会有全新的体验，不时听到惊叹，"怎么我就没留意？会留有那么多遗憾"！它宛如一幅欧洲生活的画卷徐徐展开，带你感受品味似曾相识而从未见识的城市，使你重新领略欧洲人文风景之集萃，让你深入体验前所未有的欧洲生活。之后的《欧洲洋相 2》将有更多精彩继续。

图书在版编目（CIP）数据

　　欧洲洋相 / 张晓丹著 . -- 北京：清华大学出版社，2014

　　ISBN 978-7-302-36360-6

　　Ⅰ. ①欧…　Ⅱ. ①张…　Ⅲ. ①西方国家–概况–青少年读物　Ⅳ. ①K95-49

　　中国版本图书馆CIP数据核字（2014）第099100号

责任编辑：杜　星
封面设计：北京自场艺术设计工作室
责任校对：王荣静
责任印制：王静怡

出版发行：清华大学出版社
　　　　网　　址：http://www.tup.com.cn，http://www.wqbook.com
　　　　地　　址：北京清华大学学研大厦A座　　邮　　编：100084
　　　　社 总 机：010-62770175　　　　　　　　邮　　购：010-62786544
　　　　投稿与读者服务：010-62776969，c-service@tup.tsinghua.edu.cn
　　　　质量反馈：010-62772015，zhiliang@tup.tsinghua.edu.cn
印 装 者：北京亿浓世纪彩色印刷有限公司
经　　销：全国新华书店
开　　本：185mm×260mm　　印张：24　插页：1　字　　数：500千字
版　　次：2014年6月第1版　　　　　　　　　印　　次：2014年6月第1次印刷
定　　价：68.00元

产品编号：054909-01

尖尖屋顶上的十字架，
悠扬缠绵的风笛声，
扑鼻而来的紫色——薰衣草香气，
迎风拂面的地中海海风，
构成一曲华彩的乐章，
伴随你的一生。

创意：张晓丹
Design idea by Xiaodan ZHANG (Writer of 《Europe Revealed》)

欧洲洋相　祁荣祥 题

将军书法家祁荣祥题写书名

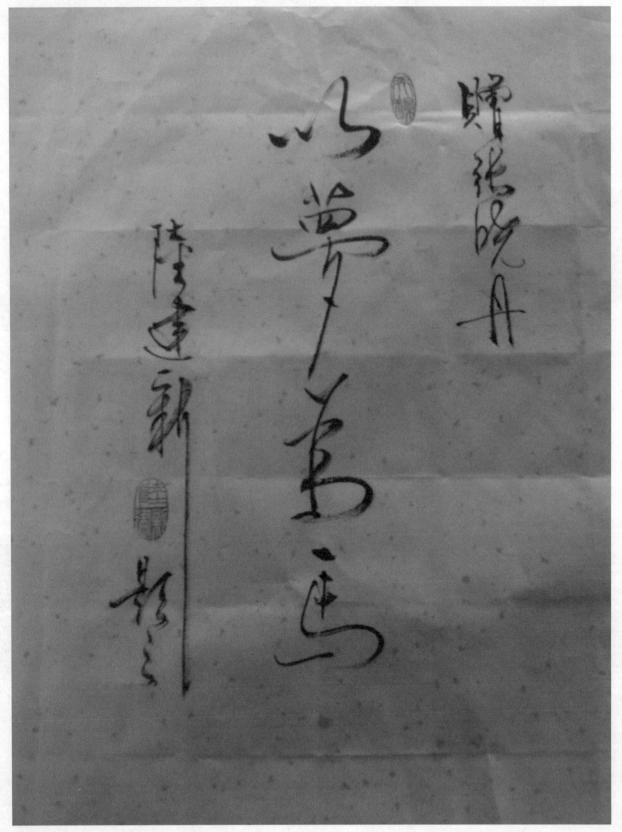

中国书画联合会主席，国际书法大赛金奖获得者陆建新先生题写　作者自序题目

序

　　我小时候玩过一种玩具，叫做万花筒，老人也叫它西洋镜。小孩子们争先恐后凑在镜筒的一头，看着里面的千变万化。晓丹的《欧洲洋相》取意观察欧洲的一只万花筒，以小见大，勾起童年的回忆，也勾起让人镜中一窥的欲望。

　　如今的世界交往日趋便利，中西之间的距离变得前所未有的接近。走出国门看世界，已经不是难以触及的梦想，然而每个游历者都有自己观察世界的角度，因逢别际会的不同而生出不同的感悟。

　　作者晓丹精通多国语言，在欧洲长期从事金融工作、生活之余，游历世界五大洲六十多个国家的亲身感受，赋予《欧洲洋相》独特视角，展示了欧罗巴不为人熟知的一面。书中的每个故事都试图探究背后的东西方文化异同，很有意思。

《非诚勿扰》主持人　中国著名月老

Preface

Philippe Legrain

Every European child learns about the Travels of Marco Polo to China in the thirteenth century and the marvels he discovered there. His wonder and delight at the sophistication of Chinese culture excited many young people — including me.

Chinese people have also made their mark on Europe. The first Chinese person recorded in England is Shen Fu Tsong, a scholar who visited the court of King James II in the seventeenth century. He was the first to catalogue the collection of Chinese books in the Bodleian Library at Oxford University. A portrait of Shen hangs in the Queen of England's collection today.

Chinese migrants influenced ordinary life too. Many of the first Chinese settlers in Britain arrived as sailors in the nineteenth century. The port city of Liverpool is home to Europe's oldest Chinese community, who founded the first "Chinatown" there. Chinese communities have since settled across Europe and established a "Chinatown" in most big cities. Paris has two.

China's rising over the past 35 years has stimulated Europeans' interest in Chinese culture. From September 2014, the British Museum in London is hosting a big exhibition featuring treasures from the early Ming Dynasty. It is entitled "50 Years that Changed China", the period from 1400 to 1450 when China emerged as a superpower with its capital in Beijing. Restaurants in London now serve food from Sichuan and Hunan, as well as Peking (Beijing) duck and Cantonese fare. All things Chinese — from acupuncture to tai chi — are in demand. Learning Mandarin is increlising popular. Many more Europeans are visiting China as tourists, while European shops increasingly cater to high-spending Chinese visitors. Chinese students make European friends, creat personal connections and a bridge between cultures.

My personal interest in China involves much more than an appreciation of your country's past. Whenever I have visited China, ordinary people have been exceptional friendly. One example among many: a dentist in Xi'an who was closing his surgery reopened it to help a friend of mine with terrible tooth pain — and then refused to accept payment. I try to reciprocate that kindness with Chinese people I meet in Europe. There is also an exhilarating energy about modern China: all kinds of progress is happening fast and the future is full of possibilities. Shiny new skyscrapers reach for the sky. Sparkling new trains speed through the countryside. The rapidly changing in cities like Beijing and Shanghai feel like a window into the future; Europe's cities seem small and sometimes backward in comparison.

Many Europeans are increasingly afraid of the future and so cling to the past. We don't invest enough and people tend to focus on the downsides of change, rather than all the opportunities it offers. Sometimes we are going backwards: while hardly anyone in Beijing cycles any more, Londoners and Parisians increasingly travel by bicycle rather than by more modern means. This fear of the future is almost like self-hate: it implies that today's Europeans feel that they can't do things better than previous generations. And it can be dangerous, because when people feel threatened, they may lash out at others, notably foreigners. But it doesn't have to be like that. Young people don't want to live in a museum or a theme park. China's example ought to inspire Europeans that a better future is possible if we believe in ourselves and strive for it.

There is also lots that Chinese people can learn from Europe. In the next stages of China's development, it needs to imitate less and innovate more. Chinese people are incredibly talented. To make the most of those talents, you need to learn to think more creatively and to spark ideas off different people. Studying and experiencing a diverse, global city like London that is famous for its creativity can open your mind to new ways of thinking and doing things. And while China's education system ranks top in the world in mathematics and science, students increasingly need to learn to think for themselves, rather than just learn things by heart. Partnerships with European schools and universities could help.

The most important thing, for both China and Europe, is that we continue to learn from each other. That we emulate the best of each and adapt it to our local needs. The future is a foreign land, full of marvels. Let's discover it together.

That's why the world needs more people like Xiaodan who can act as a bridge across cultures. She's a very impressive woman who speaks four languages, has been to more than sixty countries and has lived in Russia, France and Britain, as well as China. Impressively, she wrote this book in her spare time, while working in a bank in Europe. This excellent book offers a window on Europe for Chinese readers. Enjoy it!

Philippe LEGRAIN, Principal Adviser and head of the Analysis Team to the President of the European Commission; Special adviser of WTO(World Trade Organisation). He speaks regularly on the economy to business audiences and appears widely in the media.

序译文

每个欧洲小孩都了解马可·波罗在 13 世纪远行中国的事迹，以及他在中国的奇闻异事。他对精妙中国文化的描述启发了大批年轻人，其中也包括我。

华人在欧洲同样也留下了印记。英格兰记录的第一位华人是沈福宗。他是一名学者，在 17 世纪朝觐过国王詹姆士二世，并首次对牛津大学库藏的中国典籍进行了归类整理。英国女王的收藏中至今仍保留着沈的一幅肖像。

中国移民还影响了百姓的生活。首批中国移民于 19 世纪到达英国，多为海员。最早的华人社区出现在港口城市利物浦，后来演变成了第一座"中国城"。此后华人社区在欧洲遍地开花，并且在大多数大城市汇聚成"中国城"，在巴黎的"中国城"就有两座。

中国在过去 35 年的崛起激发了欧洲人对中国文化的兴趣。不列颠博物馆将从 2014 年起举办一项以明代初期珍宝为主题的展览，名为"改变中国的 50 载"，即在以北京为首都的中国摇身变成世界超级强国的 1400 年至 1450 年这段时期。伦敦有四川、湖南风味餐馆，也烹制北京烤鸭和广东特色。任何中国风的东西——从针灸到太极——都有人追捧。越来越多的人开始学习普通话，越来越多的欧洲人去中国旅游，同时越来越多的欧洲店铺开始取悦中国的高端消费者。中国学生结交欧洲朋友，建立私交同时也架起文化交流的桥梁。

我对中国的兴趣不止于对中国历史的仰慕。每次游历中国，中国百姓对我都极其友善。从很多例子中挑一个：在西安，有位正在打烊的牙医居然为帮助我的一个朋友而重张诊所，事后还拒收酬劳。于是我以同样的善意对待在欧洲遇见的华人。现在的中国还散发着一种活力：国家突飞猛进，前途不可估量，耀眼的高楼直冲云霄，高速火车在田野中驰骋。快速发展的城市，比如北京和上海，犹如向未来敞开的窗口；相比之下欧洲城市就显得袖珍，有时甚至落伍。

很多欧洲人越来越畏惧未来，所以抱着过去不肯撒手。我们不愿多投资，还倾向于关注变迁产生的负面结果，而无视变迁带来的机会。有时我们是在倒退：少有北京人还骑自行车，而伦敦人和巴黎人出行越来越愿意骑车而不是乘坐现代工具。这种对未来的恐惧甚至可视为自卑：即意味着当今的欧洲人不认为可以胜过先人。这种心态会很危险，因为当人感到受威胁时，他可能会找别人出气，尤其是外国人。但我们大可不必如此。年青一代是不会情愿住在博物馆或者主题公园里的。中国典范给欧洲人做出了表率：只要自信并且坚持奋斗，未来一定会更好。

中国人也可以向欧洲借鉴许多。在今后的发展中中国应该减少模仿，强化创新。中国人民极具才华，而充分施展才华需要学会创造性地思考，并且激发个人的才智。在向伦敦这样以创新闻名的国际化大都市学习、体验中将引领你从新的角度思考，以新的方式行动。尽管中国的教育在数学和科学方面引领世界，可是学生们仍需要学习独立思考，而非死记硬背。与欧洲学校和大学联袂会大有裨益。

对中国和欧洲最关键的事情莫过于彼此取长补短，并按实际情况进行实践。未来的精彩不可限量，让我们一起领略。

因为这样世界才需要像晓丹这样的人，这样的文化使者。她是位了不起的女士，能流利使用 4 种语言，足迹遍布 60 多个国家，并且在俄罗斯、法国、英国，当然还有中国生活定居过。更不可思议的是她用在某欧洲银行供职时的闲暇时光撰写了这部著作。这部精彩的著作为中国读者了解欧洲开启了一扇窗，祝您读得开心！

Philippe Legrain 身为欧盟主席 José Manuel Barroso 的首席经济顾问，并且自 2011 年起担任 José Manuel Barroso 主席欧洲政策战略顾问团团长。他撰写过四部著作：《开放的世界：全球化的真相》、《移民：你的国家需要他们》（时代周刊年度商学著作奖提名）、《余震：大危机后重振世界经济》以及新作《欧洲的春天：欧洲经济政治一团糟的症结和调治》。他还在构建一座跨国智库——开放政治经济网络。

Preface

John Boyd

I am privileged to play a part in introducing — I hope to a wide audience — Xiaodan's book about China and Europe. This is an important venture, full of information, nicely and wittily framed. More important, however is the stimulus to the imagination. We are invited at both ends to stand in the shoes of the other. The author has a great knack for this manoeuvre.

It is hardly necessary to state that China and Europe must know each other better. The world needs that, and it is most definitely a two way process. Whether 'we are in China' or 'China in us' (as the academics put the question) is only a starting point.

Britain's own political and economic experience is rooted geographically in Europe. Yet her cultural and social tradition has entirely its own flavour. Our national instinct is outward looking. Britons are independent minded. They have always travelled. They are curious about their fellow humans. A current exhibition at the British Museum illustrates this pattern through the impact on British life — and vice versa — of the Vikings. One could make similar points about a whole range of European countries, varied as they are in their traditions. We understand today that the future of our region will be crucially shaped by the economies, structures and political imperatives of others. At Asia House we see this point as key to survival and future success. We encourage close and focused study of Asia, with all its wo nderfully varied customs,traditions and achievements.

Naturally China plays a key role in this — a central fact for Europe as a whole. At Asia House we encourage the next British and European generation to inform itself properly and deepen its understanding of the core issues; and of course to build first hand links, institutional or personal. It is no light matter for this continent to come to terms with the weight and quality of the Chinese tradition. Communication is vital. In London we urge our young people to make the important effort to learn the Chinese language. As I write my colleagues are campaigning for better teaching of Chinese and other Asian languages in our schools. All these things strengthen two way engagement. We need to maximise the scope and value of the relationship.

Second we encourage mutual respect between peoples. Asia House stimulates reflection on ideas, some shared, other destined to converge. We work from realities, not caricature. There is much to be done in driving forward European engagement with China. We have excellent levers. A mutual interest in trade liberalisation is one example. Another, as my work in Cambridge at the Needham Research Institute reminds me, is the global historical meaning of China's contribution to scientific learning and wider culture. Whether for the UK or the rest of Europe, Needham's exploration of China's record in astronomy, agronomy, medicine, engineering and navigation forms a framework in which China's contribution can be usefully and fairly viewed by Europe. I also see much strengthened respect at this end for the quality of today's Chinese research and a sense that, surely at both ends, solutions to key problems facing mankind can only be sought effectively inwholehearted cooperation. I am sure that Celine's book will reinforce this view.

My third point is travel. I live in a country which has always reached out and which depends for its economic future on its ability to market its products, particularly in fast growing Asia. At Asia House we tell our business friends that they cannot hope to succeed in these exciting new markets without a sympathetic understanding of the assumptions and instincts of their partners in Asia. Experience confirms that there is a strong constituency for this approach. Small and medium firms in particular can benefit.We like to spread our message widely and we take particular steps to reach out to the travelling public and the next generation. Step by step a broader constituency in Europe is becoming aware of the excitement and profit of working on a properly informed basis with Asian partners. At both ends of the land mass, challenges exist but can be overcome through shared effort. As an FT columnist asked recently, 'how many of us can say we have changed the way another culture thinks?' I would answer that Europe and China should aim to influence each other profoundly. To listen to each other's heartbeat and survey each other's 'intellectual furniture' is a lot more than an academic hobby. To develop a clear idea of each other's creative capacity means that we need to go well beyond a simple fix on each other's cuisine, dress sense or preferred hobbies, important though these are.

I wish this book success. It gives useful signals for the years ahead.Its human observations and images enrich the picture. These should lead readers to reflect that small behavioural pebbles make a cairn of real value, that the environment in which our species wishes very much to survive is infinitely complex and that solutions to awesome global problems call not only for steady policy but also for a habit of constructive coordination based on genuine understanding.

Sir John Boyd was Chairman of the British Museum and Master of Church ill College, Cambridge. As a member of the British Diplomatic service, he served twice in Hong Kong (as Political Adviser to the Governor) and Beijing twice. Other postings included Bonn, Washington, and the UK Mission to the UN. He is is currently the Chairman of Asia House in London and of the Joseph Needham Research Institute in Cambridge.

我十分荣幸能尽一分力，希望能吸引广大读者，帮助晓丹推广这部关于中国和欧洲的著作。这是一个壮举，内容丰富，编纂细致巧妙。更重要的是，它激发了想象力。我们被邀请去站到一片大陆的两端换位思考。这正是作者拿手的地方。强调中国和欧洲需要加深了解已无甚必要。世界需要二者这样，而且毋庸置疑需要双向进行。"我们在中国"也罢，"中国在我们这儿"也罢（如学界所云），只是个开头。

英国自己在政治和经济上累积的经验从地理上植根于欧洲，但是她的文化和社会传统自成一派。这个国家有着向外探寻的天性。英国人有着独立的思想，而且钟爱旅行。他们渴望了解自己的同类。最近在大英博物馆举行的一项以维京人与英国人之间彼此影响为主题的展览说明了这一点。类似的观点对欧洲的所有国家也成立，差异无非是各有各的传统。今天我们明白我们这个地区的前途将被其他地区的经济、结构和政治诉求所左右。在亚洲中心（Asia House）我们承认这种观点关乎存亡和未来成就。我们鼓励对亚洲进行深入、专门的研究，包括其各种风俗、传统及成就。中国很自然地扮演举足轻重的角色——这是整个欧洲都要接受的事实。在亚洲中心我们鼓励英国甚至欧洲的下一代正确且深入地认知那些关键问题；当然还有建立直接的联系，无论是从组织层面还是从个人层面。这片大陆无法再把适应中国传统的影响和内涵当成小事。沟通最关键。在伦敦我们敦促年轻人重视中文的学习。就像我写的一样，我的同事正为更好地在我们的学校里教授中文和其他欧洲语言而奔忙。所有这些事情都起到强化双边关系的作用。我们需尽力扩大这种关系的内涵，提示这种关系的价值。

第二，我们鼓励各国人民彼此尊重。亚洲中心鼓励人们审度各种观点，这些观点有的被接受，有的则彼此靠拢。我们实事求是，而非人云亦云。让欧洲更贴近中国还有很长的路要走，好在我们有四两拨千斤的办法。例如我们在贸易自由化方面有着共同的趋向。再例如，这是我在剑桥李约瑟研究所工作时领悟到的，中国对科学及更广泛的文化作出的贡献在世界范围内所具有的历史意义。无论对英国还是欧洲其他国家而言，李约瑟对中国的天文、农艺学、医学、工程、航海文献的研究为欧洲了解中国的贡献搭建了一座框架。在我们这一边我还看到了人们对中国当前研究的质量加倍敬佩，而且还发现，当然两边都有，人们认识到只有真心诚意的合作才能有效解决人类面对的核心问题。我相信晓丹的著作会支持这种看法。

我的第三个观点是旅行。我所居住的国家一直对外保持开放，而且把其经济前景寄托在其推销产品市场中，尤其在高速发展的亚洲市场中，在亚洲中心我们告诫我们的商业伙伴说：如果不透彻了解他们亚洲伙伴的期望和天性，他们就别想在这些令人振奋的市场上胜出。经验证明赞成这种做法的大有人在。中小型公司尤其得利。我们想让普天下都了解这个事实，尤其是采取措施接近旅行的人群和下一代。渐渐地欧洲人越来越多地了解在合理认知的基础上与亚洲伙伴打交道是多么开心，回报是多么丰厚。在这边大陆的两端，困难存在，但可以通过共同的努力克服。最近一名《金融时报》的专栏作家问道："有多少人能肯定地说我们已经改变了其他文化思考的方式？"我会回答："欧洲和中国需要下决心彼此深刻影响。"聆听彼此的心跳，审度彼此的心念可不仅仅是个学术癖好。清楚了解彼此的创造力指的是我们应该不仅仅满足在厨艺、穿着、喜好方面互相小修小补，尽管这样的修补有着重要的意义。

我祝愿这本书取得成功。它为将来提供了指引。其人性的观察和影像让主旨更加血肉丰满，让读者了解到行为上的点点滴滴也能因汇聚而形成价值，了解到我们梦想栖身的环境无限复杂，了解到解决严峻的全球问题不仅要靠稳定的政策，还要靠在正确理解之上培养起的积极合作的习惯。

Sir John Boyd（约翰·博伊德勋爵）曾任英国剑桥大学丘吉尔学院院长及大英博物馆主席。他两次任职香港（第二次作为总督政治顾问）和两次任职北京。担任英国驻日大使之前，在英国国防部和外交部工作。还曾常驻波恩、华盛顿，是英国常驻联合国代表团成员。他是梅纽因国际小提琴信托基金及 RAND（欧洲）英国基金会的信托人，现同时担任位于伦敦的亚洲之家和剑桥 Joseph Needham 研究院的主席。

以梦为马

我非常喜欢诗人海子诗词中的那句——以梦为马。

以梦想当作马匹，骑着梦想的骏马驰骋，看遍大千世界。浩瀚苍穹、天马行空，谁曾想这匹骏马来到了欧洲，且这一看就是十多年。而今年，又逢马年，更是感慨。

临近中国的春节，在英国改完最后一遍稿子时，正值中法建交五十周年的喜庆日子。法国朋友打来电话邀请我去参加巴黎的庆祝活动。想起十年前是在巴黎度过的第一个异乡的春节。那时中法文化年刚开启，法国政府为庆祝中法建交四十周年，特意让巴黎的标志埃菲尔铁塔披上吉祥的中国红，从除夕开始闪亮，让我很激动。每当我想家的时候，傍晚就去铁塔脚下的长椅上，独自静静地坐着，时而还会用相机从各角度记录下不同以往的埃菲尔铁塔影像。最令人难忘的是看到闪灯铁塔散发着的特有红色光晕，就如同看到儿时奶奶家门前除夕挂上的大红灯笼，心顷刻就飞回了家。

春节时在伦敦市中心广场，我看到洋人们披着舞狮行头在跳中国传统的节庆飞狮舞，金发碧眼的孩子们穿着中国小旗袍，戴着生肖面具，京剧脸谱，手里拿的全是我小时过节举着玩的小纸龙、大风车，还在往地上摔炮，周围是对联条幅……又见一片红色海洋。置身其中，我在恍惚，仿佛沉浸在老北京的庙会里——越来越多的中国元素在欧洲出现。"十年前你可能不知道这个节日的存在，而现在很多欧洲人都知道了自己的生肖属相，还有的取了中国名字"，在欧盟工作的朋友这样总结。

世界很大，却正变得越来越小。工作之余我曾被法国公司请去做跨国文化的讲座，让欧洲人慢慢了解东方文化和中国人。东西方的人们都渴望了解对方的生活。中国人也渴望知晓欧洲人的世界。欧洲生活工作经历使我收获很多朋友同事，聊天时爱问的一个问题是——What is the meaning of life?（什么是人生？）巴黎的时尚设计师娜塔莉说人生是创意和感受的过程。伊朗的工程师 Amir 告诉我，人生是一个舞台，每个人扮演不同的角色，丈夫、父亲，演得好需要用心。马耳他的 Paul 认为人生是一段旅程，途中要帮助他人，可以让自己快乐。他当时作为志愿者正在帮助阿富汗难民重建。如此等等，答案很多。于我，人生的意义是体验、尝试与感悟。

异国的生活、陌生的语言和未知的环境都不可怕，重要的是要有 Open-Mind（把心门打开）迎接挑战，"开"了心，才会开心。探索并敢于尝试，在生活的不同时刻体验不同的角色，然后有机会再分享给别人，并能帮到别人，做些公益事业，为教过的藏区孩子及更多孩子圆梦。那么写书于我就不仅是件快乐的事，更是件有意义的事。这本关于欧洲生活的书就是基于这样的初衷。

时光荏苒如白驹过隙，这十年间或出差或旅行，我在世界不同的机场辗转，箱子上贴满了各国的标签，护照上被各国章戳盖满了印记。沧海空阔，轮舟新奇，跨越万水千山，生活在不同国家。每到一地便转换一种语言，与不同的景致相遇，和不同的人交流——不为刻意追寻远方的世外桃源，只为沿路所有的鸟语花香。以旅行为宇，生活为宙，然后采撷精彩之处用镜头定格下来，就有了这些洋相。以见识为经，思考为纬，文字和影像交梭穿流，就有了这些欧洲洋相背后的故事。

我想"若你有幸在年轻时到过欧洲，并在那里生活过，体验过。那么以后不管你再去向何处，它都会跟着你一生一世。它就是一场生命流动的盛宴"。

以梦为马，欧洲的日子永远也写不完……

人 物
万 象

目 录

活色
生香

ARTICHAUT

灵感
性趣

人物万象

人物轶事
动物世界
城市万览
欧洲印象

"铁娘子"的谢幕——亲历英国世纪葬礼

被誉为"铁娘子"的前首相撒切尔夫人执掌英国政坛时间最长,也伴着我们这一代的成长岁月。当年她活跃在国际舞台,发生的大事通过广播电视留在脑海,也是儿时的我对英国最初的印象。欧洲另一边那个飘扬日不落旗子的国家被一个女人打理的干净利索。通过一系列大刀阔斧的改革实施,在英国直到今日仍有极大影响。撒切尔卸任首相后,即便是反对党在重大政策上也会征询她的意见。难怪现任首相卡梅伦评价撒切尔说,她不仅是改变了英国,而且是在当年拯救了英国。后来因年龄、身体等原因,撒切尔很长一段时间销匿在大众视线中,直到2013年的那个初春清晨。那天打开BBC,所有频道都在滚动播报她去世的消息,关于她的纪录片也很高效地被制作好每晚联播,她的葬礼敲定在一周后的4月17日举行。作为20世纪最有影响力的人物,她再一次回归。

家附近的圣保罗教堂是最具盛名的伦敦地标式建筑,见证了许多英国历史性事件。最近一次举办国葬要追溯到1965年丘吉尔的葬礼。同上次一样,一般来说只有皇室活动才出现的女王,也破例参加。在圣保罗教堂举办葬礼是英国民众与官方对逝者极高的肯定与褒奖。由于"铁娘子"生前表示不爱国葬要军葬,因为她认为飞机低空编队过于铺张,故选择低一等级的军葬。各国的前任、现任首相政要被邀请从世界各地赶来凭吊。有意思的是由于当年的马岛事件,葬礼上没有出现阿根廷的政要。

军葬那天,从各地赶来的英国民众分立街道两旁,自发沿路线夹道相送,颇有十里长街送总理的情景。不同的是他们不配戴小白花,而是将手中准备好的白玫瑰往灵车上扔,向她致敬,车队所过之处人们也并不是静默,而是鼓掌表达敬意和感谢,载着被白玫瑰和国旗覆盖的灵柩的马车一路缓缓驶达圣保罗教堂。

教堂外早已被警卫、新闻车,还有头天就赶来占位子的人包围了。我看到一家母女三人在靠近教堂门口的位置。大女儿贝蒂说,昨天坐火车从英国南部来,今天早上5点多就到了,占个好位子,说想离她近些,送她一程,她很了不起。

进入教堂的人们手里都会发一份当天的葬礼内容及安排，很多人表示会把它保存留作纪念，传给儿孙，讲述见证历史的时刻。葬礼上与亚洲的白色主调不同，黑色是主旋律。你会看到女士穿裙装，都戴着帽子，男士着燕尾服等正装。

都说近人旁边无伟人，和撒切尔夫人一起工作过十多年的奥利弗可不这么认为。他说，她是个好人，平易近人，为他人着想。旁边他的妻子补充道，媒体总是拿她的家人说事，可谁家没本难念的经呢。

撒切尔是个工作狂，但同时和其他精致的欧洲时尚女人一样，她很注意形象，有品位也会穿衣，每次亮相都很惊艳，是那个时代政坛上的明星，她的魅力和魄力一样给人以深刻的印象。她有主见，性格坚强，当年考大学的时候，撒切尔曾在备选名单中等待录取，备受煎熬的等待后得到幸运之神的垂青，让她如愿。学习的是化学专业。人们现在吃的卷筒冰激凌的制造机器的发明便有她的功劳——这点在当天撒切尔葬礼上的致辞有所提到。也许当年在英国化学领域少了位发明家，但在政坛上绝对多了位不可取代的人物。

葬礼结束后，支持她和反对她的人们各自举着标语口号，相互辩论，引得众多媒体镜头再次对焦他们，进行新一轮的直播。人群中有在改革过程中利益受到冲击的群体在讲述她政策的弊端，有的群体则在极力宣扬她的种种功绩。正如她生前一样，类似的争论不会随着她的逝去而停止，依旧继续。尽管身后争议不断，但无可否认，她的政治经济改革避免了英国像其他欧洲国家遇到的经济问题，奠定了英国如今依旧领先的世界位置，为国家带来了生机与繁荣。如今，走过了80多个年头的她长眠在繁花似锦的英国春天里。

我想用这句话评价她再合适不过——Margret Thatcher, she put the **great** back into **Britain**.（是她重振英国——Great Britain）

莎士比亚家的面子工程

虽然众人看不到你的身影，
但你的眼光却能穿越时空。
——题记

就如同西班牙的巴塞罗那被称为高迪的城市，英国的那斯特拉福便是莎士比亚之城。前者用曲线勾勒了永恒，后者以诗篇穿越了时空。英国人说我们宁愿失去十个印度，也不愿失去一个莎士比亚。正值莎士比亚450周年诞辰纪念日，英国各地的庆祝活动达到了高潮，城市街头有诗歌救护车，里面的瓶瓶罐罐里装的是诗歌，医生听诊问讯，开出一张张心灵处方——莎士比亚的诗歌节选。在1万米的高空上的机舱里，来自莎士比亚剧团的三名演员上演了删节版的《罗密欧与朱丽叶》，创造了海拔最高的戏剧表演，而演出结束飞机的目的地正是主人公的故乡——维罗纳。更多莎翁的粉丝们从世界各地涌向英格兰爱汶河畔的斯特拉福——那里是大作家的诞生地。这座小城闻名全球，酒馆招牌、咖啡杯上的一首诗都有莎翁的印记。

一、家里也有样板间

七月的阳光明媚而不刺眼，莎士比亚故居前开满鲜花的碧绿草坪上正在上演一幕戏剧，现代人身着复古摇曳长裙，莎翁戏中耳熟能详的诗篇对白，吸引了孩子们的注意力，围坐在一旁认真聆听，如同将他们带来的父母一样，这是莎翁戏剧迷的新生粉丝。

拾阶而上，看到一位同样复古装束的女人在向客人介绍莎士比亚诞生的房间与小床。听出了她的法国口音，原来她是在这里工作多年的法国人。用她的母语攀谈后，得到了更大的信息量。这里客厅、主厅、工作坊都是按照1574年的式样布置，加上16世纪中产阶级使用的稀有家具经过研究后也被复

人（人物轶事）·物·万象

制放入其中，很好地还原了当时的生产生活状况，而这些在莎士比亚的作品中也经常被提到。

最特别的是楼下的大厅，布置得要比其他房间精美，工作人员带着我一人特地跑到进门处的地面，果然就连地砖也更加平整光滑。原来这是接待客人的地方。莎士比亚父辈那会儿，一般有来客不会带着楼上楼下所有房间都参观一遍，所以这间会客室就是全家财富与品位的全部体现，加上他父辈是中产阶级，华丽些也就不足为奇了。这间我越看越像国内的样板间，还精装修的那种，要不就是公司的 show room（展览室）。放在今天很平常，但遥想在 500 多年前就有这样的想法，原来他爸爸也是一样爱面子的。

二、莎翁的戏　演员的梦

索菲是戏剧学院的毕业生，平时排练莎翁戏剧，周末在莎翁故居做义务讲解，让更多的人了解这所房子和这名让英国人引以为豪的大作家。系统的文化理论加上自身舞台的实践，让她的讲解比别人更有深度。

当我问她，莎士比亚的作品是否真的是他本人，而不是同时代的一名贵族所写时，她告诉我，和更多的英国人一样，她相信一定是莎士比亚自己的作品，虽然所传真迹手稿寥寥，但并不是由此来推据作品的真实性。她特别告诉我说，莎士比亚儿时，就在这里长大，一次村里附近有户人家的女孩因为婚姻之事自杀，葬礼过后不久，却又奇迹般的复活了。这事在年少的莎士比亚心中埋藏，成为他日后创作《罗密欧与朱丽叶》故事的蓝本。

索菲说，对于所有戏剧演员来说，能够亲自担任莎翁剧里的演员，哪怕不是大角色，也是一种荣幸。而能够在伦敦泰晤士河畔那个被烧毁后又在原址重建的环形剧院里演一场戏，更是演员的梦想。

我想，莎士比亚的作品被译成多国文字，以戏剧、影视等各种方式传遍世界，被演员用不同的语言演绎经久流传，这是任何一个作家的梦想。

而当我在莎士比亚当年自己所建的环球剧院的旧址里，每次看到来自不同国家的戏剧演员再现他的作品时，于我也是见证这些梦想的时刻。

埃菲尔不只有铁塔

　　无数文人墨客写过埃菲尔铁塔的百媚千姿，似乎铁塔脚下的那尊雕像埃菲尔先生毕生就这一个杰作。其实不然。他的作品很多，出名的也不止这一座。难怪他自己也抱怨——关于铁塔的评论实在太多了，把我淹没，好像我一生只建了它。

　　埃菲尔不只有铁塔，还有女神——矗立在美国的自由女神像也出自于他的手。

　　这个发现归功于我周末爱逛巴黎博物馆。巴黎有形形色色的博物馆为你介绍不同的知识，动物、历史自然、科技，等等，在巴黎建筑博物馆中我了解了建筑师埃菲尔和他的一生。那个送美国的自由女神像的原型就放在巴黎卢森堡公园中。

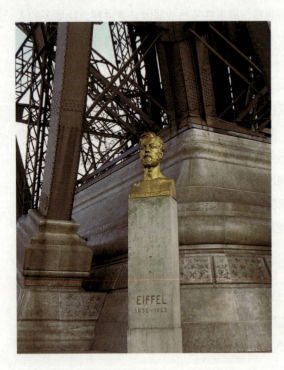

　　关于自由女神像面孔原型有几种说法。有一种说法是埃菲尔以他母亲为模特设计了自由女神像。我喜欢这个版本，想象得出设计师在设计这个作品的时候倾注了大量心血——有谁比母亲更伟大，更适合这个女性呢？

　　后来，独立的美国人民接受这份来自法国的礼物，作为感谢，回送了一尊同样模样的塑像，只是比例缩小了些，就立在塞纳河畔，离我家3分钟左右的路程，夏日傍晚我经常在那里散步。

　　而且这座法国自由女神像往往被当作塞纳河游船的终点，接受无数来巴黎游船客人的观赏。有次陪国外朋友坐船游览时，我突然想起之前在美国游览时，是从自由女神像

高举的手臂下穿过的，当时注意到
她手里拿的是一本封面有字的《独
立宣言》，那是埃菲尔先生为他们
而设计的封面。那么这款回送法
国的礼物会是一样的吗？待船靠近
时，我用照相机镜头拉近，一看，
果然不一样。这上面写的是1889
年法国大革命的日期。太有意思，
我为自己发现的这个不同的封面而
开心。

　　埃菲尔先生，你当时知道这个
秘密吗？

巴黎属于奥斯曼

西方有句谚语："罗马不是一天建成的。"寓意是告诉人们凡事悠着点，干事慢慢来。这里也套用一下，叫作巴黎也不是一天建成的。

最早的巴黎人是居住在塞纳河中的西岱岛上。公元前53年，恺撒大帝远征高卢，把罗马文明传播到了这个小岛上。从公元987年卡佩王朝建立以来，巴黎就一直是法国的都城。经过了漫长的中世纪和文艺复兴，世代生活在这片土地上的人们的共同努力之下，这个城市也日益繁荣。但是以前的巴黎是在人口逐渐增长的压力下无序发展起来的。它的街道狭窄而曲折，城市卫生状况不容乐观，污水横流，传染病流行。很多文学作品都再现了当时的情景，一度局面已经到了让人难以忍受的程度。

从1850年起，拿破仑一世的侄子——时任法兰西第三帝国皇帝的拿破仑三世委任奥斯曼男爵担任巴黎规划设计师。奥斯曼的都市改造摧毁了大部分的中世纪的城区建筑。从1852年至1872年的20年间，有超过2万栋房屋被毁，另外新建了4万栋房屋。

奥斯曼以天才的设计灵感给巴黎人带来了笔直宽阔的马路，呈辐射状的优美交通网络，跨越塞纳河的多座桥梁以及巴黎歌剧院等地标性建筑也是在这个过程中建成的。

同巴黎城市改建一起进行的还有城市地下水道系统。初到巴黎你总会看到马路沿下有一条类似小溪的水流，将落叶、烟头都冲洗掉，一路向下流淌，不知汇向何方。坐落在塞纳河畔的巴黎地下水道博物馆将会为你揭秘——原来都是流向地下水道。3万个下水道盖，6 000多个地下蓄水池，1 000多名维护工，长近2 400公里，4座污水处理厂。下水道分饮用水和污水处理两个系统，当初在制定管理原则时就定下永续经营的目标，时时注意下水道网络的维修，以减少漏水率。下水道对巴黎市另一个重要的功能是疏洪。由于起建时间早，巴黎下水道直径大，在暴雨或连续超大雨量的季节，巴黎的下水管道充分发挥了疏洪的功能，使得市区避免了内涝问题。都说地下水道是城市的良心，平时看不出来，一到关键时刻就发挥作用。由于下水道系统的空间大，也可装置和收藏其他诸如电线之类的管线，这是巴黎下水道系统的特别之处。它完成了对城市废水和雨

人（人物轶事）·物·万·象

水的完全处理，让塞纳河水质免受污染，至今还发挥着巨大作用。最神奇的是，有物品不小心掉到下水道，消防员会根据你报上的街道名和门牌号完璧归赵——这不是故事是真事。上次法国邻居克丽斯汀纳掉在水池的戒指就是这么找到的，让我再次感叹下水道设计的神奇。

巴黎的建筑风格在这个阶段得到了彻底的改观。奥斯曼建设的沿街的高大房子呈灰色，高7层。在3楼和6楼上有窄小的阳台，外墙上有些简洁而优美的装饰浮雕。这类建筑是巴黎城内住宅区的主流，也是后代建筑的典范，被称为奥斯曼式建筑。

尽管因为人口和车辆的增加，巴黎承受着一个现代大城市所有的压力，可是巴黎人对保护自己城市历史风貌极为看重。

除了一个蒙巴那斯塔，巴黎城内不允许再建高层建筑。整个城市被作为一个巨大的博物馆而保留下来了。仔细看香街大道路面既不是柏油路又不是青砖瓦，而是由一根根长石桩自上而下打入而成，一直用到今天，不曾改变。而奥斯曼建筑作为巴黎人自豪的源泉格外受到珍爱。不仅是巴黎人，来自世界各地的投资者也为能够拥有一套奥斯曼式的公寓而着迷。

毕竟奥斯曼之后，再无奥斯曼。

穿过凯旋门，才看得见的"玄机"

法国作家维克多·雨果因写下诸多著作而名留史册。据说大文豪也有烦恼，他为自己的父亲跟随拿破仑戎马一生，结果名字未被刻入凯旋门内的将军光荣录而愤愤不平。要说世上的凯旋门千千万，在巴黎也不止一座，可是但凡人们提起这三个字，想到的一定就是戴高乐广场上的这座雄狮凯旋门。

这是个象征荣誉与胜利的地方，我想到了中国的牌坊，同样是为纪念，为荣誉而建的建筑。凯旋门内一周刻有追随拿破仑远征的 386 名将军和 96 场胜仗的名字，是名副其实的光荣榜。而正下方的无名墓和长明火则是为纪念"一战"中牺牲的官兵而建。法国总统卸职的最后一天，会再次为无名烈士墓献花。有几次下班回家，看到傍晚时分老兵盛装排列走过，车辆戒严，整个过程庄严而肃穆，感觉有些像我们天安门的降旗仪式和人民英雄纪念碑。

据说每年拿破仑生日那天的黄昏，落日会正好映射在圆形拱门的正中间。这座象征荣誉的门见证了太多历史性时刻——在传统的法国国庆日，法国总统要从门下通过。人们都知道每年的国庆阅兵有个盛大的仪式。其实在"一战"纪念日那天也有总统阅兵。有一年我正巧赶上，当时正逢巴黎骚乱，治安紧张，但活动没有取消，只是平时总统都是站在车中间，而那天，看到希拉克坐在车里，从凯旋门出发隔着玻璃向两侧观众挥手致意。

凯旋门是当年拿破仑打败奥俄联军，下令修建纪念的，直至拿破仑去世仍未修好。于是人们将他的灵柩抬着穿过，帮他实现心愿。穿过这座凯旋门，回首一望，才看得见门上所有雕刻与文字，也只有穿过这座荣誉之门，才真正为拿破仑的戎马一生画上了完满的句号。

巧合的是 40 多年后人们再次相随送过凯旋门的，是一个作家——维克多·雨果，对他为法国所有弱者的呐喊致以崇高的敬意。

法国总统的秘密

一、法国总统的工资秘密

在欧洲女人不要问年龄，男人不要问薪水，但越是不问越是神秘，他们到底挣多少？在任总统呢？总统卸任后待遇如何？

欧洲各国总统卸任后选择不同，出书，演讲，或者解甲归田——重新回归平常人的生活，但为生计而奔波的很少。无论继续从事其他工作与否，都可衣食无忧，以上一任法国总统萨科奇为例，每月6 000欧元前总统津贴，若愿意还可在宪法委员会申请一席，每月领取1.15万欧元的税后津贴。

据悉，前总统还可免费乘坐法国国营铁路公司火车、法航商务舱，国外旅行时法国使馆有义务接待入住，卸任后装修房子的费用也由政府报销。法国政府给卸任总统一套家具齐全的免费公务房及车，司机和保镖各两名，7名助理，雇员工资由国家支付。

法国总统卸任后的待遇在世界上并不是最高的。幽默的法国人认为将一名足球运动员的年薪支付给一名为共和国操劳过的总统还是值得的。

那在任总统挣多少？

看报道说，最近随着法国前50大上市公司高管薪酬公布——人均242万欧元的高管年薪和1.68万欧元法国工人最低年薪形成鲜明对比，这一背景下，法国采取了高管限高封顶。当年为取得选民支持，奥朗德大选时便把工资封顶计划作为施政纲领，上台之后，将国企高管的固定及可变年薪总额限制在职工最低工资的20倍之内。即最高年薪不超过45万欧元，下降幅度多达数百万欧元。因为他认为在现阶段危机时期和国家财政紧张情况下，高收入者应比上班族做更多贡献。限高令的砍薪大刀也波及总理及大臣等法国政府成员，薪酬均降30%的法令已正式生效。降酬后部长月薪为9 940欧元，奥朗德总统本人降至每月14 910欧元，这为他赢得更多民众支持。

二、总统之辩

　　总统挣的没有企业高管多，这是正常的事情。工作内容和性质都不一样，没有可比性。感觉在欧美当总统不是件容易的差事。现场看英国首相在接受每周三的英国议会辩论时，唇枪舌剑，时不时用手擦汗，气氛热烈，他说首相总统是工种之一，我会尽力完成好它。而每年进入最后一轮竞选的法国总统候选人的电视辩论，更是法国人的关注所在。有时赶上公司会议，我们会尽快开完。有些同事会等着看这总统之辩，就像看球一样热衷，因为这关系到后面的选举。而候选人们的最后公众亮相也是在此阐释他们竞选纲领的机会。因为是直播，又是一对一的辩论，中间有个主持人协调并掐算时间，若一方时间用尽，那么就由另一方继续阐释，直到最后。如同我们看过的辩论赛一样，完全是个人魅力，机智口才，随机应变的全方位展示，没有任何顾问会在一旁提醒，也没有提示板放在眼前，我每次看都为双方捏一把汗。然后次日总统候选人们的表现会在午餐时被大家评论一番。他们的形象谈吐，辩论表现，衣装发型往往都会被媒体统计，而之前稍稍领先或相差不多的支持率往往会在辩论之后大幅拉开。女候选人罗亚尔就吃了这个亏，不及竞选对手——律师出身的萨科齐。

　　最后一轮投票后，双方支持者回到各自阵营守候，等待结果，或狂欢或落幕。比如2012年那届，萨科齐的支持者齐聚协和广场，奥朗德的拥护者在巴士底狱广场守候。那次很巧我选择了巴士底狱附近，19点左右计票

结束，这里成为欢庆的海洋，一直持续到次日，奥朗德当选新一届总统。这是我当时拍下的情景。

三、法国总统和巴黎人的点子

法国总统与女星在离爱丽舍宫不远处的公寓里约会被媒体曝光。狗仔队的照片中，总统为了保护隐私，不被认出，便骑着摩托戴了头盔。于是那家头盔的商家立马将同款头盔命名为总统头盔。而且销量直线上升，已经供不应求。如今该头盔已经卖断货了。于是这家有50个人的中小企业特别在《解放报》上发表感谢总统声明：感谢总统选择该公司的头盔作为防护用品，并建议总统顺便也浏览一下他们的网站，为女士选择一款摩托防护风衣来作为情人节的礼物。

然后另外一家汽车公司马上在地铁做了广告，希望总统先生还是选择他们家的汽车，安全又私密。另家租车公司就利用总统的丑闻在报纸上做广告，劝诫道："总统先生，下次不要骑摩托车了，我们的汽车玻璃是染色的。"

随后法国的游戏厂家马上设计了一款游戏，内容就是总统选择约会的路线，一路小心躲过狗仔队，防过当任伴侣，最终排除万难，安全到达目的地。一经推出，赚了个盆满钵溢。

戏剧创作也没闲着，根据前总统萨科齐的爱情故事改编的戏剧也受欢迎。

在法国，一方面，法国人对总统的私生活表示宽容和理解，民意未降反升，像美国那样因为私生活质询总统的事情绝不会在这里发生；另一方面，对于曝光的隐私，他们会充分挖掘，创意不断。这就是巴黎人的点子，这就是特色法国。

四、由法国总统看重组家庭

当年，看法国总统萨科齐的就职典礼。仪式上除了总统本人和第一夫人，还有五个孩子。不知道的以为两个男孩和另两个年龄相当的金发女孩是两对情侣。

其实那是总统和前妻的两个儿子，还有第一夫人前段婚姻带来的一双女儿，外加最小的那个是两人亲生的儿子。

如果当年萨科齐连任总统成功，那么典礼上还会多一个小女儿，这是他在任时与第三任妻子的重组家庭的结晶。

现任总统奥朗德就职时也遇到同样情况，也是重组家庭，总统本人有四个孩子，女方和前夫有三个孩子。谁出席谁不出席都闹得头疼，最后索性决定孩子们都不亮相了。

从总统到平民百姓，重组家庭普遍，是一个法国特色。除了相濡以沫的家庭，还有一些人不愿结婚，就选择同居，享受同婚姻一样的权利义务。分开后或离婚后，再婚或者同居的情况，就是重组家庭。他们不会认为离婚对孩子不好，反而觉得在一起将就会受影响。而76％的法国人认为重组家庭跟其他家庭没有区别。

法国还有部电影专门讲这个现象，名字就叫《重组家庭》。

五、真实的尴尬很美好

　　来法国十年间，经历了三任总统，希拉克给我印象最深。记得一次国庆阅兵结束后，希拉克欲抱人群中的一个孩子，小孩哇地哭了，就是不让抱。这幕就发生在我身边，当时看得真切——随后希拉克还幽默地自我检讨了一下，把展开的双臂继续一摊说：可能是我长太高，吓到他了……旁边电视还在直播。意外常有发生，欧洲这边新闻却从不剪辑。这让我想起刚看的英国纪念前首相撒切尔纪录片中，有个小姑娘跑上前给"铁娘子"献花，撒切尔闻着花香说，真漂亮，你喜欢吗，是给我的吗？小女孩想了一下又夺回花跑了，周围的人包括撒切尔夫人都哭笑不得。最近威廉王子在访问时也被一小姑娘拒绝了。小姑娘说花也不是给他准备的——是给凯特王妃的。这一幕被真实记录。尴尬的是小孩的妈妈和王子，却让我们看到了爱的洋相。孩子不会说谎，不会世故，所以就很考验名人们亲近的时刻……

　　其实这真实的尴尬胜过刻意的安排，人们更加喜欢自然的状态，无论你是名人还是总统。

丘吉尔出生在"羊粪宫"？

　　巴黎著名的大小皇宫附近不仅有本土的戴高乐将军，在通往亚历山大桥的另一端树荫下还有一个伟人雕像——英国前首相丘吉尔。

　　这尊为纪念丘吉尔"二战"功绩而立的雕像逼真地刻画出他的形象——凝视前方，好像刚从枪林弹雨中走出，似乎还带着战场归来的风尘仆仆，神情总是坚定而志在必得。他机智幽默，挥洒自如，扣人心弦的战时演讲让听众屏气聆听，为之着迷，那句，"除了鲜血、劳动、眼泪和汗水外，我无可奉献"的名句鼓舞人心。他性格鲜明，树敌无数。正如尼克松曾评价他：第一次见丘吉尔你能看到他所有缺点，然后你用一生中所有的岁月来发现他的美德。据说在英国下议院的丘吉尔青铜雕像的脚都要被每次要进去演讲的议员摸一下，以求好运气和沾染他的睿智幽默。于是我下意识地看了看这尊雕像的脚，还好没有被摸过，只有纪念他而献的小花圈。

除此，在他的家乡英国也有多处纪念他的地方，最有名的当算丘吉尔庄园了。这是典型的英国贵族庄园，不同于罗马风格的奢华装潢，也没有法国园林的修葺齐整，而是宁静自然，远离尘世，像个世外桃源。

庄园周围被花场草地湖泊所覆盖。纪念碑前的草坡上绵羊成群，好像天上朵朵白云投射在草地上，看上去很美，可踩上去就很窘。难怪贝克汉姆夫人在自传中将这里称为"羊粪官"，抱怨牛津特产——羊群留下痕迹太多。这也从一个侧面反映出庄园面积之大。

记得有次和朋友应邀去另一所英国私人庄园用晚餐，主人开车出来接我们，开进庄园好一会儿，说快到了。又开了一阵还没到，朋友小声问我，是不是已经开出去了，可见英国庄园之大，而丘吉尔庄园是用小火车来逛的，被誉为英国最大的私人官邸。走进这座号称比凡尔赛宫还夺目的庄园内部，桑希尔设计的精美绝伦的天花板映入眼帘，闻名世界的圣保罗教堂内棚顶图案也出自他手。据说这里每盏灯近 20 万元人民币，独特的设计，珍藏的无数油画与珠宝，使它不仅是一座公爵的官邸，更是一座体现英国闻名与实力的丰碑。

我们说：

"古罗马人学会了奢华就有了名利庄园。

俄国人得到了农奴，就有了贵族庄园。

法国人创造了葡萄酒，就有了飘满酒香的庄园。

而英国人看透了工业，就有了乡村庄园。"林语堂认为：世界大同的理想生活是住在英国的乡村屋，用美国人的水电煤气管子，请中国厨子，娶个日本太太，再找个法国情人。乡村庄园几乎就是一部审视中世纪历史的教科书。

而这么漂亮的庄园其实和我们熟知的前首相丘吉尔没直接关系，换句话说他属于这个庄园，庄园却不属于他。这源于英国的贵族制度。

丘吉尔庄园最早建于 18 世纪初，是安妮女王赐予马尔伯勒一世约翰·丘吉尔的，一百多年后这位前首相丘吉尔才出生，而他爸爸是马尔伯勒七世的第三子，英国贵族长子继承制使他爸爸没有继承权，更别说他儿子了。

那么和庄园仅有的一点关系还和一次意外有关——本是亲戚串门来访庄园，没想到妈妈在更衣室生下了小丘吉尔。来得早，不如来得巧，于是这间十几平方米的地方也再不是更衣室了，在丘吉尔成为英国首相后，被改成产房样子供人参观。

而另一处湖边的小神庙据说是当年丘吉尔求婚处，并且多年后，他和妻子就合葬在附近。

生死，婚姻，丘吉尔的人生大事恰巧都是在偌大庄园中的"小地方"完成的。正所谓，地不在大，有名则灵。这个被戏称"羊粪官"的庄园因家族中当上了首相的丘吉尔而更加出名。就连他妈妈临终前也说："我此生没有遗憾，因为我为英国生下了丘吉尔！"

人（人物轶事）·物·万·象

普希金与莫斯科精灵

　　每个欧洲城市都会有一条与众不同的街。莫斯科的精灵指的就是这样一条街，它是浓缩了俄罗斯悠久的历史风情，象征俄罗斯街道文化的阿尔巴特大街，像个窗口展示莫斯科的古与今。

　　据说原先这里阿拉伯人居住，俄语称阿拉伯人为阿尔巴特，大街由此音译得名。现在街道两边建筑背后都有故事。每次去莫斯科我都会去那里转转，街上有当地青年人约会经常去的地点——矗立着诗人普希金与夫人携手的青铜雕塑。连雕像下方地面上的图案也是爱的记录。这是 1999 年为纪念诗人诞辰 200 周年特意铸造的。雕像基本按两人原貌创作，似乎重现当年婚礼的情形。普希金身着燕尾服，潇洒浪漫，他妻子一袭婚纱，面容姣好。两人满脸幸福的表情。当年诗人与"俄国第一美人"娜塔丽娅·冈察洛娃结婚后，就住在塑像对面的建筑内。这座两层俄式故居，也是阿尔巴特大街最有名的建筑。他们在这条街上度过了短暂一生中最灿烂美好的时光，这里也是诗人苦难生涯中唯一的幸福之所。现在，这里成了著名的普希金故居博物馆，并恢复了 100 多年前他居住时的原貌。

　　记得当年学习俄语及俄罗斯文学时，众多的俄国诗人作家中，我对普希金的诗作情有独钟。期末考试的自选题目就是他的作品，为此我还特意去过俄罗斯郊外的皇村，找寻诗人的足迹。他的诗篇语言浪漫抒情，每每读起美妙如流淌的音乐，激昂似战斗的号角。所以被誉为"俄罗斯诗歌的太阳"。其实留意俄国的城市乡村，街道地铁，你会发现从莫斯科的精灵——阿尔巴特大街以他的出生地为起点，到处都会有普希金的塑像。人们以这种方式纪念他，追随他。为天才诗人的早逝而惋惜，为那场决斗中遭到对方暗算的普希金抱不平。尽管对那场决斗一直都有不同说法，我更愿意相信那就是为捍卫爱情与尊严的对决，他就是兼具浪漫与勇气的爱情斗士，用生命谱写了最后爱的诗篇，为爱情做了最佳的诠释。

　　在我看来，普希金，为爱而生，为爱而死，他曾这样写道——

　　我爱你 / 可是我不敢说 / 我怕我说了 / 我就会死 / 我不怕我死 / 我怕我死了 / 再没有人像我一样爱你。

穿越时光的会面

2006 年的俄罗斯之行很有意思。除了现任总统普京没有见到，叶利钦、列宁、斯大林都有近距离相遇。后两人我还用曾学过的俄语进行了亲切交谈。

那天在红场时，正赶上为即将到来的胜利日阅兵式进行布置和彩排。当时人并不多，还不时有军官走来走去。我正用相机捕捉着不同于往日的红场布置，这时从镜头里出现疑似列宁的人正走过来，我愣了一下，把变焦镜头拉近，当成了望远镜，果然是他。后来和他准备合影的工夫，他说等下，还有朋友介绍我认识。然后他招招手，像变魔术般，从一雕像后，斯大林出场了。无论从神态，气质都极相似，甚至还有烟斗。一种穿越的感觉，当时特想问，是明天一起准备阅兵的吗？

当然，我知道他们是特型演员，只是在这样的地点和这样的时间出现，让人惊喜。从小看关于他们的故事，读这个国家的历史，学他们的语言。突然间出现在你面前，好像是给这次旅行额外的节目。拍照时，他们的手势，道具都很到位，甚至还建议我换个角度，让我不留遗憾。莫斯科红场去过多次，那天的经历让我觉得有趣，以为美中不足的是扮演斯大林的演员矮了，印象中应该更高些。后来回到巴黎，一次偶然的机会查阅资料，原来斯大林也才一米六多。

后来在 2014 冬奥会的举办之城索契也得到证实，那里有一座建于 1937 年的斯大林别墅。我在里面看见一游泳池。由于斯大林不喜欢在黑海里游泳，只爱在室内泡浴，像游泳池一样大的室内浴池灌注的却是海水。工作人员介绍说为了斯大林的安全，浴池的水都只有 1 米深。整个别墅的阶梯和扶手，都是根据斯大林 1.63 米的身材量身定做的。

看来，果真这样，那在红场上遇到的斯大林的确称得上形神兼具了。

向但丁致敬

意大利但丁故居设计得很巧妙。地上有一幅他的画像。

所以当每个人低头看的时候，都如同在给正前方他的塑像鞠躬致敬。拐弯处看到一个正在朗诵的艺人，朗诵的正是他的《神曲》。

太空梦和小喇嘛

有次从欧洲回国出差，头等舱里我和杨利伟有番对话。他惊讶于出国六年多的我可以认出坐在斜前方的他来。我告诉他，当年出国正值"神五"上天，作为班上唯一亚裔学生被法国老师点到讲台介绍情况。那天我举着号外版他的太空照用法语给大家讲，怎么会不认识。后来我问他什么时候会有女飞行员，他说快了。没想到2013年，就真的实现了。那天我正好在藏区。在学院教一班小喇嘛读书，提到当时"神十"发射。后来扎西尼老师告诉我他们也观看了那天女太空员的连线授课。

再之后就是我们的"嫦娥号"登上月球。那天法国好友从巴黎寄给我一本书，是本法语版的太空知识图册给我作纪念，他在上面标注的是"嫦娥"落在月球的地方。他一直关注中国，发给我看到的有关中国的报道，为每个成就喝彩。

不出国不知道自己有多爱国，就像那些海外老华侨说过，他们飞得越高，越远，海外中国人腰板就会挺得越直。

上帝的手，球神的头

　　一年前巴黎蓬皮杜艺术中心门口出现一座巨型雕像，人们一看便会心一笑，定格的是世界杯齐达内头撞上比赛中侮辱他家人的意大利球星的瞬间。当年马拉多纳有争议的进球，被称为上帝之手，我就把它命名为球神的头吧。

　　记得这场球我是和朋友们一起在巴黎市中心的酒吧一起看的，酒吧里他的球迷们穿着印有他名字的衣服，脸上涂抹着法国国旗。

　　撞头的瞬间，我下意识地看了看周围法国人的反应，他们不约而同惊讶地叫起来，尤其是被红牌罚下时。但事后大家纷纷表示理解与支持。原因是隐私不容侵犯，不论是总统还是球星，都会被宽容。虽说这一撞饮恨世界杯，可是齐达内是神，被称为齐祖，是法国人的骄傲，他们以这种方式表达对他的喜爱，才不要管来此观瞻的意大利人的感受。

与英国皇室的缘分

英国小王子出生前的伦敦经历了最热的酷暑，比天气更白热化的是对小王子终于出世的关注。

一夜间几乎所有的报纸都以头条报道了这个消息，英国《太阳报》当天更是将报名太阳"Sun"改成了"Son"（儿子）。白金汉宫当天立起一块牌子，记有王室宣告消息的通告。正在伦敦的加宁舅舅恰好散步到此，看到这幕告诉了我。

而我当时在帕丁顿附近与朋友会面，看早早就汇集于此的人群才知道，原来凯特王妃仍选择这里诞下皇室继承人，而这里正是32年前戴安娜生下威廉王子的圣玛丽医院，如今襁褓中的婴儿变成了父亲，大家就在等候威廉王子一家三口从医院门口出现，再次重现三十多年前那一幕。

我走向人群，看见旁边的一家人还准备了送给王妃的礼物，堆积成高塔蛋糕状的各种婴儿用品。因为不知道他们何时会出现，人们更多地是相互交谈。正往外走，一个话筒塞过来，再一看标志原来还是家法国电视台。主诗人用英语问我，可以问几个问题？我用法语答，好。他们很惊讶，于是后面的采访全用法语进行。采访完得知他们是专程从法国过来，和别的媒体一样在这里等候好几天了。最近医院外全是烈日下暴晒的记者和皇室追随者。预产期过了好几天，还不见动静，某报社更找来威廉王子凯特王妃替身入院把大家忽悠了一把。皇室信息封锁挺严，于是怀孕了猜性别，要生了猜具体时间，生出来猜姓名，都成了博彩公司的赌注，从一个侧面也看出人们对皇室的关注。

这次是在伦敦用法语接受了关于英国皇室小王子的电视采访。还有一次相关经历是六年前，在巴黎用英语接受一家美国电台的采访。那年正值戴安娜王妃在巴黎去世十周年的纪念日。很多喜爱她的人从世界各地涌来，在她遇难的隧道上方的火炬周围堆满了花束蜡烛，还有留言字条。那个原是纪念战争胜利的火炬如今成了众人终年寄托戴妃哀思的标志。

因为离公司不远，下班时我总会路过，有次正看戴安娜王妃照片下的话语，听到后面传

人（人物轶事）·物·万·象

来操着纽约腔英语的女人问询，原来是一家电台在录制戴安娜去世十周年的活动，邀请我做节目。

　　两次受访经历，都和威廉王子有关。一个是关于他的妈妈，一个是关于他的儿子。一次在巴黎，一次在伦敦。没有刻意，都是赶巧，正如 2011 年 4 月末碰巧在伦敦看到他的婚礼一样。

麦当劳家族与英国王室的恩怨

　　总是可以在世界的各个地方看到麦当劳的身影，那个像小丑一样的麦当劳叔叔，我一直以为就是他的名字。直到 2005 年在苏格兰高地的小镇上，我参观了麦当劳家族故居，才知道那个深入人心的形象不过是一个代言人罢了，而且对整个家族才有所深入了解。

　　1692 年的一个夜晚，当麦当劳家族（McDonald clan）的人们还在睡梦中的时候，被他们热情款待了十二天的 Campbell 家族的军队，突然举起了屠刀砍向他们。原来这是在执行英格兰威廉三世的命令，由于家族首领麦克伊恩迟迟没有同威廉三世结盟便遭此横祸。其中麦当劳家族 38 人倒在了血泊中，另外数百人逃入山中，或被冻死或饿死。

　　此次大屠杀事件之后，麦当劳家族和 Campbell 及英国汉诺威王朝结下了深深的怨恨，也促使麦当劳家族拥戴逃亡在外的英俊王子查理为复辟都铎王朝而举行的苏格兰高地起义。在后来的卡伦顿战役中，苏格兰起义军全军覆没，麦当劳家族也损失惨重。但麦当劳家族的女子弗洛拉，勇敢地掩护查理王子顺利逃过英军的追捕，逃到了法国，成就了一段美丽的爱情故事，在高地和全世界久久流传。此役后，汉诺威王朝再次对高地进行了残酷的大清洗，很多麦当劳家族的人逃到美国、澳大利亚、新西兰等国。多年以后，麦当劳家族的后代麦当劳兄弟在美国创建了麦当劳快餐连锁店。再由克罗克发展壮大，成为了世界餐饮业巨头——被我们熟知的麦当劳。

英国的包青天

　　家附近医院旁边有个与众不同的红电话亭，进进出出的人挺多，没有人打电话，就总是在粘粘贴贴。小小的透明电话亭被各种形状、各种颜色填满。恰好有次看到一个女孩正在贴，我好奇地凑上去问，才知道这里都是给夏洛克留言的。小女孩指指楼上的窗户，"有一次夏洛克就是从这里办案跳下窗口的，和其他粉丝一样，我给他留言，他经过这里，一定会收到的。"她爸妈在一旁说，他们从加拿大来旅游，这站是女儿坚持安排的。

　　在中国家喻户晓的福尔摩斯，是英国人嘴里常提的夏洛克。区别就是原产地的人们亲切称呼他的名，我们熟悉他的姓。2013 年英国首相来华访问被网友们问得最多的就是福尔摩斯新片何时上映，首相卡梅伦也幽默，说回去一定帮着催，心里一定想着这个虚构的人物怎么比我还重要。不仅他吃醋，就连创作他的侦探小说家柯南道尔也说考虑把福尔摩斯干掉，因为太受欢迎，占据了作者太多时间。于是福尔摩斯在最后一案中葬身于莱辛巴赫瀑布。没想到一发表，当年

靠其发家的英国杂志销量立减不说，还有人跑去砸作者的窗子抗议，终于民意让福尔摩斯又复活了。19世纪末虚构的神探到21世纪仍旧炙手可热，在英国人心里就是中国明察秋毫的包青天。他是作家笔下的人物不假，但其受欢迎程度超越时间地域，粉丝不分年龄性别，遍布世界各地，至今仍有许多人按书中的地址写信给他。

其实柯南道尔是虚构了一个贝克街221B，因为当时的伦敦这条街原只不到90号。没想到在1936年伦敦扩建时，书中的门牌号不但出现了，还以故居的形式重现了当年福尔摩斯和华生医生办案的情景。尽管如此，但我第一次到福尔摩斯侦探家时，他们给我的门票居然是一个旅馆证明。上面有标号，有我到访的日期。都有记录，看来他是不放过蛛丝马迹的。

最神奇的是从地铁站下来，车站出口就是满墙的侦探剪影，一下子就进入了神秘的侦探氛围。再走几步就是推理大师的家了，三层小阁楼里道具、推理、书信甚至标牌似的帽子和烟斗一个都没少。很多人跑到英国就是要寻访他的足迹。门口就有守卫，里面更有打扮成当年装束的姑娘招呼你，帮你戴上侦探的帽子，叼着烟斗，化身英国人心中的包青天呢。

人（人物轶事）·物·万·象

女王与避孕套

你会问这怎会与女王扯上关系？是英国女王吗？是那个世界上最高贵女人吗？是的。

曾在一本书中看到，2004 年间英女王与查尔斯王子有场激烈争执。当时王子流连沉迷于伦敦东区低俗夜场酒吧，并酒后与一些地痞无赖纠缠不休。女王非常恼火儿子的胡作非为，认为他没有给自己两个儿子做好榜样。据身边人披露，有次女王见醉醺醺呕吐的查尔斯王子半夜归家非常生气，甚至指责当年所使用的避孕套质量不过关，才导致查尔斯王子的意外诞生。因此女王已起草文件对其生产商提出控诉，指责当年出产的那批产品有质量问题。

后来女王因对儿子恨铁不成钢的恼火而迁怒于当年的御用避孕套公司，也从一个侧面看出她迟迟未交王位的纠结。

英国举办了女王登基 60 年大典，她很快超过史上在位 63 年的维多利亚女王。不同时期与本国首相及外国元首的合照被人称为，"铁打的英国女王，流水的各国总统"，她在位期间与时俱进，做出很多改革，化解王室及外交种种危机，为英国皇室架构了一个更亲民的新形象。女王如今依然深受英国人民的爱戴，被公认为伟大得体的女王。在英国人眼中，王室被看作基督教家庭的典范，依然是大英帝国的象征，是作为某种形式的精神依靠。他们的一举一动依旧牵动众人的目光。如今人们已不再像往日关心于何日传给待位最久的王储查尔斯。甚至有人建议直接传位于长孙威廉也是个不错的选择。他的孩子也出生了不是？

亚洲之家

　　位于中国驻英大使馆附近的亚洲之家，是我在伦敦常去的地方，那里的茶室有维多利亚风格。很多次中欧之间的艺术文化交流我都会选择在那里举办。

　　主席约翰勋爵是我的好友，也是中国人的好朋友。我们在一次国际金融论坛上认识，保持友谊到现在。他经常请我到他家里做客，和他家人一起在他位于市中心的维多利亚风格家中的庭院里喝下午茶，聊英国的历史和他在中国的经历。他那丰厚的藏书中很多是关于中国文化及现代生活的，家里摆放的字幅和瓷器显示着他对中国文化的浓厚兴趣，我逗他——你工作的地方是亚洲之家，可你这里分明是中国之家了。

　　约翰会说一口流利的京腔，甚至比我说得还地道。这得益于之前他曾驻中国北京的工作经验，后来回国后他担任文化交流使者，从事与亚洲相关的合作及慈善。成立的基金会奖励促进欧洲及亚洲间友谊的有才之人。他曾担任大英博物馆馆长，有很深的学术造诣，每次和他交谈都有不同的收获。

　　我发现接触过的长者中，越是位高权重的越是谦和亲切。约翰勋爵听说我在写一本关于欧洲文化的书，就邀请我再次去找他。热心地介绍英国其他几大著名博物馆的馆长与我认识，提供我所需要的独家信息，让我书的内容更加丰富独特，希望通过我的文字和他的帮助，让更多的亚洲读者了解英国，了解欧洲。写书期间，他是我第一位欧洲读者，当他看了部分书稿后，用中文说出他的读后感，并推荐他的家人及好友阅读，还给我很多建议。他认为我看欧洲的角度非常新颖，并给他的讲座带来启发，欧洲都没有这样的书籍，鼓励我说，这书在英国也会很受欢迎，并希望我有时间继续写更多的精彩文章。会谈后他送了我一本从外国

人眼中看中国的英文书，名叫 *Dance with the dragon*——《与龙共舞》，说可以为我的书提供另个视角作参考，确实会有很有意思的对比，这让我有更开阔的思路。

　　后来被母校剑桥邀请去做亚洲文化专题的讲座时，勋爵先生还很特别地征求我的建议，了解最新的中国现状。他时常关注我的进展，并经常发来活动邀请函。因为亚洲之家经常会举办一些文化交流活动，邀请国际知名人士来讲座，向欧洲人介绍亚洲各国的历史文化。我跟他说，我们都一样，都是向自己国家介绍对方国家的特色文化。他说世界人才分为两种，栋梁和桥梁。我们都是桥梁，是连接两大国、两大洲文化的使者。

露营达人

法国有部很卖座的电影叫《露营》(*Camping*)，而且接连拍续集，一直很火。一部小成本的制作电影，如此受人追捧甚至超过了大片，只因这是法国人度假的真实情形再现。在这个国度里，很大一部分人会选择这种传统方式来度过炎炎夏日，漫漫长假。在他们看来，度假一定要和大海联系起来，要有海滩，浪花朵朵，有家人有朋友一起，在一个风景秀美的地方安营扎寨，乃人间美事。

在科西嘉岛度假的时候，我当然没有错过这样的机会，并且还遇到了一个露营达人。

露营达人叫让·雅克(Jean Jacque)，正好是我的邻居，或者说是我选的邻居。

这边露营的规矩是你到达接待处后注册，然后下海滩转转，在可露营的范围内，看中了圈下来，记住上面的号码，登记下来，就是你的地盘了。

那天在科西嘉岛的海边走了个来回，发现很多风景。最后让我决定选择41号的原因不仅是因为对面有海景，可以跳出帐篷第一时间冲向大海，更重要的原因是40号的"豪宅"把我镇住了，那年还没有高端大气上档次的形容词，但绝对是个达人——露营达人。

这无敌露营房简直比家还全，冰箱风扇不说，音响钟表卫星接收器一个都不能少。然后地毯一铺，定出前沿。遮光伞几把一围，权当栅栏。最逗的是不忘插一把摩尔旗随风飘扬，宣告这是我的地盘，当然也是科西嘉的领土，有你有我，有主有客，不忘示好，这样讲究，谁敢侵犯？

在这样的环境下，我充分感觉到了安全感，边观赏边加快手里的动作，想着要在太阳下山前搭起自己的小窝，还能去订根长棍面包，刚才管理处的美女说，提供此项便民服务，明天上班时从镇上带来新鲜出炉的，今天就要预订好，不愧是岛上最有名的露营处。在对比了几个家族式或野营式的，这里最贵但确实干净规范，再加条温馨。

这时热心邻居冲我喊——要帮忙吗？亚洲邻居我还第一次见呢。

谢谢——一番自我介绍后，我跟他说，我觉得你不仅挂那个旗子，还应挂个有自己姓氏的自家旗子，中国古代就这样，海风一吹，好威风。

他说，好主意。可你知道，我在这儿住了快30年，这小块地儿早默认我了。

30年？比我还大，这是什么概念？我和小伙伴都惊呆了。让·雅克后来请我到他家中的院落去喝东西。聊了他的故事。

他绝对是法国露营文化的代表人物。见证着从兴起到如今的变化。30年来每个夏天。他都回来小住一个阶段。从他年轻时第一次到科西嘉，到这片露营地开始。

那时并没有这样的露营基地，只是大家自发地找到方便的，风景美的地方。往往是开着房车来，然后住下，久而久之，像发现新大陆一样，慢慢形成规模，变成基地。洗浴卫生措施建起，饭馆酒吧开起来，越来越方便。

他认识这基地的第一代开创者，后来成立了公司，现在是其女儿在打理。从免费到涨价，他比这家公司的管理者都清楚。当然老客户，让·雅克交的不是天租，也不是按位计价而是月租或者说季度租。

而这些年来他也由青年人的聚会变成了和爱人一起，再到后来的家庭聚会。然后孩子大了，又是老两口度假的大本营，他们会邀请好朋友一起，看科西嘉海上风景。白天到别的地方转转，晚上回来休整。

我说中国有句老话套你身上再合适不过，翻译给你听就是，铁打的营房Jean Jacque(让·雅克)，流水的邻居 Céline(席琳娜，我的法文名)。他哈哈大笑。

那天夜晚，在让·雅克的讲述中入迷，我终究忘了去订长棍面包，没有尝到镇上面包的滋味，但他的露营故事连同坐在他无敌露营外看到的海上落日却让我回味至今。

一切都在变，但我知道明年的 6 月 30 日开始，在科西嘉的那个露营地里，露营达人让·雅克还会如约而至，还会是他无敌营房的第一个建设者。

另一对儿新人——"他与他"

同性恋游行那天，有一对儿这样的新人出现在我镜头，看上去刚刚随着节日办了自己的婚礼。看到我想拍他们，立刻挺身坐好，问我，这样可以吗？

没有其他人的喧嚣和张扬，他俩坐在街边，静静地注视着人群。他们让我想起曾看到过的一个故事，写的是瑞典正播放的一部电视剧，我引用过来——

"三十多年前的一对欧洲同性恋者的家庭，其中一个是笃信基督教的中产阶级家庭，从小从传统、正规和严格的教育环境中出来，青年成人的时候还四处传教，当他走进一个同性恋的公寓里传教的时候，那个人告诉他：一看就知道你是一个同性恋者。据说同性恋者可以通过眼神就能彼此知道对方。这个性格内向又有涵养的青年是何等的挣扎，他一直对家庭隐瞒自己是一个同性恋者。但是故事发展到后来，他不想再继续否认自己是个同性恋者，于是，他向父母坦承：他是一个同性恋者。

父母带着鲜花，蛋糕，双双到他的公寓去拜访他，非常的客气，儿子急忙准备咖啡，大家在一起喝咖啡，吃蛋糕，看上去已经久违了的温情呈现在这里，不料，话锋一转，当父母将信将疑地确认他们的儿子是否真的是同性恋人的时候，儿子坚定地回答：我的确是个同性恋者，母亲对同性恋不甚理解，还以为是病可以吃药救好，可儿子告诉母亲自己明明白白的就是一个同性恋者。

好了，父母告诉他，从此他们再也不见面了，也不认这个儿子了，他们在选择信仰和儿子两者之间，坚守了信仰。

父母穿好风衣，道别的时候，母亲拥抱了儿子，还对儿子说：我爱你。儿子也对母亲说：妈妈，我也爱你。

等他父母离开公寓以后，儿子失声痛哭。

关键是，直到双亲去世，他们真的都再没有见过一面。

而这个同性恋者的伴侣，因为患艾滋病即将去世前，医院通知他的父母前来医院最后一别，这样的生死离别，父母自然是悲伤又复杂的心情，这个母亲刚开始的时候还把亲手织好的毛衣转送给儿子的恋人，这个同性恋者也急忙就套在身上，表示谢意。这个母亲说她感觉到他儿子的恋人，就像自己的半个儿子，很亲近的感觉，可是父亲马上就开始讨论起儿子的葬礼事情，这样情况一下子又变了，父亲要把儿子带回家乡，在那里举行葬礼和安葬，他坚决不要亲朋好友知道他的儿子是个同性恋者，更不想要大家知道他是死于艾滋病，在 20 世纪 80 年代，很多死于艾滋病的同性恋者，家属或亲友都撒谎说他们死于癌症，因为为了葬礼而表示哀悼，参加葬礼的人要捐款给癌症基金。

他们坚决不要这个同性恋者出席葬礼，尽管他一再坚持说：我爱他！我真的很爱他！父母坚决地离开了医院，他也坚决地脱下毛衣，归还给这个一分钟前还认为是她半个儿子的母亲。

的确，这个害羞又有涵养的男孩，一直忠实于他这个放荡的恋人，特别是生病以后，不弃不离。

后来，这个恋人的父母，从此也视他为陌路人，再也没有联系过他，也不跟他见面，他直到人到中年，孤身一人，一直怀念着他的恋人，最后才有机会到墓地去看望他的同志。"

任何社会总是在传统和叛逆中前行，而生活在欧洲的环境里面，有抗争，有屈服，有忍受，还有改进，而这些都似乎在一种理性和温情中反复进行，但是，依然是以牺牲了很多人的幸福为代价的。

写这个剧本的人，本身就是个同性恋者，一个著名的作家，诗人和艺术家，他现在有稳定的家庭，还收养了两个孩子。这些故事都是根据真实的故事而来，只是把故事中的名字作了改动。

这是他与他的故事。

享誉世界的法国天才大师伊夫圣罗兰 2008 年逝世时，我正在加拿大蒙特利尔，被邀至他的纪念时尚展，看到楼梯上下两侧里面全是他一生设计的无数亮丽华服。还有出口处和他一生的挚爱皮埃尔的合影。男友皮埃尔懂他才华，在背后资助并支持他走向成功。展览结束处，设计无数晚礼的圣罗兰说——其实最美的华服是爱的人环绕的手臂。

这是他对他的告白。

小小少年

侄子大汉在内蒙古少年才艺大赛夺了冠军，发来照片让我在国外也第一时间分享了喜悦。颁奖现场照片中他小脸弄得脏脏，原来是刚结束的才艺表演时，即兴扮起了博士做实验搞得样子，他机智的临场发挥和娴熟的街舞为夺冠增分。看着他，想起我在欧洲见过的和他同龄的孩子。欧洲的家长一样望子成龙，各种音乐戏剧从小培养，体育特长多为兴趣，在校内选课，各种比赛也是不少，看看欧洲这些德智体全面发展的小小少年。

一、音乐

萨尔茨堡不愧是莫扎特的故乡，那里是音乐之乡。当年他六岁就在宫廷里为大家演奏，毫不紧张，看看这个偶遇的宝宝，是不是莫扎特转世？每年夏至那天是欧洲的音乐节，所有音乐爱好者在一年中白天时间最长的日子尽情享受音乐的快乐。他们早早就出来支摊演奏占地歌唱，大街小巷，

广场看台的音乐世界中，不仅有大人，还有小小少年的身影，自弹自唱的摇滚范儿，认真专注演奏的古典乐手，每次见到他们都情不自禁地驻足叫好。沉浸在音乐中的小小少年，没有烦恼。

二、体育

看小伙子这架势，姑娘这身姿，先天条件好，后天还努力，在这全民运动会上，各个特长班的少年儿童，在展示自己平时训练的结果，跆拳道体育班里还评出了年度决赛总冠军。小小少年，不可小觑。

欧洲之狮

近距离拍摄的塞伦盖蒂的雄狮一家的经历让我记忆犹新，近在咫尺的百兽之王悠然汲水，而后擦车身而过，让我震撼。同样让我震撼的还有欧洲之狮——不是欧洲动物园里的自然狮子，而是见诸于欧洲国家的著名雕塑之狮。因为我发现很多欧洲国家都不约而同选择狮子作为国徽国旗，或城市标志雕塑。比如法国里昂被称为狮子之城，威尼斯的城标是飞狮，等等，挑几个特别的，若有排行榜，它们当数之最。

一、最英勇的英国狮子

和欧洲朋友聊天，说每个国家都有个类似图腾一样的动物标识。比如法国是高卢雄鸡，为什么呢？法国朋友的理由译过来就是，即使双脚站在屎里，仍昂首阔步，高唱胜利之歌，那是民族的象征。问中国，毫无疑问是龙，都是龙的传人。

而英国呢，英国的朋友说，是狮子。

中国的皇帝被称为龙子，英国文化里，一直喜欢把领袖人物比喻为狮子，历史上有带领十字军东征的狮心王理查，托马斯·莫尔笔下狮子般的亨利八世，等等。下面这头漂亮的雄狮雕像就坐落在伦敦著名的特拉法加广场上，是英国著名的标志建筑之一，护卫着上方耸立的纳尔逊将军，他是英国的英雄人物，如雄狮般英勇善战，直到生命的最后一刻。有趣的是在2014年的春节，我突然发现中、英、法这三个大国的图腾标志竟同时齐聚在这里。一直屹立在那里的英国之狮看了这里为庆祝中国节日的舞龙表演，而另一边是之前临时展览换的蓝色的大公鸡，是巧合？还是天意？

二、最张冠李戴的比利时狮子

一说起某人某次事件中遭到失败时，必定会说某某遭遇了滑铁卢，这说法来源于比利时滑铁卢战役。直到现在每年 6 月 18 日都有活动纪念这场欧洲著名战役。我去时还收集了一套当年战役的复制报纸作纪念。若你沿着 226 级台阶拾级而上，就会看到作为战场标志的铁狮峰上耸立的那头雄狮。它前爪紧紧地抓住一只象征着世界的铁球，两只眼睛"狮"视眈眈地盯着南方的法兰西，于威严中透出一股肃杀之气，表示威震法国。重达 18 吨的铁狮是为纪念欧洲联军的胜利，用缴获的法国军队的枪炮熔铸而成的。

这头狮子和威灵顿公爵有关。战役中他战胜拿破仑，改变了欧洲战场的局势。可明明是纪念胜利者威灵顿的，却被很多人认为是拿破仑的化身。对到滑铁卢前来凭吊古战场的各国游客来说，都是冲着战败的拿破仑而来的。许多人甚至不知道威灵顿为何许人。只知有拿破仑不知威灵顿——"失败反而把失败者变得更崇高了，倒了的拿破仑·波拿巴仿佛比立着的拿破仑·波拿巴更为高大。"维克多·雨果的话在今天的滑铁卢得到了确实的印证，除了被张冠李戴的雄狮，铁狮峰下还有战败者拿破仑的身影。

不知道胜利者威灵顿公爵看到这些，又听闻战场上本没有铁狮山，当时也没有推土机，而是崇拜拿破仑的女粉丝们背来的石头和土堆积起来的仅 50 米的山时，又会作何感想？

倒是英国前首相丘吉尔临终前嘱咐，国葬时自己的馆枢一定要在英国的滑铁卢车站前过一下，给法国的总统戴高乐看，以提醒并纪念那场英国人威灵顿打赢的战争。

三、最悲剧的布达佩斯狮子

连接布达与佩斯两城的链子桥上有最古老壮观的桥梁，还有两对石狮雕像分立桥头两端，它们的爪子紧紧扣住两岸，象征两城紧密相连。据说，对自己要求很严的石狮设计者匈牙利人亚诺士，在造完狮子后，觉得作品完美无瑕。直到有一天，来观看的一个小男孩发现桥上的狮子没有舌头，就好奇地问他，设计师一看，果然忘了舌头。他伤心欲绝，纵身跳河自杀了。

四、最血腥的西班牙狮子

阿尔汗布拉宫坐落在西班牙的格拉纳达，是我去过的最有特色的宫殿，没有之一。内部雕梁细柱，堪称极品。其中有个狮子院。院子周围有 124 根白色柱子，中间是 12 头石狮子驮起的

水池。池子向四方引出四条小渠，代表的四条河分别为水河、乳河、酒河、蜜河。这狮子的造型不同于我们前面看到的欧洲狮子，也不像我们国家都是自来鬈发型的石狮，这个庭院由于历史的原因，是典型的阿拉伯建筑风格的庭院，狮子自然也就不同了。这里并不是总开放，能够看到算是幸运。现在看起来风平浪静，风景秀丽的狮子庭院，当年可是沾满了鲜血的场地。摩尔王朝后期的统治者，早没有当年祖先的彪悍骁勇，只终日沉醉于奢侈豪华的享乐之中，并听信谗言，将36个武士权贵割断了喉管，狮子厅鲜血横流，溅入喷泉，渗入石砖缝隙，虽历经岁月洗礼仍依稀可见斑斑血迹。这些石狮见证了那段血腥历史。

五、最感人的瑞士狮子

　　每次去瑞士，我都会在这头狮子雕像前驻足，看过卢塞恩这里一年四季的景象，春花夏雨，秋叶冬雪，不变的是狮子悲伤的神情。马克·吐温经过时，曾说这是"世界上最哀伤、最感人的狮子"。

　　只见一支箭深深地插进这只濒临死亡的雄狮背上，狮子面露痛苦的神情栩栩如生，它前爪按盾牌和长矛，盾牌上有瑞士国徽。这是为了纪念1792年法国大革命，暴民攻击法国皇宫时，为保护法王路易十六及玛丽王后而战死的786名瑞士军官和警卫所建的纪念碑，表达祈求世界和平的愿望，碑的下方有文字描述了此事件的经过。瑞士的雇佣兵忠诚骁勇，世界闻名。如今，他们依旧站在梵蒂冈教堂前的门口，保卫着教皇的安全。

　　说的是这些欧洲之狮，实际上都是它们背后代表的人和故事，那些历史与纷争早已湮没在岁月中，唯有这些雕像与建筑仍旧屹立如初，见证并讲述着这曾经的过往……

　　这些是让我难忘的欧洲之狮，有意思的是，在西方和毛泽东一样出名的政治家拿破仑很早就曾说过这样一句名言——中国并不软弱，它只不过是一只睡眠中的狮子。中国一旦被惊醒，世界会为之震动。

　　原来在拿破仑这位欧洲伟人眼里中国才是震撼未来的世界之狮。

艺高熊胆大

　　打心眼儿说，我是有些怕熊的。造成的心理阴影源于在美国的一次露营，那天我驾车到达基地时天色已晚，管理人员给了搭帐篷的号码牌，还随手给了一篇注意事项——不看不要紧，上面是教你如何区分棕熊和黑熊的脚印，要宿营者牢记将食品封存于车内，省得半夜有熊来访，原来这里有熊出没，我当时想是不是单子上面再有些与熊对话的速成语会更有用处？

　　把我吓住了的熊，却并不影响它自己的胆量。看欧洲这只真正具有熊胆且艺高的熊。你或许见过马戏团走钢丝的熊，但你见过在城市上空表演的吗？你或许也见过高难度的表演，但是有这么长时间保持一个姿势，并不掉下来的吗？

　　的确欧洲有很多以熊为标志的国家，德国柏林的大街上处处是熊的彩色雕塑，不同神态，不同动作。瑞士首都干脆就以熊——伯尔尼，当了城市名字。但是那么多只都没这只勇敢，当看到它时，我认为除了勇敢还兼具创意，并且，显然它习惯了人们对它的崇拜与仰视。

　　谁敢再说我熊样，你来试试？

动物来访

一、松鼠篇

胆小如鼠，显然不适用于英国的松鼠。它们有和熊一样的胆量和高超的要食技术。伦敦市中心家门前常会遇到一只小松鼠，有时早上开门，一看它在那里守候。有次它横穿马路，窜到我面前，然后一个急刹车猛然停住，把我吓了一跳，它也蒙了，同样做惊恐状，吓到自己。我一直把它当作封面，每次看到就想笑。欧洲的松鼠到处都有，公园里，长椅上，从开始见的新奇，到后来的审美疲劳。好友经常周末带一袋子核桃榛果到公园固定大树下喂它们，有时一到附近，松鼠们闻风而至，从四面八方拥来，忙坏了，吃着的，匍匐着耍赖的，树上放哨的，埋在地里做记号的，把风不让其他鸽子来抢的，整个一松鼠百态图，让人忍俊
不禁。欧洲孩子特别喜欢亲近它们，手都举酸了，还坚持拿着食在树下反复诱惑，建立信任，从小就和大自然和动物们建立友好的氛围。

二、狐狸篇

英国老师家刚养了只小猫，晚上的时候，常来院子里的狐狸发现了，怎么后来的反而可以待在屋子里？于是两个隔着玻璃窗对看了半天。

先来后到，谁才是不速之客？

很多英国居所都会带个小花园，女友在自家的花园里种了玫瑰，放置了喝水的器皿，让来访的鸟儿有个落脚儿的地。她老公可以轻易地分辨出来访的各色漂亮的小鸟，而女友擅长判断松鼠露脸的不同位置。当然，花园里也不乏老鹰，青蛙，小猫等别的动物。直到有一天，女友看见了一只狐狸在大口喝水，根据她的经验，这是一只哺乳期的狐狸。连着几天到这里来喝水。看来英国居民已经见怪不怪。大热天狐狸可以公然在大街上乘凉散步，横穿马路。朋友看到了，一愣，以为狐狸会跑。没想到狐狸反而看着他，走过来，他反而不淡定了。

据说大伦敦范围内有一万多只狐狸，大都温顺，很少袭人。同时也受到法律保护，不得虐待杀害。不仅在街上，在餐馆酒店里同样觅得到它的踪影——可以说上得厅堂、入得画中的狐狸。在英国喝下午茶，一抬头发现咖啡厅周围都是以狐狸为主题的画作或装饰。从雪山飞狐到夜深之狐，从餐桌前到森林里。从一楼到二楼都是不同大小的画作，也挺有特色。欣赏一圈，刚坐定，听到同伴说，你看，刚进来的那桌客人。

一看，天，她的衣服上居然也是只狐狸，太巧了。我想建议老板就改名成狐狸餐厅，没准会引来英国的真狐狸来访呢。

欧洲有"神马"？

选了"十骏图"说马，寓意十全十美。

它们都是出现在我生命中，留给我深刻印象的马儿们。

——题记

一、国际内衣展中的冠军造型马

这是巴黎国际内衣展上的冠军内衣，在参赛的众多内衣中脱颖而出，获得评委和嘉宾的一致认可。这也是我首次在大型时装周当评委。马是世界上最性感的动物之一。只穿内衣时的女人也是性感时刻的展现。性感、女人与马三者在这个作品中得到充分展示。

二、祝福中国春节的橱窗马

一年一度的商家创意橱窗，是欧洲各国的传统保留节目，为他们的圣诞节增添喜庆气氛。而今年在英国，奥地利等最具盛名的橱窗里，专门做了一系列迎接中国农历马年春节的橱窗，还加入了中国龙的元素。走进商店有中文写着条幅——"新春快乐，恭喜发财"。大红灯笼高高挂的中国城里有个德国姑娘戴着面具向我打招呼，那天到处是"人头马面"。

 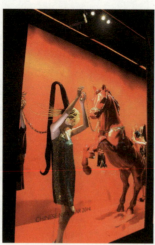 

三、市政厅门口的迎亲马

从巴黎市政府参加完朋友的结婚仪式出来，我看到准备入场的下一对儿新人，见到了这匹充满异国风情的迎亲马，原来不只是在中国古时有新郎马上迎亲的习俗。在当今的巴黎，不用其他豪车，用的是此款"宝马"。

四、欧洲洋庙会的工艺马

法国有个很有名的春季展览，被爸妈命名为洋庙会。那里有各式各样的作品，展品，货品供大家参观娱乐，非常齐全，就像我们的春节庙会一样热闹。在这个活动中我见到了这个霸气的作品，旁边还有一匹小马，全部手工完成。跟它造型蛮像的是常年矗立在伦敦市中心街头的一组马，在马年的春节活动中，伦敦市政府在它旁边还放了滚动屏幕，用各国语言祝福中国新年快乐，很是应景。

五、战马——统帅雕像的坐骑

金戈铁马，英雄名马。从法国圣女贞德等各国名将的坐骑雕像，到英国国家画廊博物馆中最显眼的地方挂的是马的巨幅画像。

还有伦敦街头，地铁广告音乐剧战马的宣传海报，人类用各种艺术表现形式来讴歌这忠诚卫士。当年英国常演不息的剧——战马，打动了名导斯皮尔伯格，并将其改编成电影搬上屏幕。故事讲述了"一战"爆发后，英国农场少年阿尔伯特的父亲为了维持农场，无奈之下将乔伊卖给军队，为前线运送军火物资。尽管身处凄凉的战壕，马儿乔伊的勇气感动了它身边的士兵和人们。小主人和爱驹彼此都没有放弃寻找，终于被分离的命运又重新交织在一起。他们之间非同寻常的友谊让人感动。故事从马的视角解读战争，乔伊只是万千战马中的一匹，古今中外的战场上，都能看到它们的身影。

六、欧洲阅兵式及女王养马场的马

　　欧洲各国几乎都有换岗仪式，还有阅兵表演，里面都少不了骏马出现。英女王的养马厩，每天下午有准点换岗仪式。与英国的白金汉宫仪式不同，这里马是主角。女王爱马，直到86岁还能骑马驰骋。在她的登基60年盛典上，她养的马纷纷上场向她致敬。都知女王喜马，这不2014年6月女王访法，于是世界上最浪漫的大道上遍布骏马，在林荫道两侧插满英法两国国旗，法国共和国卫队用传统仪式迎接她到访。不光王室，很多欧洲的政界总统都是爱马之人，俄国总统普京裸上身骑马的照片一直流行，前任法国总统萨科齐度假的骑马照为他增分不少，他认为做总统比骑马容易多了。这届法国总统奥朗德，英国首相卡梅伦恰巧都属马，在马年春节时特意给中国拜年。美国总统奥巴马译名也带个马字，看来最近西方大国的政坛，马儿当道。

七、欧洲马赛马球大荟萃

　　赛马历史可以追溯至1802年，风靡于英国上流社会的传统活动，既赛马又社交。我分别参加过法国和英国最著名的两个马赛，看到赛马场上选手们英姿飒爽，而会场中，女士们的帽子也是争奇斗艳，是另外一个秀场。

　　不仅如此，在马球比赛上，人与马的互动，增添了比赛的趣味。这是年度最后一场马球赛上的奇装异服场。马上的每个人有不同的造型。

八、人扮马装，马吃人糖

　　英国最有名的赛马会上，不仅有人在头上戴匹马的帽式，穿上马的礼服，还有人干脆从头到脚套上马服，扮成马。而北京的京城马汇俱乐部里，马儿们在享受浴霸的照耀，接受赛马后的洗浴，然后

再用浴巾包起来，它们有自己的大衣，战袍。这里是
举办国际赛事的地方，设备相当齐备，跑马场都是用
特殊柔软材料铺几层而成，防止马蹄受伤。我骑的这
匹，还爱吃方糖，每次在俱乐部骑完后，都会准备几
块犒劳它。曾经在赛马会上还看见匹爱吃薄荷糖的小
马，个头不如一只小狗高，被主人牵着在高手林立，不，
是高马林立的赛马会场下穿梭。

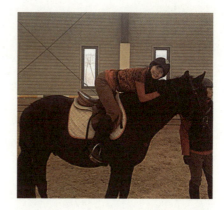

九、欧洲马戏团和马术表演的优雅马

　　驯马的姑娘们穿着华服与马儿一起表演，优雅的问候致意之后，各自拿出了绝活。与古典
演出不同，马戏团演出是国际大赛上得过大奖的动物演员，它们做出的各种高难度动作让人时
不时发出惊叹。这是我送干女儿的圣诞礼物，整场小朋友全神贯注。后来发现里面还有可爱的
草泥马望着我的镜头——你也想被当成马，对吗？

十、路遇之马

　　法国有个小城是专门养马学骑马的地方，走在小镇上到处都是散步的马。我在那里学骑马
的第一课，就是为它洗澡建立感情，同时了解马的身体各部位构造。跟这边学车一样，了解了
车的构造才能更好驾驭它。欧洲还有数不清的关于马的展会，也是了解的一个途径。很多欧洲
小孩从小学骑马，公园里随处都有小马让孩子们骑着感受，马主不明码标价，家长可以商量。
我在不同的公园里都偶遇过。最意外的一次路遇也是在一个公园里——那年自驾在纪念碑公园
遇到大雨，躲雨时发现了
块马场，是印第安人居住
的区域。由于环境恶劣，
租马是他们生活的主要收
入来源，这是美国印第安
人的骑马价。

人 狗 情 未 了

"我不知道你为何会离开，但确定的是，我曾那么爱过你。"

"亲爱的，在你这儿我才找到了忠诚，你是我的唯一，失去你我很伤心。"

"我的心肝宝贝，请你等着我，我们终会相聚。"

你以为这是情书？是表白？都对又都不对。

是墓志铭？猜对一半了。

这是巴黎塞纳河畔一座著名动物公墓里的碑文，里面葬有法国人的多种宠物，其中已经有十多万条狗在这里长眠。那碑文上狗主人的痛断肝肠和一往情深让见者感慨。

这里有把小狗生前喜爱的网球收集好放在它墓前的，还有按照小狗的样子重新雕塑了的，还挂上项链等装饰物的。

我也曾经在巴黎有过养狗经验。也深深被很多狗的故事所感动，也就不难理解法国人对狗的感情。曾经和爸妈在瑞士博物馆参观看到一只狗的标本，当时还奇怪，这里又不是自然动物博物馆。后来得知，这只勇敢的狗曾在瑞士雪山的一次事故中营救了40个人，却在救第41个时精疲力竭而牺牲，故事传遍欧洲，在参观巴黎动物公墓的入口处就是它勇猛身姿的雕像，背上背的小女孩就是它救出的最后一个。

毕竟这种场面不多见，但人与狗的温情互动却时时上演。从出生说起，有名号，族谱，有户口，有时还举行命名仪式，花大价钱为狗做广告征婚相亲。

欧洲街头怀孕的妈妈舍不得小狗累，都放在为即将出世婴儿准备的小车里，先享受待遇。法国宠物店里招聘年轻妙龄女郎据说能有效安抚动物情绪。法国南部有狗餐厅，餐单上开胃菜可选汤或牛肉小丸。超级市场货架上各种狗食肉罐头，猫粮袋子，跟人们吃的没什么区别，有时还更精致。致使个别粗心大意的顾客误作人类食品购走，直到开袋下锅才发现。还有刚到欧洲，或是外语不好的，干脆就一直误认，直到闹出了笑话。

巴黎人对没有除草的花园耿耿于怀，却可以对狗屎满街心怀宽容。花都巴黎有另外一个名字，叫狗的天堂。草地上，马路边，没准就会有定时炸弹。城市也有狗粪清洁队，有动物健身房。

翻翻报纸，关于狗的新闻总有。有法庭审理狗命案判杀狗人坐牢的。有猫狗代言人，电视节目做专题的，路边看到专门为宠物发言讨权的杂志专刊。曾在网上看过一篇文章，据法国有关部门统计，法国出生的婴儿每年约为 75 万名，而每年产下的小狗却有 100 万只。法国共有近 4 000 万只宠物，为法国儿童总数的两倍，其中包括 1 000 万只狗，养狗的肉食量约为西班牙全国人口肉食量的总和。它们有维护狗权组织的公司，总部早在 1822 年就成立并设在巴黎。近年来又成立了"婚介所"，为解决狗的终身大事服务。总之在这个国度，生养死葬，人狗一样，婚嫁育"崽"，哪个都不能少。

宠物之名

　　在法国，对动物宠之又宠。你走在街上也许会不小心踩上狗屎，这遭遇不会让法国朋友有额外的同情和关注，他们早已习以为常，要说关注可能会问句，你是哪只脚踩上的？原来跟我们的眼睛跳预示运气一样，踩上狗屎的脚——左幸运右倒霉。

　　看过一篇报道，给刚出生宠物猫或狗取名有一条不成文的习俗，即每年都有一个统一的字母作为它们名字的起始字母。这命名习俗始于 1926 年，由法国犬类中心协会（Société Centrale Canine）创立，1972 年由法国国家选育委员会通过。在 26 个字母中，K、Q、W、X、Y 和 Z 被排除在外，原因是这些字母不容易取名。比如 2013 年，小猫小狗的名字以"I"开头，例如 Isidore、Iso、Istar... 这样命名的好处是，方便确认宠物的出生年份及记录宠物的家谱。当然，宠物主人可以完全根据自己的喜好为他们的新宠选择名字。比如上次在高尔夫球的起源地苏格兰看到一只在门口跑来跑去的狗，可不是苏格兰牧羊犬，而是一只非常有球感的小狗，听到它被刚打玩高尔夫球赛回来的主人唤作——老虎。原因吗，主人喜欢那个打球的老虎伍兹，就给如同自己孩子的最喜爱的狗起了这个名。

有次无意看到法国的老法律条文，有的至今还在用。比如之前女性不能穿裤子，除非骑马或骑车，若想穿男性衣服必须去警察局获得许可，取得许可证前还要有医师证明，因为这条法律早就名存实亡，最终在 2013 年 1 月 31 日被正式废除。我细看条文中还有一条译过来是养猪者不得给猪起名为拿破仑——这些被写在法律条文中，现在看起来别有趣味。

宠物们有自己的名字，还要有假期。欧洲人的假期多，让人羡慕。殊不知，欧洲的动物们也有休假的权利呢。瑞典动物法规定，农场的牛羊们一年要有至少八周时间待在户外，放暑假。

八周！赶上欧洲银行的高管了。

想起在北欧峡湾旅游时，经常会被一群牛挡住去路。司机也不会鸣笛催促，等它们悠哉悠哉过。牛儿们显然很有经验，气定神闲，也不左窜右跳，都明白这里它们优先的道规。近年挪威又通过规定，牛棚地板必须加设垫子，防止跪姿的休息姿势又与冰冷水泥地接触会让膝盖承受压力过大。一切为牛着想，让它们更舒服些。在比利牛斯山滑雪期间，我应邀到当地农舍参观。他们对即将产仔的牛孕妇照顾得无微不至，甚至有不同场合的衣服。你以为对牛弹琴不可能，这里放的都是世界名曲，莫扎特的音乐让牛轻松，产出优质奶，缓解生产压力。总之，给人的感觉就是，这样当一头动物也是件幸福的事。

逗牛，斗牛

欧洲有这么几个运动和节日，与牛有关。最有名的西班牙斗牛，7月份的奔牛节，巴伐利亚的赛牛节。

是与牛搏斗？是与牛赛跑？还是骑牛比赛人牛合一成为真正的"牛人"。全看你的选择。

一、就这样被你征服

曾有名失利的斗牛士在比赛结束后，表示要狠狠报复，然后气哼哼地跑到门外的餐馆，冲着老板喊——给我来份牛排，烤得越焦越好。

手持红色斗篷的西班牙斗牛士是个标志，像个符号印在无数人脑海中。从马德里到巴塞罗那我有很多次的现场体验，亲眼看到由主席台和民众手中的白手帕来决定命运的时刻。

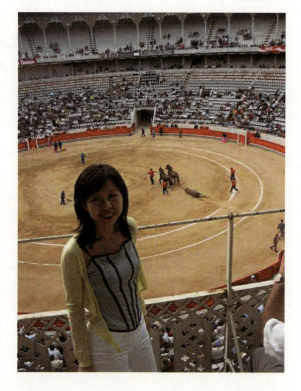

因为巴塞罗那禁止这项对牛残忍的活动。现在重现这个场面的机会越来越少了。就有越来越多的人参加另外一个西班牙持续了几个世纪的国粹——每年7月份的奔牛节。节日当天就是放6头体重在520公斤至590公斤的公牛出栏，在人群簇拥下狂奔在西班牙的小城街道上，3分钟左右跑完850米路程，旁边有围栏，观众在街道两旁观看，也可以随时跳入其中，与它同奔。期间那些围着红色圣佛明围巾，身穿白色裤子的人跑在牛前，不时回头紧张侧望；有的则追在

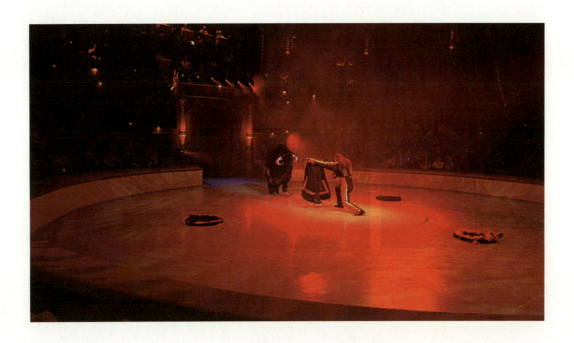

后面，偶尔摸下牛身。可是，有时公牛会突然掉转，来个回马枪，那人可就不容易再跳回安全区了。虽说每年都有死伤，可次次都有大批人涌去。在参加的 8 场奔牛节的两万多人中，有一半来自国外。每年都有 300 人受伤，还会有死亡情况发生。明知有危险，却偏向牛靠近。充分验证那句——生命不就是一场冒险。对牛，对人，都是。

二、斗牛，逗牛

我觉得这个表演很有创意。将西班牙的三个国粹巧妙连接，开始是斗牛士斗牛，然后音乐一边，牛换装成了西班牙舞娘，随后一场斗牛舞开时，最后一段弗拉明戈结束了表演，若干元素在两名演员的精湛表演中展现——另种斗牛。

三、牛气冲天，摔你没商量

见过有个比赛是牛仔们分别骑头公牛上场，在胯下不停的牛的反抗中，直到被甩下，看谁停留的时间长，谁为获胜。

法国的特色游艺活动中，有个类似的游戏，测反应和平衡能力。区别是看在规定时间内，哪个选手没有被甩下。

记得我初次接触，骑在牛背上准备好，等开关一开，牛像疯了一般向各个角度上蹿下跳，比真牛还猛，目的就是把你摔到地上。我趴着使劲握住牛角，觉得时间好漫长。终于挺过了这真正的"颠""狂"，头发也散了，觉得自己也被传染成了"疯牛"。

四、见识牛脾气

相比起斗牛，另个是巴伐利亚的奥运体制赛牛节。不同之处在于一个是征服，一个是驾驭。

每次举行，小伙子们要穿皮短裤上阵。比赛开始了。选手们可要事先哄好了你的坐骑，让它知道往终点跑。

牛儿们很可能——

要不然吃草正欢不愿奔跑让你没辙，

要不就是狂跑不管不顾甩你没商量。

先甩后摔，没到终点先挂了彩，鼻青脸肿也是勇敢的标志。让你见识一下什么是牛脾气。

就像这头华尔街的名牛，不同之处在于，真牛瞎动，或者不动，都令你烦恼。

五、牛屁股，扭屁股

看欧洲这些雕塑牛们，他们没参加奔牛节，却也逛遍了整个欧洲，你看那各种性感，各种造型，无处不在，从希腊到巴黎，再到列支敦士登，也跑进了我的镜头里。这年欧洲的这个雕塑牛的巡回展，为夏日增添了各种色彩与趣味。

欧洲人对牛有特殊的感情，表现在到处可见的真牛假牛，还被当作奖品赠予。瑞士著名网球运动员费德勒当年荣归故里，获奖的就是一头奶牛。法国更是一个离不开牛的国家。从牛排到牛奶，再到奶酪，品种不一，口味各异。难怪戴高乐总统说，怎能容易地管好有 365 种口味奶酪的国家呢？

踏着巨人的肩膀，踩着名人的头顶

踏着巨人的肩膀，踩着名人的头顶，这句说的可不是牛顿那句自谦的名言，而是欧洲鸽子的真实写照。

它们总是会不用导航便恰如其分地找到合适的位置，名人手握的书卷扉页，将军正瞄准的手臂之上，当然逗留最多的是名人的头顶，那是至高处，景色一览无余，站就站吧，还留下屎尿作为到此一游的标记。我想，若是有天这些名人雕塑能动能开口，相信一定会投诉会声讨这些敢在他们身上为所欲为的鸽子，看看那些相片，本来很严肃很庄重的神态，被帽子上的一只鸽子给搅了，毁了一世英名。

讨厌它们的不仅是这些名人雕塑，对于欧洲人而言，鸽子也让他们有时感觉到厌恶。有个故事，有对夫妇长期不孕到法国医生那里去查，一切正常。医生很奇怪，问他们有没有吃些特别的药物或是不寻常的食物。两人说曾吃过共和国广场上的鸽子。一化验，鸽子服用过避孕药。政府用这种方式在抑制成群的鸽灾不是秘密，不论故事是真是假，反正不是所有的人都那么喜爱这些鸽子。

当然，对于游客而言，总是最爱。从威尼斯广场的鸽群到梵蒂冈教堂前随时出国飞来的意大利鸽子，都是镜头里不能或缺的标志性元素。少了鸽子，就少了景点的味道。只是它也成为那些坏商贩利用的道具，一包天价的玉米粒，让鸽子景变了味。

这些让人欢喜让人忧的鸽子啊。

天鹅之死

有天路过卢浮宫门前广场，我看见大冬天有六七名女性赤身裸体扮成各种动物蜷缩成一团做挣扎状，引来好多人上前观望，一看牌子和宣传单，原来是动物保护组织的行为艺术活动，来抗议人类穿皮草杀害动物的行为。想想巴黎市中心经常会见到这样的活动。有次一个女人扮成天鹅的样子，口吐白沫，被饲料噎死歪倒在桌子上一动不动，桌旁还放着一块鹅肝。这是抗议人们为了吃法国美食鹅肝，进行填"鹅"式野蛮饲养，还不准鹅们活动——于是鹅被撑死了。旁边一个活动的宣传员对来往路人宣传，少吃鹅肝，那是"脂肪肝"，最好肉也少吃，素食主义好。听到旁边一法国人又发扬了善辩的本性，上前问道："我们都吃素食，不是在跟动物们抢食物吗？"两人在一旁继续讨论——这是法国。

到了英国，和同事吃饭，我问他说，这菜单上有鸡肉有鸭肉，怎么不见鹅肉。我发现在英国很少吃到呢，是不是因为你们还有世界最早的动物保护法？他告诉我，天鹅是保护得很好，而且英国天鹅都是女王的个人财产。

——啊，我睁大了眼睛——就只是天鹅是财产吗？我经常在公园见到，还摸呢。随手可以抱一只，这"财产"也太散落了吧。

——你摸可以，要抱走可要受罚的。12世纪那会王室一个的决定：英国河里的天鹅都是皇室的！于是，直到今天，这群天鹅还是女王的个人财产，所以每年她都要派人数数泰晤士河上一共还有多少只天鹅。英国王室设有一个恐怕全世界独一无二的职位——天鹅官，当然，他们的职责也就是守护天鹅，给所有无主天鹅上"户口"。

果然，之后没多久，我看到了关于今年女王又派人出来数天鹅的新闻——每年的七月第三个星期一上午，泰晤士河上会举行一项传统仪式——"天鹅喙标记活动"来昭示女王特权。天鹅官们正给每对天鹅家长和它们的天鹅宝宝体检、称重、脚上套环、嘴上刻痕。然后，在这一周内，他们会对泰晤士河进行"鹅口普查"，统计天鹅的数目，称量小天鹅的体重并检查它们是否受伤。最逗的是，当这群人数到温莎城堡女王住的地方时，还要站起来向女王致敬——"天

鹅的女王大人"。曾经发生过一个有趣的故事。英国康沃尔郡的一个小姑娘艾莉西娅在公园喂天鹅时，被求食心切的大天鹅啄咬了手指。于是她写信给白金汉宫，希望天鹅的主人为此道歉。不久，小姑娘就收到了来自白金汉宫的回信，信是由女王的女侍代笔，信中写道："女王感谢你发来的信，并委托我代为回复。当女王得知天鹅的故事之后，为此深表歉意。"看来主人还是认账并为此负责的。

最近有只天鹅飞到伦敦市中心的闹市口，还挺会选地——在最繁华的街道的停车处，坐下来不走了。有路人报了警，警察来了。你猜怎么处理的？女王的天鹅不能乱动的令要遵守啊，警察拿了警戒牌，像给唐僧那样就地画了个圈把它围起来，也对，肉都金贵，还不能绑走吃了肉。警察封闭了街口就在旁边守着，看它什么时候休息够了，心情好了移驾——起飞。有人把当时情景拍下照传到网上，引来感慨——这也就是英国人办的事。

我暗暗祈祷，不想被制成鹅肝酱的法国的鹅们争取游过英吉利海峡，移"鹅"过来，做只女王的鹅吧。

与羊共舞

一、皇家美术学院里的一群羊

周末路过皇家美术学院，发现一群羊围着雕塑转，老远望去，以为是塑像上的人拿着指挥棒在调动它们活动呢。走近才知道。原来是澳大利亚的主题画展今天开幕，这些是配合活动请来的捧场嘉宾呢。

二、酒吧之羊

很多人都不知道，原来山羊的瞳孔是方形的。法国迪斯尼乐园酒吧里的一只羊，老远望去，以为是个真人扮的，握了握手，不，是蹄子，原来真是只羊，假的却是穿着那西装的羊，真"洋气"。

三、高尔夫球起源地的羊群

远处是正在打高尔夫球的人们，我在球场上还看见一群羊。挺新鲜，而且还是在这项运动起源地。让人马上就想起了高尔夫球的起源说。这可不是一般的羊，说不准就是他们的祖先给的灵感，这不，连我的球杆上也套着小羊头。

关于高尔夫球起源的说法有很多种，其中苏格兰牧羊人的版本最为流传。14 世纪苏格兰牧羊人就在放牧时用牧鞭击打石子，并把石子击入前方的兔子洞中作为平时消遣的游戏。这种游戏给他们带来了极大的乐趣，成为放牧期间的娱乐活动和放松手段。由于苏格兰地理位置的特殊性，一到冬季非常寒冷，为了能够取暖，牧民们在每次出行打球时，总要带上一瓶约重 18 盎

司的烈酒，每次到一个发球地点击球前先要喝上一瓶盖，而一瓶盖正好为1盎司，通常一瓶酒喝完需要喝18盎司，喝完后也就结束了游戏。久而久之，牧民们也就习惯了这种以18次饮酒并击球入洞的打球形式。于是一个标准高尔夫球场的18洞也因此而衍生，一直沿用到今天。高尔夫被发明后，全民疯狂追捧，玩球丧志。后来国王不得不下禁令。苏格兰人并没有把这个禁令当回事，剑术演练每况愈下，这足以表明了高尔夫运动强大的吸引力和生命力。后来国王的禁令再也没人理会，而苏格兰打高尔夫人数的增长和国家军队射手能力的下降正好成正比。以至于苏格兰在后来的战争惨败。

那天打完球在高尔夫球俱乐部用餐的时候，我发现从盘子到餐具都跟高尔夫球有关。据说高尔夫球起源地的俱乐部部长的就职仪式也是一场考验。按照传统，新任的部长必须在9月第三周的星期三进行就职仪式。届时，他本人要像高尔夫球一样"击入办公室"。他站在第一个开球处，在他前面是球场，鱼贯而立着一批球童，然后，由他发出一球，球童们争着拾球，拾得者奖一英镑。其后，一尊古炮鸣响，在这隆隆炮声和滚滚烟雾中，部长宣布就职。每年有数以万计的"朝圣者"来参观这里的"高尔夫之都"，而这一切都与羊有关。

城市的源起 巴黎的肚脐

　　意大利罗马有个鼎鼎有名的许愿池，传说在池前只要背对喷泉从肩以上抛一枚硬币到水池里，就有机会再次访问罗马。巴黎也有这样的一个地方，站在那里绕行许愿，不论是谁，不论离开多远，不论离开时间多长，都可以重归巴黎。

　　很多人会问在哪儿，别说是外国游客，很多本地人也不一定知晓它的具体位置。而它又确确实实存在，就在巴黎圣母院斜前方的小石礅下，小小的星形，泛着铜光，周围标有法国原点的字样。法国人更喜欢把这个地方亲切地称为巴黎的肚脐。因为它是城市中心的中心。巴黎的每一寸土地都是从这里延展出去的。看那巴黎公路上通往不同城市的标牌上，标有的距目的地的公里数，从何算起？千里之行，就始于这里。

　　其实欧美都有类似的原点，不过没有巴黎肚脐这么可爱。旅行中我会留意，比如莫斯科的在红场附近，纽约的"原点碑"在曼哈顿中城的哥伦布环岛中心。任何位置与纽约市的距离测定，皆以环岛中心的石柱纪念碑为起点或终点。

　　在一个阳光明媚的下午，我发现原点旁新立起了一个指示牌，标有驶向伦敦的自行车还有公里数，那么就从这里出发，从巴黎梦想起源的地方开始新的征途。

我们的夫人 850

法国原点是知道在哪里了，不过 2013 年去巴黎圣母院附近想寻觅许愿巴黎肚脐的人恐怕还是找不到它。原来为了庆祝巴黎圣母院 850 周年，史无前例地在教堂前搭了巨大的看台。原点被藏在了其中。

法文的巴黎圣母院被称为 Notre Dame，直译过来就是"我们的夫人"。从 1163 年奠基，在风雨中走过了 850 个年头。雨果的一部同名小说不仅使她名扬世界，还真拯救过"这位夫人"的命运。1831 年曾有要求拆毁当时这座破败建筑的呼声，但恰逢雨果同年发表了同名小说，影响巨大，最终说服众议院，不但没有拆掉反而拨巨资整修，可见成功的文

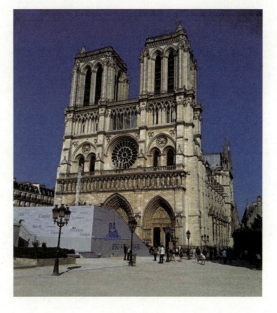

学不仅成就了雨果，也拯救了圣母院。几百年后的我们依旧有机会聆听教堂的钟声，感受到从宽厚巨大的石墙里传出的几百年积淀的历史体温，呼吸着从那无数人形和兽形石雕中倾吐的几代艺术先人的气息。依旧可以走进这座世界上最著名的天主教堂，去寻觅心中的神秘敲钟人。

其实不仅是巴黎圣母院 850 周年的各种庆祝，在欧洲遗产日，巴黎不眠夜的每次活动中，巴黎圣母院都会为你带来不同的惊喜与感动。她曾是我当年下了飞机踏上法兰西土地后去的第一个景点。

最神奇的是那天有设计巴黎圣母院首日封的设计师在教堂前签售，从他手中接过印有我名字的纪念封，发现他还别出心裁地加了一句——给来自中国的女孩。正在欣赏，有人在背后拍我。一转身，居然是卡西莫多。那个从书中钻出来、从教堂走出来的钟楼怪人此刻就在我面前，还

没回过神，他拉我到人群中，原来阿斯美兰达也在。他们带着我跳起吉卜赛舞蹈。原来他们挑了我参加当天主题活动。

　　晕眩加上未倒时差的我，当时在想这就是巴黎圣母院带给我的第一个梦？当年雨果在教堂北钟楼发现了用希腊文的刻印——命运。触动他灵魂，给他以灵感。而这天的奇遇是否也是命运中我与巴黎圣母院的缘分。

变形金刚的肠子和蓬皮杜的肚皮

　　奥地利的格拉茨美术馆被当地人称为友善的外星人，在我看来它像只变形虫。欧洲的新兴现代感建筑不少。参加秋天在英国的第一场鸡尾酒会时，玻璃窗外对的是正跟埃菲尔铁塔叫板的欧洲新地标。它在奥运前期修建而成，你看像不像变形金刚的肠子。我在揣摩120多年前巴黎市民看到铁塔的心情。这里的报道是如果20年后它仍然无法被接受，那么就有可能被拆除。

　　这让我想起了另处建筑，蓬皮杜文化中心自打建成就饱受争议，也难怪，几十年前，这样一个庞然大物就立在巴黎市政府后面。由于一反巴黎的传统建筑风格，即便是最时尚的巴黎人，看见这样一个现代艺术，心里也要犯嘀咕，这是还没有修好呢吧。怎么肚皮里的"肠肠肚肚"全露出来了，还五颜六色的。许多巴黎市民无法接受，但也有文艺人士大力支持。有人戏称它是"市中心的炼油厂"。

它是一座新型的、现代化的、艺术与生活相结合的宝库。由外露的钢骨结构以及复杂的管线而构成。其实颜色是有规则的：空调管路是蓝色，水管是绿色，电力管路是黄色而自动扶梯是红色。

其实它跟肚皮没关系，全称乔治·蓬皮杜国家艺术文化中心，是根据法国已故总统蓬皮杜的创意而建立的。以当时的总统名字命名，和许多博物馆以总统名字命名的传统一样。看来蓬皮杜总统的眼光还是挺超前的。另一座巴黎建筑蒙巴纳斯也是他拍板建成的，是巴黎市内唯一一座现代化建筑。很多著名机构在里面办公，包括半岛电视台。在 56 层环形露台上看巴黎风景，也是一种享受。但是直到现在还在被市民写信要求拆除，因为他们不愿城里有另外一座现代化建筑，打破巴黎的传统美，高建筑他们只想要埃菲尔铁塔，就足够了。

可要知道当年包括名人和巴黎民众对埃菲尔这个铁怪物也是反对声一片。以作家莫泊桑为代表，找不到莫泊桑的人都知道要在午餐时间到铁塔，准能找到他。不相熟的人问他，你常来，肯定很喜欢它。莫泊桑摇摇头：正相反，我极其讨厌它，因为这是唯一看不到铁塔的地方。他明确表达他的厌恶，写很多信要求拆掉。

其实埃菲尔铁塔也好，蓬皮杜艺术中心也罢，包括伦敦的奥运新地标等这些以奇形异状而闻名的欧洲建筑都是不同时期的"嚎叫式"建筑，无论人们当时接受与否，她们都是当之无愧的，而时间正是检验经典的唯一标准。随着时间的推移，这嚎叫变得自然了，融合了，也就习以为常了。

渐歪的大本钟和渐正的斜塔

一

大本钟和斜塔，都是所在欧洲城市的标志物，前者在英国伦敦，后者在意大利，城市干脆就叫比萨。它们存在了很多年，悠久历史，无数故事。各自被制成各种旅游产品，受到来自世界各地游客的追捧，千里迢迢，只为听听大本钟发出的钟声有多浑厚，看看这"倾城"的斜塔究竟斜向何方。

伦敦的大本钟钟声曾随电波传向全世界，仅有的几次整点不鸣钟或非整点鸣钟，都是特殊意义的调整，比如为纪念某个人，某件事。一般来说，它非常准时。每天都同英国格林威治时间校对，仅有的一次不准，是因为曾有个油漆工工作后忘了把工具拿下来带走。挂在指针上的油漆桶让大本钟失约了。最近，英国人发现怎么大本钟有些倾斜了。从一些照片来看的确也有些歪了。难道是受了比萨斜塔的传染？

二

比萨不是吃的那个比萨，虽然都是在意大利。最初修建比萨斜塔时，它在整个广场的设计规划中只是教堂的一座由乳白色大理石砌成的钟楼，确切地说，斜塔只是个"配角"。它所在的奇迹广场上，有不少几乎同期修建的大教堂、洗礼教堂等建筑艺术杰作。1174 年人们开始修建钟楼，修建过程中因地基沉陷而发生倾斜，800 多年来斜而不倒，并被誉为中世纪七大建筑奇迹之一，因斜劲被"扶正"，"喧宾夺主"成了主角。

于是聪明的商人抓住商机，广场入口处又建了一个斜的世界。一字排开的纪念品市场里五颜

六色的纪念品都中了"斜"。以比萨斜塔为原型而仿造的围裙图案，杯身杯柄，花瓶笔筒，还有由大理石、石膏、陶瓷和玻璃等各种材质制作的工艺品等统统倾斜，放平时看来古怪无比，但在这里就都是正常。只是辛苦了像我们这样的游人，为了能更好地挑选其中的图案，都脖歪身斜以便欣赏。各国游客好似要过第一关——效仿斜塔，便成了景区的第一道风景线。

若说刚才挑纪念品是被动倾斜，那后来进入广场，人们可就是主动出"斜招"了。好像与斜了这么多年的塔合影，自己站直了显得太不够意思。所以这里有真正的仪态万千，各种肤色的世界游客，发挥想象力，利用远近景，镜头错位等技巧，再加上被拍者与斜塔，或肩背腰扛，或脚踢手推，再拳击打倒，手指轻提，还有太极拳云手，跆拳道发功，调皮的美国青年还利用移位效果，好像将斜塔钉入同伴的身体。总之只有想不到，没有摆不出，出本与斜塔拍照姿势一览的摄影集，一定是厚厚一本不带重样。斜塔也好脾气，知道人们大老远来看它不易，当个模特或道具，任由人们在远处来回摆弄。我猜斜塔一定暗自庆幸自己不是橡皮泥做的，要不这来回抱捏，举直了又推歪的，早就弄乱造型了。

俗语说比萨斜塔像比萨人一样结实健壮，永远不会倒下。也有传闻说，斜塔自己还会慢慢修正，不再有坍塌的危险。其实是意大利政府耗巨资整修，并采取了种种措施一直维护加固。十几年前在斜塔修复期间，还有人曾提出方案将斜塔扶正，但是，当时主持斜塔修复工作的专家委员会未接纳这一方案。确实，比萨斜塔要的就是这么个斜劲，如果斜塔不再斜了，还有什么特色可言。再修也要保持原貌。因为今人能见到斜塔，本身就是奇迹。若首任设计师博纳诺·皮萨诺稍稍多费些心思，或者负责施工的工匠们不仅仅是去注意塔身的美观而沉湎在罗马式建筑的空间想象中，如果在斜塔建好三层之后因发现塔身已经倾斜而从此停工、永远废弃，或者几十年后另一建筑师西蒙纳试图调整塔身的愿望得以实现，就都不是今天这个样子。当然历史不存在假设。幸好，最终有勇有谋的建筑师托马素完成了斜塔的最后施工，从而让人们得以欣赏到它的风采。所以这"斜"是不能纠正的，将错就错的比萨斜塔是因缺陷而美丽的奇迹。

让比萨声名远扬的是出生在比萨城的科学家伽利略曾在塔顶做过的著名的自由落体重力实验。他从塔上同时扔下两个同种材质、不同质量的球，两球同时落地——证明物体下落时长与它们的质量无关，推翻了亚里士多德所说"物体下落时长与质量成反比，重的下落速度比轻的快"的理论，而比萨斜塔也连同那句"我爱我师，但我更爱真理"，一同被载入史书。

如同威尼斯沉而不没、罗马古城颓而不废，意大利比萨斜塔八百年斜而不倒，和大本钟的钟声一样见证无数历史事件，一直吸引着世界的目光，让众人为之"倾倒"。

城中大学与大学之城

　　作为英国学府双璧的牛津与剑桥，深刻影响着大西洋彼岸的哈佛、耶鲁。牛剑一词（Oxbridge）代表两校的简称，前者注重思辨，后者看重求知。从则笑话可以看出——同样一个问题，牛津人的反应是"what do you think？"（你怎么认为？）而剑桥的则回答"what do you know？"（你怎么得知的？）也许这就是为何牛津多出首相政治家，而剑桥则是诺贝尔奖摇篮的缘故。

　　说牛津与剑桥之别还在于一个小小介词，前者是 university in the city 大学在城市中，后者是 university of the city 城与大学融为一体，城即是大学。对于游客，不要问你喜欢剑桥还是牛津，这跟问学生是剑桥好还是牛津棒一个道理，因为他们各有味道，体验过的都有同感。

一、逛城的交通工具

　　曾在牛津住过一段时间，早上套上牛津的校服衫，蹬辆自行车去图书馆查资料。这是城里最常见的交通方式，当然还有步行。剑桥那边可以坐船，荡漾碧波之上，看岸上长着不同样子的学院，轻吟那首《再别康桥》。听说所有来剑桥的人都要找找到底说的是哪座桥，可都还没找到。问问撑篙的帅哥，原来是剑桥的学生，假期在勤工俭学。剑桥牛津的学生，谁都会为自己的学院自豪，为自己有过这样一段学生时期而留恋。

　　有次我专门跑去拍摄哈利·波特的那间大学的食堂去吃早餐，一切还都是老样子，不曾改变。再看看牛津其他的大学餐厅也都是这个样子——高高的穹顶，教堂般的特色玻璃窗户，一排排自习室一样的台灯，四周布满的肖像油画，都是从这里走出的名人。

二、像买衣服一样的图书馆

到了图书馆，才发觉在这里做学生的幸福，资料不仅齐全，而且网上图书馆资料免费并面对公众开放。借阅书籍时，如果没有找到，就会从系统中像其他学院的图书馆发出查询，然后调送过来。就像在商店里买衣服没有合适的号码，从别处随时调配一样，快捷方便。

出了图书馆，拐到一条小巷，名字就是逻辑巷。我跳下车来，赶紧走了一遍。看过书上说，英国有很多街名地名都跟历史有关系，比如金融城附近有面包街、木材巷，说明以前都是从事卖这些商品的街道，照此说来，这以前都是有名的学者或是探讨问题、逻辑严密的人出没的地方。多走走能影响影响呢。

三、毕业时分

每到毕业时节，总会看到学生在母校门前抛掷帽子，照集体相的时刻。牛津也不例外。40多间学院组成的牛津大学，更是学生们庆祝的主战场。不同颜色的服装代表着不同专业，不同学位。十年寒窗，为这一刻欣喜。家长们也在场见证，有的还请来专门的摄影师来记录这难忘的瞬间，用镜头记录永恒。

四、牛津会议

我学着克林顿的样子，在曼德拉曾坐过的地方照了张相，中午刚在这里用餐。隔壁的小礼堂是今天的会议室，爱因斯坦在获得诺贝尔奖后，就在那里发言。这就是牛津，每一处看似不经意的地方都有典故。我喜欢这里的学术氛围，每次和金融大家的交流都让人受益匪浅。上次有机会见到欧元之父蒙代尔，这次又有机会和担任世界银行顾问的前辈们，及英国和华盛顿的经济学家们做深入交流。

中间茶歇时，碰到日本前财政大臣，他在业内很有名，我曾拜读过他的经济著作，正是由于他在任时的建议让日本最小限度受到金融危机影响，而且他对促进中日友好事业也做了很多事情。交谈时，还关注我书的进展情况。他问我文化与经济的关系，说为什么文化是自由的，却要有金钱做支持。觉得我的回答是最特别的。我想跟经济学家侃文学，不算班门弄斧。

后来会议组织者来自华盛顿的查理发我张会议全景照，把我专注的样子捕捉到。我想这不仅是会议更是课堂，我珍惜每次这样的思想碰撞，满满的收获。

一声叹息

你看过威尼斯的叹息桥，却不一定看过她这个摩登样子。叹息桥周边加的海报遮住了两边的建筑，让远本就只能从镂刻的花窗，看看外面的"人间"的空间更显局促。一般来说，欧洲这样加有巨型海报有两种情况，除了广告功能，就是在表明是建筑物的维修期间。用海报而不是用我们常见的绿色网纱，这样可以让外部看起来更美观，与周围景致相融合，或是海水，或是绿地。这是欧洲一特色，巴黎警察局在装修期间，楼面外部就是各个警种的人物代表，而某名包品牌总部在装修时，则像是被装在一个巨型大手提包中，非常有创意。

据说经过"叹息桥"，且在桥下拥吻爱情将会永恒。听过关于她的种种传说，关于名称叹息的由来。

正常情况下，见到的叹息桥左端连接着威尼斯的市政宫，也是当年威尼斯共和国法院与总督府的所在地，白色的大理石上刻着图案、托着拱形的花窗非常精美。据说在 14 世纪，里面可以同时容纳 1 600 位王孙贵胄。

桥的另一端连接的也是石造的楼房，只是外表一片漆黑，全围着粗粗的铁栅栏的文形窗口封闭着一个不见天日的地狱。据说进了这个当年威尼斯的重犯监狱，几乎没有人能够活着出来，只有一个机会——当死囚被押过"叹息桥"时，常是行刑前的一刻，可以被允许，在那桥上稍稍驻足，因感叹即将结束的人生发出叹息。

　　还有一说，有个男人被判了死刑，走过这座桥。"看最后一眼吧！"狱卒说，让那男人在窗前停下。窗棂雕得很精致，是由许多八瓣菊花组合的。男人攀着窗棂俯视，见到一条窄窄长长的冈都拉，正驶过桥下，船上坐着一男一女，在拥吻。那女子竟是他的昔日恋人。男人发出叹息，然后疯狂地撞向厚厚的大理石造的花窗，留下一摊血。血没有滴下桥，吼声也不曾传出，就算传出，那拥吻的女人，也不可能听见。这是犯人们最后一叹的地方。

　　叹息桥从外观上看很奇特，不像威尼斯的其他几百座桥。它是座桥，也横过水面，但高高悬在两栋楼宇之间，过桥的人被完全封闭在桥梁里。这样的建筑欧洲其他地方也曾见过，在牛津那座类似的也很特别，不过不是横过水面，而是凌驾人行通道之上。它也叫叹息桥，是连接赫特福德学院的主庭院和新建筑庭院的桥梁，由设计师托马斯·杰克逊爵士（Sir Thomas Jackson）设计。这座百年老桥经常出现在以牛津大学为被背景拍摄的电影电视作品中。

　　我去开会时正赶上这座著名地标叹息桥修建一百周年。牛津大学为此特意录制了一段学生和教职员工的叹息声，由学院音乐导师创作，这声音装置就叫"叹息"，为桥配音来贺寿百岁。这个生日礼物不知叹息桥喜欢不，反正我听了，觉得真是有趣。

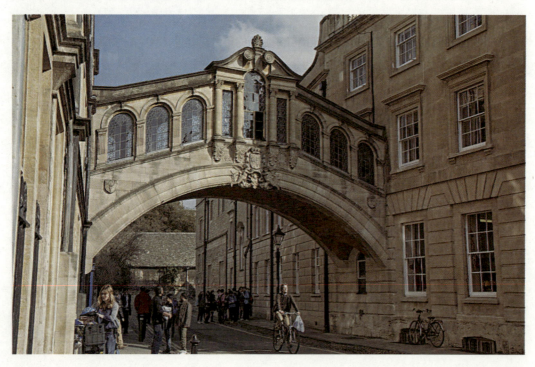

收纳历史的百宝箱

塞纳河畔整齐带锁的一排绿色铁皮柜箱曾在央视风靡一时的栏目《正大综艺》中出现，录制节目的现场观众被主持人提问它们的用途。

是垃圾桶，是擦鞋箱，还是邮筒？答案都不对。

那是巴黎鼎鼎有名的旧货摊。

不是一早出摊的集市，不同于跳蚤市场的规则。这里的摊主有个性，出摊看天气看心情，有节假日有自行休息日。碰上闭"箱"羹是常有的事。在巴黎短暂停留，没见它打开过的样子，猜不出也是情有可原的。

你以为是街边小摊？不用交租费才会三天打鱼两天晒网，其实还挺贵，不是你想象的那样。

摊主穿着老派衣衫，叼个烟斗，拉把躺椅，闭目晒起了太阳，任凭来回游人翻来拣去。不像个卖家，倒像个老贵族，把家门一打开，宝贝亮出来，自信地让人观看。

这里的买卖同样有个性。老巴黎会问，今有旧货吗，像句暗号。如同时尚店里的粉丝盼新款上架。而这里只出售历史。

遇上老客户，一个眼神，摊主从里面翻出留的宝贝。那泛黄的老照片、旧电影海报、性感女郎画片、古籍书，甚至小烟盒，即使是新货上面同样印有岁月的痕迹。

架在塞纳河上的由这一个个箱子连接起来的绿色长廊，在我看来如同绿色的时光隧道，连

接了塞纳河左右岸，穿越了巴黎历史与现在。

我惊讶于它们经受了岁月的洗礼，甚至没有改变过位置；感动于经过了历史的变迁，没有改为景点招揽游客的冰淇淋小摊或食品店。依旧是那个模样。

若主持人选我回答，我会答那是装载巴黎历史的百宝箱，无论巴黎人和来过巴黎的人，都见识过它的神奇。

精神大厦

　　每到一个城市，我一般会去三个地方——博物馆、戏剧院，还有就是书店，据说验证一个城市文化水平可以从这个城市买书者的原因略窥一二。若大家对知识渴求对未知好奇，其城市文化一定有水准。而衡量一个城市的文化含量，其书店和图书馆的数量可作为重要参量，因为城市的历史与现在都在其中。

　　城里的书店大大小小，有的书店还采用很古老的收银机，有的书店装潢如同中世纪，走进去就像时光机器，和书一起穿越时光。还有的书店干脆和咖啡厅连在一起。书香咖啡香甜点香散发的味道醇厚特别，精神食粮与物质食粮一起丰收。

　　伦敦书店很有特色，里面少不了鲜花和沙发，人多却不嘈杂。置身于书的海洋，环境舒适。我常去伦敦最古老的哈查德书店买书。英国诗人说在这里心脏病病发去世是他最喜欢的死亡方式。它有多特别？能让名人选择作为生命最后的归宿？门口的证书，女王及丈夫赠送的纪念物显示了它的与众不同，原来是专门给女王挑选书籍的地方。它拥有3张英国王室御用供货许可，书店自从1797年开始就处于现在的地址。英国皇家园艺协会也在这个地址上成立，在书店里至今保留着一张作家奥斯卡·王尔德工作过的桌子。那古老木质楼梯偶尔会在你经过时，透过绿色的厚地毯发出轻轻的喟叹。我喜欢这家书店还因为它历史古老却又紧跟时代步伐，透着现代气息。有次一进书店就发现了变化——那天中午路过，看到进门醒目的位置已辟出一角，摆出了撒切尔的书籍和光盘。让我惊诧的是，她早上刚去世，几个小时后，这里就开始了对她的纪念。我挑了本她的传记，要知道她的传奇不只在书里。

在巴黎也有家有名的英文书店。就位于巴黎圣母院的对面街上。不起眼却很有来头，两三尺宽的门面里面，却被许多爱书人称为精神大厦。在这里许多读者都不是作家，但几乎没有作家不是这里的读者。这就是莎士比亚书店，它给予人们最大的礼物在于，让作家和读者一样生生不息。就像书店老板 Sylvia 所说的："我们不仅以卖书为生。书是我们的生活。"

在我眼里，莎士比亚书店是世界上最不像书店的书店：它是图书馆，供人们尽情借览，任何找不到的冷门书籍都可以到这里试试。它是银行，穷苦的作家若有急需，可以借款赊账；它像个出版社，出版全世界没有人敢碰的禁书；它还是邮局，全世界流浪的作家都以此为家，记这里的通信地址。

它曾经还是食堂，准备热汤给客人，它还曾是旅馆，创始人毕奇在屋外摆过一张床，给有需要的人提供睡觉的地方。它是庇护所，书店提供那个时代作家和流浪者物质与精神的温饱，它是那时巴黎文学家作家最常来的聚集地。

想当年海明威初到巴黎没有名气，也没钱买书，甚至连借书都没物品抵押。而店主西尔维亚·毕奇女士帮他在这里度过了最难的时光。对此，海明威在《流动的盛宴》中不止一次地提到这家书店，并特别致敬。

是什么让一家书店成为巴黎左岸的文化坐标，是什么支撑了无数书迷千里迢迢寻它的精神动力？走进书店的那行话语给出答案——

"Be not inhospitable to strangers, lest they be angels in disguise"。（不要冷漠地对待陌生人，因为他们有可能是天使所乔装的。）

所以在我眼里，它是天堂，不拒绝每个天使，也让更多人成了天使。

索契是怎样炼成的

索契是美的。远有雪山近有大海，气候宜人，好像三亚。很多俄罗斯人都去度假。包括之前的总统都不约而同选择此地。

斯大林钟爱此地，并修了斯大林别墅，是索契的头号景点，现在对外开放并可以居住。但这里差点发生刺杀斯大林的"猎熊"计划。当年日本关东军刺杀小组计划在夜间通过一条连接黑海的地下道，潜进别墅浴室的下水道，趁斯大林沐浴时冲出来将其击毙。后来行动被事先发觉，斯大林逃过一劫，世界历史也因此没有被改写。而赫鲁晓夫、戈尔巴乔夫就没有斯大林的运气，两者都在索契政变中，依次丢了权力。这几次改写历史的索契显得格外与众不同。

索契是有文学气质的，那部著名的《钢铁是怎样炼成的》巨著，也是作家奥斯特洛夫斯基在索契疗养休息，构思写作，最终"炼"成的。保尔·柯察金的原型就是奥斯特洛夫斯基自己，保尔的那句名言："人最宝贵的是生命，这生命每个人只有一次。人的一生应当这样度过……"成了那个年代中国青年的座右铭，奠定了一代人的人生观。作家本人的雕像矗立在城市中央，成为标志。

索契是幽默的。2014 年的冬奥会，让世界的目光再次被吸引在索契。开幕式上本将形成五环的五朵雪绒花有一朵因故障没有及时绽放成第五环，让精彩纷呈的开幕式留下小小的遗憾。闭幕式上舞蹈演员们如同镜头重放般还原并弥补了缺憾。再次绽放的雪绒花，显示的不仅是完美与圆满，还有城市，国家的幽默与大气。

这就是索契，一个用历史与现代炼成的迷人小城。

致命美丽

　　欧洲有很多钟表塔楼极具特色，每到整点，以不同的形式报时，像威尼斯、斯德哥尔摩都有，如城市象征的瑞士首都伯尔尼钟塔楼。与它类似却更精美的当属捷克首都广场的天文钟，被称为布拉格的时间。

　　美轮美奂的天文钟，分为上下两个表盘。见过的无不为其造型感叹。上表盘做计时用。下表盘黄岛12星座围绕着地球和月亮运动,暗示地球是整个宇宙中心,自左至右的四座雕像为史官、天使、天文学家和哲学家。一到整点，天使雕像旁小窗打开，耶稣十二门徒在圣保罗带领下依次现身。这个杰作由钟表大师汉努斯在前人的制作下重新整修完成。它又被人称为的洋葱头式大教堂，是沙皇恐怖的伊凡在征服喀山之后开始建的，因为在伊凡雷帝出征前，有个叫瓦西里的傻子预言他会获胜并统一全国，但在晚年会杀了他亲生儿子，也是帝国的唯一继承人。后来全部预言都实现了，人们将傻子瓦西里视为圣人，习惯将建在他墓地旁边的这座教堂称为圣瓦西里教堂，原名倒不怎么提了。

　　据说完成后被市议员弄瞎了双眼，因为不愿再有同样的大钟出现在世界上。汉努斯病逝后，天文钟自动停走了一段时间，似乎是为他默哀。如此完美的大钟引出了这样的一段故事而让人沉重，每一次的整点报时，就像一次时间的仪式，简短而隆重。

　　有这样遭遇的还不只是汉努斯这一位。曾见识过莫斯科红场的春夏秋冬，克里姆林宫前面矗立的圣瓦西里大教堂无论季节变化，政权更迭，总像童

话般存在。

整个教堂由九座塔楼巧妙结合在一起，中间是一个带有大尖顶的教堂冠，其他八座如众星捧月般连成一个精美的整体。九座圆顶形态均不相同，色彩搭配艳丽，我曾细细观察过，有螺旋形，肋骨条纹形，配上俄罗斯东正教特有的洋葱头形状，精美绝伦。装饰技法采用俄罗斯传统的重复元素技巧，还融合拜占庭宗教及罗马建筑要素，从任何角度看都产生不同的风景。令沙皇伊凡也赞叹不已。可没想到的是设计者没得到奖赏不说，还被残暴的伊凡竟下令弄瞎其双眼，防止日后设计出更好、更完美的建筑。

两处作品，一样完美。但为拥有独一无二付出的代价未免过大。美丽可以致命。愿这种完美不再因悲剧的出现而留有缺憾。

斗兽场与角斗士

一、斗兽场——古时狂热的娱乐场

看多了白天的罗马斗兽场，夜幕下的也别有一番味道。贝达神父曾预言："几时有斗兽场，几时便有罗马；斗兽场倒塌之日，便是罗马灭亡之时；罗马灭亡了，世界也要灭亡。"可以说没有一页罗马史不多少与斗兽场有关，它简直已演变成为罗马生活的标记。这个罗马最大的角斗场在公元 72 年建成后，罗马人宰杀了上万头牲畜，办了整整一百天的庆祝活动，足见当时罗马人对它的期盼和骄傲。因为它是当时最大的娱乐场所，里面可容纳 10 多万人一起聚会活动，之后约 50 万人命送"表演"，斗兽场成为无数动物、斗士和囚犯的葬身地。在那个嗜血年代，罗马人追逐刺激，对人与人，人与兽角斗的疯狂追捧，如同他们今日对意大利足球运动的激情狂热。后来日耳曼人打进罗马城，古罗马城被洗劫一空，斗兽场也被人遗弃，一时曾成为人们挖掘大理石寻找建筑材料的来源。这部分地应验了贝达神父的预言。

罗马城仍旧存在，世界也没有灭亡，而且历史不断翻开新的篇章。当我到斗兽场里面参观发现，它设计规划周到科学，人兽各有出入口，而且还有沟渠遗迹，据说是公元248年，罗马人还借这些沟渠引水，营造海战场景，为庆祝罗马建国1 000年。每年到罗马国庆时，都会看到人们化装成古罗马人的样子举行庆祝活动。即使平常在斗兽场门口也有艺人化装成恺撒或角斗士的样子与游人合影。

二、角斗士——并不只在罗马

斗兽场以罗马最为著名，但我在欧洲各国的其他城市旅游，也常能见到其他斗兽场的遗迹，这源于罗马当年征服欧洲的历史原因，过程中将自己的文化建筑渗透于所到之处。斗兽场如今只剩下残垣断壁，里面发生的故事我们可从记载中读取想象。我看到斗兽场的一块岩石写着真刀真枪的血淋淋游戏规则是——当一个角斗士负伤时，就要走到场边，面对观众，如果观众觉得不满足，就把大拇指往下一按，于是另一个角斗士就会把负伤的对手杀死。当然，如果观众高兴，觉得负伤的角斗士表现得还不错，也会示意胜利者放过他。在残忍的角斗中，角斗士只有通过一次次战斗并胜够一定次数才能获得自由。当年一部获奥斯卡多项大奖的优秀影片——《角斗士》，让我们有机会重温那段历史，这部影片我看了不止一遍，里面将生与死，自由与重生，荣誉与耻辱刻画得淋漓尽致，让我对斗兽场和角斗士又有了深刻的了解。

碰巧的是，在一次旅行中我有机会见到了角斗士的拍摄地，原来并不在罗马，而是在摩洛哥的一个小城，号称"摩洛哥的好莱坞"。就像星球大战的外景地是我在突尼斯穿越撒哈拉时偶然路过，都让我惊讶。这个景你看着眼熟吗？它曾是很多电影的外景地，除了《角斗士》，还有《巴比伦》、《木乃伊归来》、《天堂王国》，等等，如果你看过，那么一定已经见过这个村子。

刚到摩洛哥这个小镇的时候，原是想问街边一个古董店里椅子的价钱，里面的伙计很热情，介绍之后还要告诉我个秘密。原来他店旁边就是电影的场景地，还拿出了当年拍摄的照片给我看，并打开栏杆让我拍了个痛快。对于这意外的惊喜，我很感激，留给他小费，他说什么也没要。他的热心连同当天的景色一同留给我美好的回忆。

马耳他的炮声

　　马耳他是我最喜爱的地中海小岛，那里不仅是大力水手的家，有《少年派漂流记》中奇幻的景色，更重要的是它的历史给予的厚重感。它曾在从耶路撒冷撤退而来的医院骑士团的保护之下长达几百年，岛上的居民至今仍然笃信基督教，各家各户都挂有的不重样的圣母与圣子小雕塑就可以告诉你。当年浴血马耳他战役的旧址看起来依旧雄伟壮观。作为欧洲三大骑士团之一的医院骑士团在 1565 年以少胜多击败土耳其大军，一战成名——医院骑士团的骑士们在此以几千人的兵力抵抗奥斯曼帝国海陆军的 10 万大军的围攻长达三个月之久。最终使奥斯曼帝国放

弃了以此地为跳板进攻欧洲腹地的计划。倘若当时穆斯林大军在此得手，奥斯曼帝国的铁骑很可能席卷四分五裂的欧洲。骑士团在惨胜之后，马上加强了工事，建了以当时骑士团领导人的名字命名的瓦莱塔城。该城从此成为马耳他的首都。建都之后的岁月里他们设防筑栏，兴国安邦，既是城池的领袖又是卫国的骑士，史称马耳他骑士团，他们从战争烽火中而来，又在历史的硝烟中而去。

再一次成为世界焦点的马耳他则要等到数百年之后的"二战"。英军在岛上建立了军事基地，对纳粹德国的地中海交通构成了威胁。德军则对马耳他进行了长期的轰炸。1942 年一颗炸弹从天而降，正落在一个教堂里面。当时有 300 多个信徒在此做礼拜，而炸弹却没有爆炸。于是很多人认为这是神迹。在炸弹落下的地方，人们又建起了一个宏伟的教堂。那颗炸弹至今仍然保存在其中，彰显上帝对信徒的保护。

而另外一处隆隆作响的可就真是马耳他的炮声了。与其他国家经常看到的换岗仪式不同，在马耳他我幸运地赶上了放射礼炮表演。正午时分。一名军官发射两响礼炮，不知是紧张的缘故，还是受潮的炮火，第一发是哑炮，当第二发响起，炮口出现火焰，似乎又把人们带到当年兵戈铁马的峥嵘岁月。除此，我在城市的一些纪念活动中还看到了一些军事表演，身着传统细铁链的军人为人们重现骑士团往日的风采。

欧洲象鼻山一座座

"桂林山水甲天下",也是12月份,我第一次见到了桂林的象鼻山。多年后的12月份在被誉为地中海明珠的马耳他主岛上,我见到了另一座象鼻山——就像在巴黎经常看到的埃菲尔铁塔,在山边悬崖散步时,坐飞机从高空俯视时,再有就是乘轻舟从象鼻中间穿过时,总能看到象鼻山的身影。据说这里是世界排名第三的潜水胜地。的确途中看到刚上来的爱好者换衣,旁边的小船是"麦当娜号"。这里官方的名字译过来叫蓝洞。在我看来,象鼻山是最合适不过了,而另一个戈佐岛上被称为蓝窗的地方,我觉得更像蓝洞,你觉得呢?

二

　　欧洲另一座象鼻山在法国，名字直译过来就是。那是大家公认的。第一次去是在 2004 年夏天，和好友们开车过去玩，后来又包辆大车，组织到法新生再次选择那里，因为风景旖旎，又很像中国的桂林山水，一下子就引起共鸣。你不得不赞叹大自然的鬼斧神工，在遥远的不同城市，竟有如此相像奇特的自然景观，是造物主的神来之笔。这里是法国人喜爱的旅游胜地，在广阔的海滩上，到处是享受阳光的人们。在象鼻山后的一小块海域里，我还见过裸泳的人们，像条自由的鱼在鼻子中穿梭。

与足球的一场约会

一、弗格森退役之时的老特拉福特球场

对于球迷而言，曼彻斯特意味着听见这几个音节，就让人热血沸腾。他们说在这个城市你不要轻易谈论足球，因为你不知道对方是哪拨儿的。在一个比赛日的傍晚身临其境，当你看到迎面而来的是一大片红色撞击视觉神经，除了震撼，还是震撼。他们是身着红色球衣的球迷们，多是大块头的，中间还有男女老少。在比赛前几乎是同一时间涌向球场。在曼彻斯特的日子里

绕不开足球，又赶上曼联主教弗格森退役，算是见证另个历史时刻。弗格森为曼联拿了多少座奖杯，恐怕自己也数不清了，但当曼联在他带领下夺取队史上第 20 次顶极联赛冠军，没有谁比他更骄傲，他因曼联而伟大，曼联因他而不再平凡。弗格森执教 38 年，他的弟子贝克汉姆 38 岁。从情同父子到飞靴分离再到重归于好，两人不约而同选择同一个年份——2013 年，同一个月份——5 月相继退役。跨时之久的执教生涯，让他和他的队伍相互成就，上演种种奇迹，他是一个传说。

在曼彻斯特生活的好友 Sophia 并不是球迷，却专程跑去贴心地帮我集全了当日的纪念品，

她让我的名字和贝克汉姆·弗格森的签名，一样被定格在退役之时的 5 月，我庆幸拥有你们。

英雄落幕，终结了一个时代。阿森纳的温格或许在不久的将来也会退役。英雄相惜，没有了昔日的冤家对手，他可曾会有一丝落寞与孤独？

二、曼彻斯特的足球博物馆

寻找这个博物馆时，几乎被曼城的雨浇透了，却依然没浇灭我对足球的热情。足球之城的博物馆里有最详尽的历史资料。我还在工作人员的指导下完成了一枚足球纪念章。

三、在圣西罗球场看球

意大利圣西罗球场是球迷们心中的圣地。他们把有球员签字的足球及球衣幽默地称为圣物。有这样的一次看球经历，令人难忘。

每次欧洲杯、世界杯的到来，都是对球迷的盛宴。我想对足球而言，不存在国籍肤色等差异，其他皆在其下、足球至上，只有足球。那么多人喜欢足球，因为没有什么力量能够扼杀足球的真谛:美、快乐与自由。它们内在于足球，就像内在于我们的生命。

白金汉宫的小阳台

　　白金汉宫的那个小阳台，是每次重大活动的观礼台，女王生日庆典，威廉王子结婚，都在这里见到皇室成员。

　　英国女王伊丽莎白二世生日庆祝活动通常要举行两次，一次是在真正生日那天（4月21日），一次是在官方生日庆典上。女王在真正生日那天，则常在温莎城堡举办家庭庆祝活动。为了图个好天气，后者通常在6月份举行。伊丽莎白二世的官方生日庆典通常在6月份前3个星期六中的一天举行。届时，举行有数百名士兵和马匹参加的精彩游行。可见，她的官方生日并非一个确定日。所以，才会有前美国国务卿希拉里误把6月5日当成女王生日，提前发出"乌龙贺电"这样的事情。美国国务院发言人自嘲道："提前一周总比迟到一周要

好。"从尴尬中榨出的点滴幽默。英国王室举办官方生日庆典的传统是从爱德华七世开始的。爱德华七世的生日是1841年11月9日，他更希望在天气好的日子里庆祝自己的生日，以避免一旦11月9日天气不好生日庆祝活动被推迟，甚至导致海外属地的生日庆祝活动被中断。所以说英国国王统一在6月为自己庆祝生日的传统实际上来源于英国温带海洋性气候，经常雾深深、雨蒙蒙的气候特点。

我在这个小阳台上不止一次见过女王本人和王室成员。那次女王登基 60 周年庆典，我在白金汉宫门前拍下这照片。当时清楚地听到人群中有个英国女孩大声喊，Marry me，Harry.（哈里，娶我。）

也不知小阳台上的哈里王子听到没。

说到哈里小王子，原是王位的顺位第三继承人，哥哥威廉迎娶王妃又诞下的小王子取代他成了顺位继承人的第三名。虽说没有传宗接代的压力，但哈里小王子的婚事仍然受到关注。尤其在婚事将近又传分手的几度传闻中，更使他成为新的焦点人物，英国公众对待这个少年丧母的小王子显得格外关爱，即使他有"捣蛋小王子"之称。

英国哈里小王子在一次度假中与众多人派对的裸照被小报登出，引起反响。"裸照门"发生后，让人更震惊的是另一轮裸照风播——有人在网上发起裸体行军礼支持哈里的活动，参加人已超两万人。不只来自本土的支持者，还有来自世界各地的挺哈里者。

民调显示，英国民众一如既往地喜爱他，68％的英国受访民众认为作为一个年轻人和单身汉，有权在假期开放快活，哈里的行为是可以令人接受的。另外高达 3/4 的受访者肯定了哈里工作时的军中表现。

我想这些肯定让中国读者连呼不解，让狗仔队的小报始料未及，估计连哈里自己都意料不到。

与继承了温莎家族冷静沉稳性格的哥哥威廉不同，哈里开朗活泼，直率坦诚，被称为派对达人，不再是戴妃葬礼时那个失去母亲小小的哭泣少年，哈里善于和所有人打成一片的天性能勾起民众对他母亲的美好回忆。曾看过一篇将他与他的曾曾曾祖父爱德华相比较的文章。说他有一百多年前他的祖先爱德华七世的影子。

那也是一名不让人省心的"主"。爱德华王子在爱尔兰服役更过分，吸毒不说，还与一个舞女厮混，为此其父阿尔伯特亲王专程拖病体找他询问情况，却在归来后两周染风寒而亡，深爱丈夫的维多利亚女王不能原谅她的儿子，至死都将爱夫的死归咎于儿子，直到爱德华加冕前都不准他过问国事。"就是这名纨绔子弟在短短九年时间里，积聚了来自英国各阶层人气，他酒量大，好交际，讲义气，结束了几个世纪以来的英法敌意对峙，换来英法同盟为'一战'胜利打下基石。"

同样精力旺盛的小王子如今闯了祸，不知所措，却很快得到民众的宽容，也许他们觉得女王太完美，像神，威廉太克制，像王，而哈里接地气，犯了普通人都会犯的错误，他就是我们的捣蛋小王子。

欧洲居民的门面

一、窗之花

　　法国女孩劳拉初到北京旅游，小住我家，爸妈帮我接待了她。她看到我家窗台上摆的盆景假山时，特别好奇问爸爸——这是什么？为什么阳台是封闭的？花放在窗户内侧而不在外面？我猜就像当年我初到异国的一样，总会在第一时间发现与自己国家不一样东西——这就是差异，文化习惯的不同使然。

　　我理解她的提问。中国人喜欢的假山石，窗花剪纸在欧洲鲜有见到。

　　这边带自家小院的一定看得见花草，若是住楼房的最底一层还要定期剪草修形，不一定修成凡尔赛宫的花园，但若没有这个动作就会麻烦。可能会被法国邻居报警，或是直接从楼上倒除草剂，这些我都听说过。因为那不是你不愿管的权利而是你必

须的义务。而住楼上的会在窗台阳台以花盆，或草木盆栽为装饰，摆在阳台栏杆外的一排固定架子内。一排排一棵棵罗列整齐而不是放在窗内，只自家欣赏。窗外有时也任由爬山虎等植被自然装饰，美是真美，可耽误事。有次在英国威尔士旅游，找订好的旅馆，开了几个来回，都没找见，掩藏得太好了，根本看不出来。更多的是街道边不知名的小道，误入繁华深处的美丽，真想成为里面的主人。

　　在阿维尼翁的街道或是马耳他老城区内，你会被每户不一样的装饰所吸引，与在旧金山看到的浓郁繁华装饰不同，欧洲总体的感觉是精致的。看似不经意却又能感到这人的心思的那种赞叹，这种感觉体现在美食的盘子里，体现在旅馆内的房间内，体现他们家门口的庭院中。

二、墙之色

在挪威奥斯陆，威尼斯的蕾丝岛，英国的海边小城，都看到了五彩缤纷的小屋，每栋颜色也都不一样，而且搭配完美。比起希腊岛上所有居民屋都要求的海天一色白蓝配，是另一种风情。据说，这里的建筑物刷成彩色的是为了让渔人在大海远处可以看到自己的家。岛上房屋的颜色都是经过了事先的规定涂漆。彩色岛每每相邻的房子颜色不同，倒映在水中。

欧洲小城有时就像一个被打翻的色彩罐，然后上帝之手随便那么一抹，就成了一幅画。这样的景致，你没办法忽略，只有停留。这样的色彩，你拍过一遍，还是不够，仍然会有记录的冲动。不仅用眼睛，用相机，用文字，或者用画笔。我越来越理解那些画家的创作冲动。以前画上看到的以为是他们的艺术想象与创造，后来发现那就是现实的存在，画家的还原。

三、阳台之形

像不像儿时玩的积木，这是真实存在的欧洲阳台的特殊风景。还有些阳台本身就是风景。欧洲的阳台大都呈开放式，不像国内装修喜欢把阳台封闭起来。走在城市间，随处抬头你是不会看到有晾衣架或晒被子的情况出现。倒是在阳光充足的西班牙意大利或法国南部的小镇村庄能看到这样的颜色鲜艳的衣物随风飘荡，与斑驳的墙壁辉映，形成一景。

四、门之饰

欧洲居民各家各户门把手的装饰也形状各异。有女人纤细的手指形状，你叩门的时候，便与她盈盈一握。有海豚飞跃的状态，有人脸，有动物，不一而足。被誉为地中海的心脏的岛国马耳他是欧洲典型的宗教国家。岛上居民每家每户都有花草植被，而且在门旁边都有一个圣母马利亚怀抱年幼耶稣的小小装饰雕像。让我惊叹的是如同各家花草装饰的窗口颜色，居然连这

雕像都没有重复的，像是相互沟通好不要重样似的，让我震撼。

当时发现了之后，我就挨家挨户把整条街又细细欣赏了一遍，以后专门写个论欧洲居民装饰艺术的专题也不是没有可能。素材太多，而这些细节就是城市的居民品位的体现，不仅装饰自家的门与窗，也装饰了路人的梦。

走了一圈，你会感慨，欧洲这些表面文章做得太足，太吸引人了，为生活带来无限乐趣与美感，愿这样的面子工程越来越多。

神秘北极光 惊艳欧若拉

那夜目光与北极光接触的刹那，是完全没有预见的。尽管北极之行一直是我的一个梦，想像过无数次与它相遇的情形。之前为了能追寻这神秘北极圈中传说的欧若拉，我添置了全套的行头，白色的专业防寒衣裤，滑雪专用防寒眼镜，女友推荐的能抵御零下32摄氏度的防滑鞋，甚至内衣袜子都与北极有关。现在想来，就像第一次参加盛大社交舞会的少女，为即将到来的宣誓成人仪式而兴奋，装备早早准备，万无一失，只等那个时刻的到来。但它就这样突然地来了，没有刻意的等待，却还是一样让人措手不及。我不会忘记当时的情形，同行的旅伴刚刚开始围坐在爱斯基摩人小屋里烧烤鸡肉，下午一起劈的柴火派上了用场，小屋很暖和，中间熊熊的火焰照得每个人的脸庞都红红的。来自世界不同地方的人们相聚在这里，为了一个目标而相遇相识，想象真是一件奇妙的事。我正巧坐在靠门口的位置，就负责把放在手边腌制好的鸡肉分给大家。

举着鸡肉没多久，就听见屋外的瑞典老爷爷喊了一声，有极光了。怎么形容呢，惊艳，惊叹，是震撼。不是亲身经历，不是身临其境，你无法理解当时的感受，任何的言语表达都显得苍白，任何彩笔都很难绘出那在严寒的北极空气中嬉戏无常、变幻莫测的炫目之光。我只能感慨大自然的造化。

眼前的极光不是一丝，不是一道，不是一束，不是淡淡的，不是固定的，不是若隐若现的，而是一片一片的，从托尼河那边过来呈发射状的，渐渐变成很清晰的两条宽宽的像银河一样的带状北极光。旁边当地人说，你们真的很幸运，昨天有云，来这里寻光的就没有机会看到，挺遗憾的。最不可思议的事是在第二次被叫出去的时候，晚餐已接近了尾声，屋外有人大声地喊，太漂亮了。

那是我见到的最美的时刻，我终于明白诗人笔下的银河落九天的意境，而此时则是：绿河直下三千尺，落入人间无处寻。

在天鹅绒般的天空正上方呈花瓣形状的放射光芒，蓝绿色光束倾斜之下，似乎把我们都笼罩其中，儿时在天文馆看到的星空还原在眼前，猎户座、小熊座、北斗星，那么清晰地展现在眼前。觉得此时的大自然像极了一个称职的恋人，不需你说，将他有的，能呈现给你的，都毫无保留的与我们分享，爱怜地看我们发出一阵阵惊叹，兴奋地彼此传递着快乐和信息。

布拉格的人骨教堂与巴黎的地下墓穴

巴黎市中心不仅有先贤祠纪念已故名人，市内有地上墓地凭吊逝者，同样还有神秘的地下墓穴引人探索。

当时，人们习惯死后葬在家附近街区教堂的墓地，这些墓地尸满为患，被挖掘了好几层，人们为了埋葬新的逝者，将以前地下的白骨都掘出地面，尸骨真的是满到溢出来了。当时政府为了解决公众卫生危机，毅然决

定将市区的公墓全部翻出，把埋葬的尸骨全部转移到地下的废弃采石场。共有七百万人葬身于此。今天，地下墓穴中一公里以内的地区已经全部对游人开放。但目前尚未开发的其他 280 多公里隧道却禁止进入。骸骨沿墓穴隧道的墙壁堆放，一具具排列得井然有序，整个墓穴大得极易迷路，这是全球 11 个经典鬼地方之一。

在这儿看到的墓穴都经过了艺术加工：它们被堆成各种形状，有由头骨组成的洞穴、走廊和拱桥，还有由人体其他骨架堆砌的骨头墙。骸骨沿墓穴隧道的墙壁堆放，一具具排列得井然有序，一般尸骨墙下面的最外层码放着手骨或者胫骨，到了最外层的中间或者是最上方会码放一两排人的头盖骨，有时候人的头盖骨会被镶嵌在骨头的任意位置，就有了造型。每个尸骨墙的旁边都会有个小牌子告诉你这里埋放的是哪次战役或运动死去的人，还有一些格言警句的石碑或壁柱，提请人们要敬重这里埋葬的每一个人。

我想起在布拉格近郊也有一处人骨教堂，类似的用途。两者都与人骨有关。人骨教堂中的灯饰及文字也用骨骼搭建，在里面参观，不会觉得害怕，只会惊叹这种展出方式，并且是在教堂里。

巴黎与处女

新年夜的朋友聚会上，尼古拉说了一个法国式的段子，他问我们知道巴黎和处女的区别吗。我们正想着答案时，他说巴黎永远是巴黎啊。

的确。

然后我又补充说，你说的那是不同，其实巴黎和处女也有相同之处——迷人，总有惊喜。

古今中外有那么多名人写过巴黎的迷人——雨果、左拉、巴比塞、爱伦堡、阿拉贡、徐志摩、黄永玉，等等。与其说写的是他们笔下的巴黎，不如说是在写巴黎生活中的他们。

在这个城市里，你常年在艺术的氛围中熏陶，用自己的感官接收，再以不同的途径释放——所以画家没准用文字述说，作家可能会拿画笔勾勒，音乐家可以作诗表达，雕塑家可以用流动的音乐来建筑。艺术是相通的，你就不难理解为什么这里的艺术家多才多艺。那是在这个城市生活的结果，总有惊喜，总有新鲜感，总有被激发的创作灵感，总想以不同方式表达。巴黎似乎是一种象征，一个符号，一种永恒。

巴黎还是清晨面包店门口排着的长队，只为那根刚出炉长棍面包的满口脆香；巴黎是在咖啡店门口的面街一坐，只为那午后时分的阳光享受；巴黎是傍晚不知名小巷散步的片刻悠闲，是偶然在小巷发现间店面不大却地道美味的惊喜；巴黎是脚踩狗屎的尴尬；是熬过漫长的预约等待；是看过摇曳烛光与塞纳河水的交相辉映的经历；是不小心被偷被抢的郁闷心情；是每晚戏剧歌舞丰富多彩的夜生活——这些都是巴黎的不同面孔与表情。她的魅力源于丰富，她的丰富又体现在经典与流行，时尚与浪漫。

法国的朋友总对我说，逛巴黎有空一定要去看那些老街区，那才是真正有味道的。最好是抛开地图，逛"丢"了自己，而不是待在旅游者多的景点。他是个老巴黎，经常自己带着相机穿梭在巴黎的城区。某个周日阳光很好的下午，他曾带着我走过了许多很有故事的街区，看有家族历史的小店，还有最古老的出版局，然后回到旺多姆广场。途中他向我讲述着他们古老的历史，他是个很好的称职的导游，让我感受到了另一种巴黎的味道，以后的日子里，我也会经常作这样的探索之旅，像第一次来到法国一样打量着周围并随意在巴黎的小巷走，即使是生活的街区，我也有不少惊喜的发现，开掘出一些很有意思的小径小店。

我想，他是对的，要品尝这座城真正的味道，就要不着痕迹融在其中，变成巴黎人，而不是过路客。然后再看那铁塔间闪烁着的暮色之城——抬头是奥斯曼建筑风格，优雅的雕花设计，每片砖瓦似乎都在讲述光阴的故事；街尽头小馆喝一杯咖啡没准就坐在了海明威写作的凳子，递过的菜单会不经意发现萨特留下的笔迹；拐个街口，飘来刚出炉羊角面包的诱人气息，传递百年老店不变的味道；即使是陈旧的地铁隧道，老人一曲萨克斯轻而易举撩拨我心底柔软情愫，走出很远才发现眼角已湿。走在黄昏下巴黎窄窄的街道上，有辆小轿车正用巴黎特色停车法前顶顶又后拱拱地终于费劲挤进车位，左边那夕阳斜照的哥特式圣母院前一对情侣点了蜡烛满上红酒在河边野餐；不过再走两步，又看见一少年肆无忌惮地在墙角撒了一泡尿，顿时把浪漫浇灭……

慵懒、优雅、细致、不拘小节甚至那渗入骨髓的自以为是，区别了在这座城与别的城市生活的人。

所谓巴黎人，并不是生在巴黎，而是在巴黎生活过的人，被浸过沾染了这座城的习性，重生而成。

每天都有新的故事发生，而巴黎永远是巴黎。

欧洲情人怎样过节

一、见钟情时，请打碎玻璃

情人节的巴黎街头，地铁站里，邮箱上，红绿灯上，甚至一般街区的墙上出现的很多临时的红色盒子里，放的不是灭火器，或安全锤，而是一朵朵玫瑰，1 500朵紧急玫瑰在这一天供"一见钟情"的单身男女们使用，不让他们在这世界上最浪漫的节日里在巴黎邂逅爱情时因为没有玫瑰而错过。

浪漫都市的人们，对于他们来说COUPE DE FOUDRE（一见钟情）也是紧急情况，当然要做特殊处理。

敲碎玻璃，开启的是一段玫瑰人生。

二、爱到情浓时，请锁住誓言

情人节那天伦敦市中心放置了一个Love的支架，上面有使用说明。把想对恋人说的话，放在上面并用锁锁住。

无须说太多，因为如何表达比表达什么更重要，你对对方的深深爱意不只用自己的方式，还可以用这种方式表达。爱到情浓时，请锁住誓言。

三、爱的告示栏与浪漫曲

巴黎的公告栏，伦敦的地铁牌——这些常矗立于城市公共地点，做提醒居民的告示的地方，往往会让你有意想不到的惊喜，会变成爱的留言板、告示栏。工作人员经常会在上面发布有意思的话语，给紧张疲惫的都市生活以轻松幽默。比如摆在伦敦地铁入口的告示栏，是告知大家地铁线路情况及注意事项的地盘。每天都会更新，有天被调皮地写上一些生活哲理——记住妻子生日的最好办法是忘记一次……来往路人看了都会心一笑，估计是当天书写者的亲身体会。而巴黎的公告栏就更不可思议了，这世上估计唯有巴黎，有这样的幽默。那年情人节，在路边的市政府滚动公示牌，我看到了花店的广告——巴黎花店庆祝情人节，买第二束花打半价。所以，建议您同时记得您的情人。

政府的公告栏播出的情话不只在这一天，也不只这一条。我曾经陪小伙伴等待并拍照滚动告示牌上播出他给女友写的爱意话语，那是他花心思的生日惊喜。巴黎市政府的示爱日活动服务举办已经第三年，在 2014 年的情人节达到了极致——工作人员从近年来几千份情书中精选了近 200 份情书，在大屏幕上不停滚动播放了一天情侣们为爱人写的爱的箴言！那天城市的公告栏成了一个特别的广播站，不再是冷冰冰的通告，而是情话汇集，从六点开始，巴黎大街小巷播放着这些别样情书，温暖了无数人的心，浪漫了巴黎的情人节——

—— Lèves les yeux Mimi. Si tu vois ce message aujourd'hui c'est que le destin s'est accompli et que toi et moi c'est pour la vie. 抬起眼睛，如果你能看到今天这个信息，说明天意如此，你我应共度一生。

——亲爱的，我已等你 50 年，而今天，我依旧是 20 岁，我爱你，就像当初在卢森堡公园里我们的一次接吻时那样地爱着你。

——我喜欢用我冰冷的脚丫，划过你热乎乎的大腿。

——今天的情人节，我要献给我的闺密们，因为男人真是很无聊，我爱你们。

——如果我能出现在这个公告牌上，我向你保证这一生都陪伴着你，要是没出现，那就没办法了，我爱你……

除了可以在分布在全巴黎的政府信息显示屏上为对方写情诗，情人们还可以在塞纳河共进晚餐。想想，在潺潺千年的塞纳河上，在巨大的落地窗边，一根小烛两个人，享受着精致法餐，窗外，埃菲尔铁塔向你们招手，37 座新旧桥向你们祝福，巴黎圣母院的钟声为你们歌颂爱情。巴黎就是一座为浪漫而生的城市。那天大街小巷，咖啡馆，地铁站也都飘荡着柔美的情歌，连空气似乎都变得像蜜一样甜，塞纳河水仿佛也淌过流动的音符。拉过侍者一问，才知道是 Mois du Romantisme à Paris（巴黎浪漫月）活动中的一项内容——被命名为巴黎浪漫曲（Comme une romance à Paris），即在特定的时间内播放不同风格的音乐，如爵士乐、萨尔萨舞曲、摇滚等，主题全与爱情有关。除了与往年一样，法国餐馆会推出情人节套餐外，还会赠送香槟等，而通常只在 2 月 14 日当天安排的活动，这一年将持续整整一个月。

都说巴黎是世界上最浪漫的城市，都说一年中 2 月是情人的季节。2 月份的巴黎，可不是徒有虚名。

四、法国情人小镇

据巴黎 260 公里的地方，有一座小城就叫做 St Valentin。有年情人节我专门去了一趟，看到镇政府前，街道上都放置了不同的心形图案，透着浪漫。在这样一个节日，在这样一个地方，寻找节日的起源，聆听小城名字的由来，想象过去的人们是如何度过这个西方的节日，我想应算是件浪漫而与众不同的事情。

除了美丽的小镇，给我留下深刻印象的还有小镇上的家族餐馆，朋友推荐的。拿起菜单发现选择并不多，却能满足口味最挑剔的美食家，更以其搭配别出心裁，朋友说这里的甜点尤其令人难忘。

在等侍者来点菜的时间里，我细细地打量周围，餐馆四周装饰了一些静物油画，墙上伸出有年头的烛台，配上幽幽的烛光，加之用的都是木质桌椅，好像是坐在中世纪的古堡里用餐。让人回过神来的是吧台旁边贴得满满的花花绿绿一片，细看原来都是各国的货币，这个以前肯定没有。找一找还有张中国的百元大钞。肯定是游客们留下的，看来老板有搜集货币的嗜好，这比我的积攒各国地图和明信片更有意思，直接产生经济效益。而这些纸币和众多的与来此用餐的游客及明星的合影，更是在不经意中，显示着老板的好客，张扬着这家店的骄傲。旁边一桌好像也是慕名而来的，手边放着地图和这家店的名片。游客打扮，说着带着伦敦腔的并不娴熟的法语。在一旁细细听着的英俊侍者，微微欠下身子，不时确定一下点过的名称，好像是在体恤民情的王子。一抬头，发现餐馆上方还有一只真的牛头标本，黑黑的，乍一看会吓一跳。那应该是打猎的收获，那是以前法国贵族酷爱的运动。与以往在别处看到的羊头、鹿头、熊头不同，这只做得更逼真，而且它脖子上面的话更吸引人，翻译过来，就是——

我是牛，但我没疯。

细微处透着幽默，令人忍俊不禁。这是法国人的方式。还没用餐，已对这里有了许多好感。想着待会儿一定不能错过这里的招牌甜点。忘记了是谁说的经典——胃是人体内最感性化的器官，只有打动它，爱情才会经由舌尖和胃到达心。

Joyeuse St Valentin!（情人节快乐）

爱的抱抱

一

英国伦敦街头的这名男士当街单腿跪地求爱拥抱惊喜了他的女伴，还有看到的路人。欧洲街头常有这样爱的举动，偶遇的街头拥抱的浪漫瞬间能闯入镜头也是一种缘分。

二

爱的抱抱不只是情侣间的，在欧洲你要习惯于来自陌生人善意的拥抱、击掌、问候。比如进电梯时对大家的问好，出楼门为后面的人留门，防止门反弹砸到……这些点滴的细节如涓涓细水，缓解了紧张的都市节奏，温暖着初来乍到游客的心。

欧洲街头还会看到这样的"Give me a hug"（给我一个拥抱）字样。无论在巴黎的蒙马特高地，还是伦敦的海德公园，我都碰到过组织者手举一个牌子，写着这样的标语。他们邀请周围的路人来个拥抱，然后传递温暖。听说伦敦最近一家名为抱抱的俱乐部也开张成立。目的亦在于缓解都市人的压力。而解压的方式表现在另外的欧洲就是——最柔软的战争了。每年4月是傣族的泼水节。国外同步，不过武器不是水是枕头。当一年一度的"国际枕头大战日"开战时。你会看到巴黎火车站前广场不一会儿就变成"羽毛的海洋"。人们不等统一口令就参与其中。或三五成群，或单打独斗，被砸得全身是毛后仓皇撤退。这项风靡欧美的活动起源于2007年，旨在提倡加强交流不要宅在家里并为人们提供舒缓压力的发泄渠道。要求参与者携带软枕作为武器，不准袭击手无"寸铁"者或手持相机者。不只这一天，2014跨年之夜的德国汉堡也是一地鸡毛。人们用互掷枕头的方式迎接新年。

爱的抱抱也好，最柔软的战争也罢，都是都市人们选择快乐的有趣方式，是欧洲城市生活的另一种洋相。

要吻对地方的法式深吻

一

这是在法国尼斯机场拍到的指示牌，法文 dépose minute，英文所说的 kiss and fly（吻别区）。总能在不同的地方看到闻名世界的法式深吻。其实接吻在法国也有法律规定的，比如在火车铁轨上接吻是非法的，所以还要注意吻对"地方"。

二

2014 年的情人节，和中国古代的情人节——元宵节，恰好是一天。这天法国交友网站组织人们 14 时 14 分到巴黎卢浮宫的玻璃金字塔去接吻，用这种方式来庆祝节日。

这让我想起另外一个行为艺术——曾有个台湾女孩突发奇想，要在巴黎不同的景点以著名建筑为背景，随机找不同的陌生男士当街亲吻，最后用了一百张照片记录她的百吻巴黎。类似的经历我也有过一次。那天午餐时间，我外出吃饭，发现在拉德芳斯站附近，聚集了好多人，围得水泄不通。就想起早上报纸上说，这天是世界接吻日（International Kissing Day），也有称为国际接吻节。节日定在每年的 7 月 6 日，是由英国人率先发起，1991 年得到联合国的承认。于是每年的这一天世界上的许多城市都举行各种接吻比赛，成为一道温馨的风景线。

这不让我无意赶上了，而这次法国人又准备要打破世界纪录，创造同一时间接吻人数最多的吉尼斯纪录，你可以想到当时的场面。我看到远远地台上组织者正挥舞手臂，用喇叭倒计时，让现场的人们准备好。

这时我旁边响起一个声音："我可以吻你吗？"

咖啡 = 一夜情？

　　没事儿叫上朋友——走，喝一杯，这语境放在中国是普洱茶，放在德国是号大杯啤酒，放在俄罗斯是浓烈伏特加，在伦敦是威士忌，而在巴黎一定是杯咖啡。伦敦酒吧多，巴黎咖啡馆多。久而久之，形成了咖啡馆文化。欧洲人是看不起美国人喝咖啡的，没文化，没有那范儿——端个大纸杯子到处走，像可乐冰啤似的，跟快餐一样做成速喝。巴黎人的咖啡里面可不只是精巧小杯里的浓浓咖啡，那口感馥郁、香气迷魅的巴黎咖啡被誉为黑金——好的咖啡要黑得像恶魔，热得像地狱，浓得像死亡，清得像天使，甜得像爱情。在我看来，里面还有难得的阳光，有无尽的风情，更有随当天或闲适或难受的心情变化品出的味道——这才是巴黎的咖啡。有人曾把咖啡馆比作是法国的骨架，说如果拆了它们，法国就会散架。法国有句谚语说，对法国人而言，如果哪天少了奶酪，那天就没了阳光。而我却觉得，如果哪天他们的生活里少了咖啡，那他们定会比没了阳光缺了奶酪更无精打采。在对外国游客做的调查中，被问及巴黎最吸引人的东西是什么时，许多人的回答不是卢浮宫，不是埃菲尔铁塔等脍炙人口的名胜，而是散落在巴黎大街小巷数不尽的咖啡馆。徐志摩也说过，"如果巴黎少了咖啡馆，恐怕会变得一无可爱。"我说，少了品尝街头咖啡馆环节的欧洲之行，又怎能算完美？巴黎的文化艺术大咖们，不是在咖啡馆，

就是在去咖啡馆的路上，作为左岸的咖啡名流——萨特和加缪们，让咖啡馆不再是一个扁平的名词。

　　欧洲的咖啡馆多功能，吃饭往里走，喝咖啡向外转。露天咖座比室内的受欢迎，站在吧台边的比坐着喝的便宜。有趣的是无论现代或传统咖啡店，位于室外的咖啡座是两两并排面向大街，而不是像国内屋里面对面的座位。享受看人与被看的感觉，这就是巴

黎最标准而独特的一幕——喝咖啡的人不愿错过街上的风景，自己也成了别人的一景。一杯小小的咖啡可以消磨时光，一个下午就变成了服务生兜中的小费。

对于一个说来过巴黎却没喝过咖啡的人确是遗憾，我认为咖啡的味道是巴黎人生活的味道。作为咖啡馆文化的发源地，有太多有趣的故事。多少如雷贯耳的作家从咖啡馆里诞生，如今更是多少慕名而来的游客朝圣般寻来，哪怕排队也愿在那刻了名的咖啡桌小坐，仿佛这简单直接的接触沾染了气息，离大师更近些。而巴黎人为咖啡倾情的故事也随着香气传播开来，拿破仑曾将自己的帽子作抵押，换来一杯咖啡，至今那顶帽子还在咖啡馆里陈列，展示拿破仑对咖啡的需求。伏尔泰在左岸咖啡店里每天要喝上 40 杯咖啡。

作家笔下的香艳故事也多从咖啡馆里获取灵感，在咖啡馆工作一辈子的侍应生是知道秘密最多的人。和家楼下熟悉的侍应生巴斯汀闲聊，他在这家咖啡馆干了 22 年，咖啡馆老板都换了几任，我说是铁打的巴斯汀，流动的咖啡馆老板。他在这里看到的每人，背后的故事就是一本书。咖啡馆经常美女出入，看到心仪的人想搭讪怎么办。巴黎咖啡馆是有暗语的，比如一位佳人独自进来坐定，点了杯咖啡。你上前去结识，就指着旁边盘里账单问句，我有这个荣幸请你喝咖啡吗？若美女对你有意，会微笑点头示意你拿去，你便成功了一半。若她对你无意，会说，谢谢已有人付了，你不至于尴尬转身走就是了。

这试探情意的方式颇有点酒吧里点烟的暗语。最近还听说一种，说是在欧洲一些连锁书店遇到心仪的人，在她／他手里放两枚扣子。若是对方也喜欢，会追出来，成功率不低。不知怎的我想到了丽江的跳舞抠手心暗语。

总之在这个快节奏社会，一切简化。法国女人会抱怨原来的相识过程是从一顿饭一场电影开始了解，如今全省略，上来就是咖啡。下面就直奔主题，所以那幅漫画非常出名，将一杯咖啡与一夜情画上了等号。每人处理方式不同，各有各的喜好，无可厚非。

想在巴黎咖啡馆展开故事开始搭讪时千万记着别上来说你真漂亮云云，一要是真美女听得多了会认为你俗，巴黎女郎早就对这种无含金量的奉承没有感觉了。二来若不是名副其实的会认为你虚伪，在骂她。奥巴马都因夸了句女检察官漂亮而书面致歉长了记性，何况你呢？

先恋爱还是先做爱

先恋爱还是先做爱？

你会说这不是个问题，但在法国会是个问题。

周三法国闺密过来悄悄告诉我，我好像爱上他了。他周末约我我很期待呢，你说这次保罗会吻我吗。

她说的他，是上周带回家的法国男人。第一次见保罗，她叫上我，一起在酒吧喝了杯，见过面。然后他们就走了。

在法国，也许你们做了爱，可能不一定再见面。再深入交往，重新从牵手接吻开始，才是认真约会郑重恋爱的标志。开始一段关系是正式的，在法国牵手远比做爱难。所以才有上面问题的期待。先做爱，然后再恋爱。

他们在一起可以慢慢地了解，生活。谈一辈子恋爱，一起同居不结婚，不影响生儿育女。也很稳定。只不过还保持着未婚的状态，法国女人还是女孩时的姓氏，不用改成夫姓，50多岁的同事玛丽说，只要未婚照样叫起来还是"小姐"——Mademoiselle。她很享受这个称谓，音节上觉得比已婚女士 Madame 洋气多了。

你又问了，恋爱就要结婚，结了婚才能做爱，做了爱才生孩子。怎么这顺序到了法国全变了。这是法国另一个特色——同居制。法国非婚同居者远远超过结婚的人数。2010 年非婚妈妈所生的孩子占法国新生儿比例升至 54%，就是说每十名新生儿中有将近六名属非婚姻状态的父母所生。法国专门有同居法案保护这一现象。决定同居的双方也要到市政府登记。同婚姻一样具有同等效力，享受伴侣权利和义务。只在继承权上有所区别。据说当年同居法案通过时也像现在的同性恋婚姻法案一样引起社会讨论与游行。

影星苏菲·玛索有 2 个孩子，她从来没有结过婚，包括和波兰著名导演安德烈·祖劳斯基长达 16 年的爱情。现在的同居男友克里斯托夫说："苏菲·玛索不需要婚姻，我们在一起生活很快乐，这就足够了。"

还有法国总统奥朗德，也是一直同居，与同样竞选法国总统的前女友罗亚尔共同生活 20 多年，育有四个子女。成为法国总统后，同一起五年的记者女友以同居身份入主爱丽舍。

　　最近连着两任总统都有段空档期。前者萨科齐的前妻决意不再当第一夫人，他想留留不住。在离婚后两个月闪婚。据说萨科齐与卡尔拉见面的当晚就被邀请入香闺，也是一出先做爱再恋爱。

　　萨科齐把女友升级成第一夫人，而奥朗德正好相反。女友索性从有到无，当与影星约会被媒体曝光后，他第一女友表示气愤后又说可以原谅，这次是女方想留没留住。分手后一段时间他决定暂不设第一女友，继续他的同居生活。

　　从名人到老百姓都不乏这样的例子。在欧洲很正常，有像他们一直选择同居，也有走出围城不愿再进的。周围的同事也多是同居制的拥护者和实践者。那天银行同事下班聚会，大卫公布了即将当爸爸的喜讯，说小孩预产期和他生日一天，说这是女友给他最好的生日礼物。聊起这话题，他对我说，有小孩一定要结婚吗？我们这样挺开心，一致决定选择同居。你知道法国每 3 对结婚夫妇就有 1 对儿离婚。你知道离婚的主要原因是什么吗？——是结婚。

　　Oh lala……

垃圾争端和叫床事件

　　和欧洲人做邻居，很有意思。有什么问题，他们很少会登上门找当事人解决。比如法国人爱搞聚会，大半夜要是特别吵，一会儿有人敲门，你以为是约的朋友刚到，或是邻居过来提醒，都不是。是警察驾到告你停止。邻居不满是可以让警察帮忙处理的。所以就有个不成文的约定，在自家搞大型聚会，一般会放在周末。而且会提前写好告示放在楼道，请大家注意并多包涵。有时遇上搬家或装修也会写，又礼貌又周到。

　　采取写信或贴条的方式，放在楼道公共栏内，不仅仅是告示还有投诉，他们的信件往往用词文雅，语气婉转，还幽默。最好玩的是都有回复，一般都能理智解决事端。

　　比如说在伦敦公寓的垃圾事件。起因是总有人将垃圾放在垃圾房内靠门口处，而不是置入垃圾箱里。时间一长，来收垃圾的英国环卫工人不满，要多收卫生费。于是就有位负责任的邻居调查了此事，并写了封信贴着，还签了字。别的邻居看到也签上表示支持。那位当事人也签上了，并加了一句——是举手之劳的事，之前没注意，谢谢提醒，只是别把我家号码写出来，以后谁忘记往里扔了，都以为是我……

　　垃圾争端解决了。在法国又有一个邻居事件也是这么处理的。倒是不用像英国那位根据垃圾顺藤摸瓜，夜半叫床声就将目标暴露了。新搬来的一对法国小年轻半夜动静太大。即使在对性事可以公开透明讨论的法国，也让人无法忍受。于是次日邻居贴了条在公告栏，把法国人的幽默、自由、平等特性都包括其中，后来这条太经典被传到了网上。

　　信是用您来称呼的，并从自由开始说起，由己及人，逻辑清晰，末了还有建议——

　　当一些人开始获得自由就是另外一些人失去自由的时候。自从您搬来这里或说自您拥有个"不同凡响"的男友，不论昼夜，我们都得分享您俩间的极度快乐。每早七点，甚至凌晨三点被您的叫声吵醒，已损害我在公寓家中，按照自己意愿睡觉醒来的自由，您觉得合适吗？

　　楼里居住大多是学生，或已婚有孩子的家庭。请也为他们着想，有以下几点要考虑：

　　——降低叫声音量（放音乐、用枕头……）；

——选择更合适时间；

——换地到您男友处亲热；

——对他人的尊重及影响。

另外，请您注意做爱的频率与时间，否则极有可能感染急性膀胱炎。

……

这贴心的批评信很快得到回复——

非常抱歉我们可能给您造成的困扰，从今天开始，我一定会特别注意的，也谢谢您关于"用东西塞住嘴巴"的建议。

当我男朋友知道，您觉得我们"做"的时间太长的时候，我们真是高兴坏了。致以最诚挚的敬意……

法国新娘的吊袜带

　　在普罗旺斯参加好友的婚礼。真正感受法式闹洞房。他们也会把新郎的眼蒙起来，然后从伸出一排的混入男女嘉宾的手中挑出自己新娘的手。除此，早就耳闻法国新娘的关于吊袜带的特色习俗，那可是传统法国婚礼的高潮。由于现在法国女性很少穿传统必须绑袜带的丝袜，所以现代婚宴所见不多。能看到的当然是惊喜。这对儿新人果然没有让我们这来自世界各地的一众好友失望——酒过三巡，吊袜带游戏开始了。

　　欧洲新娘多选取白色吊袜带自己决定绑在大腿上的位置，在游戏中由谁来取下也因各国而表现方式各异。拿法国来说，方法是拍卖新娘的袜带。拍卖的过程也蛮有意思：新娘或站在场地中央，或站桌子上。参加婚礼的众人拍卖竞价，每次出价，就把新娘的裙子撩得高一点，直到袜带出现为止。

　　这种游戏在美国也盛行——是让新郎用牙齿把新娘的吊袜带从她大腿上取下，在众人的欢呼声中把宴会气氛推向高潮。而我们这一场，新娘是法国南方姑娘，新郎是加拿大人，他们的新改良有没有加入加拿大元素，不得而知，反正是更娱乐版的。

　　只见新娘先从举手的想上前取下吊袜带的众多志愿者中选取一名。由新郎负责把他双眼蒙住，然后由这名男子摸到新娘大腿上的吊袜带。看得出来新郎下手挺狠，眼睛不落一丝缝隙。但是这名志愿者依然很开心的样子，被挑中并能做新郎做的事情，多大的福利，所以一直面带微笑。

　　新娘这时转向观众，示意大家不要出声，然后缓缓将自己的吊袜带递给新郎。新郎马上默契地在自己大腿上套上了吊袜带伸到志愿者前。原来欧洲也流行调包计。后面的故事可想而知，当他兴奋地喊摸到时，大家笑得更厉害了，能想到他摘下眼罩的情形。

　　只是可怜那志愿者在慢慢探索地过程中，一定在琢磨却又不好说——这新娘的腿怎么和我一样。难道大喜日子也没做个刮毛护理？

人·物·万·象（欧洲印象）

欧洲别样婚礼

一、欧洲人的婚纱照

　　和我们国家一样，欧洲青年人也喜欢在
结婚时照套结婚照，而且爱在国家特别有纪
念意义的地方留影，和同伴们作出搞笑的姿
势。比如在俄罗斯圣彼得堡的彼得大帝青铜
骑士雕像下，在巴黎埃菲尔铁塔下，马耳他
市中心教堂前，维也纳城市广场上，都有恋
人依偎的身影。有次好友在塞纳河上的桥照
结婚相，正巧也是李娜首次夺得法网女单冠
军的颁奖地点。奖杯就放在那里。人们都还

没从赛场赶来。他俩手捧冠军奖杯照了张，相信当时在旁边守候的记者们的相机中也有这对儿
新人那天先捧奖杯的结婚照。

二、普罗旺斯的婚礼

　　有机会被邀请参加过很多不同欧洲国家
的婚礼，而这场婚礼从教堂内部的桌椅装饰
就与众不同。连抛撒向从教堂出来的新人身
上的都不是法国传统的米粒，也不是吹出的
泡泡、玫瑰花瓣，而是薰衣草花粒。只因这
里叫普罗旺斯。

　　阳光下扬起的颗粒如同紫色精灵在跳
舞。之后的节目也别具一格，是当地特色的

民族舞蹈一路把我们从教堂带到了合影的花园处，欢快的节奏像普罗旺斯的阳光一样特别，总在记忆深处响起。

三、婚礼蛋糕　幸福味道

欧洲的婚宴多采用塔式蛋糕，一半多为定制。每次新人切蛋糕时，都是小小的高潮，然后婚庆蛋糕被作为甜点分到客人的盘中，分享甜蜜。即使在街边看到，隔着玻璃窗，我都能闻到婚礼蛋糕幸福的味道，那婚纱裙摆一样的蛋糕，没有最高，只有更高。堆积着的都是满满的幸福憧憬。看那蛋糕顶上正为新娘穿鞋的粗心新郎，那明明不是人家的尺码呀。

我猜蛋糕的设计者一定和我看过同样的情景。因为后来在巴黎还真遇见到了这样一对儿，新郎在为新娘穿鞋，这一穿可就是一辈子啦。

毕业典礼奥斯卡

一、典礼现场

欧洲商校研究生毕业时会有一个盛大的毕业典礼。往往会在校园或城市的有纪念意义的地方举行，为的是给毕业的学子留下一个深刻而美好的印象。

学校往往会提前给每个学生多个名额的邀请函，可以邀请亲友伙伴来参加。当天毕业仪式正式而隆重。在礼堂举行时，仪式就如同奥斯卡颁奖典礼般隆重。主持的系主任和嘉宾正在紧张地进行最后一遍串词，还邀请台下已入座的来宾进行彩排预热。而这一切作为接受颁奖的我们都没看到，此时我们在另外的候台室，等待出场。那些花絮都是后来得知的。

典礼无论是从音乐的选择还是灯光的效果，再到红毯的布置，入场的顺序，和最后拿到文凭的那一刻，都与奥斯卡颁奖典礼如出一辙。只不过手中不是小金人，而是辛苦多年而取得的毕业证书。

与参加过的国内毕业典礼不同，这里是校长老师按照各系排坐在礼堂中央。到自己系的学生上台时，校长导师便出列站在台前，等待与学生的握手，感觉更像是我们去接见他们。

在台下一侧等候的各系毕业学生听到自己导师名字时，逐一上台与校领导及老师代表们见面，然后在另一侧签字留影。之后的致辞环节由我们那届的学生代表讲话，是一家三代共同完成，他们都是这所商校的校友，老人已经80多岁了，赶来参加孙女的毕业典礼，那情景非常有纪念意义。

随后还有一场鸡尾酒庆功会等待所有在场的人，都像极了电影颁奖仪式，只不过这里没有悬念，每一位在场的候选者都是得奖人，每一位得奖人都可以上台向他的影迷致意。而场下在座无一例外不是他们的忠诚粉丝，他们的父母、朋友、同学一次次欢呼、尖叫，为这个喜悦的时刻而兴奋自豪。

爸爸妈妈也在那一年参加了属于我的奥斯卡。爸爸说，当那熟悉的奥斯卡进场音乐响起时，每个人都会激动，他觉得我和我的小伙伴们就是最耀眼的明星，他们心中的女主角。

二、盛大毕业舞会

欧洲人的一生是由一系列的仪式组成。除了家庭的，还有学校的毕业典礼，毕业典礼后往往伴有盛大舞会。它是从校园迈向社会的前奏，值得庆贺。所以你会看到欧美影片中的青年人早早购置衣装，反复练习舞步，并为邀请谁当自己当晚的舞伴而伤神的桥段。

由商校组织的盛大舞会，都会在高档的社交场所进行。租用整夜场地邀请大家尽兴狂欢。同时还会邀请以往学校的学长校友，共济一堂。舞会开始前夕，大家有一个圆桌晚餐或鸡尾酒会。并邀请在某些领域有突出成就或德高望重的毕业校友致辞演讲，开启这一年的毕业舞会。

我记得毕业那年，母校的毕业舞会是在巴黎旺多母广场的四季酒店举行的。作为法国顶尖的酒店曾经接待过多国政要，中国国家主席胡锦涛也曾在此下榻并举办见面会。

舞会当天，会场内外早被装饰得隆重而华丽。参加活动的人们都是盛装出席，入场时我看到了前法国总理拉法兰，他是母校的骄傲，也是中法两国外交的使者。今天看到名单中他作为嘉宾给我们这届毕业生致辞，也是很巧。

你会发现平时的小伙伴还有老师，今天都变了样子。闺密奥莉薇亚的裙子是她妈妈专门从奥地利为她定制寄来的。班上同学见面后，都彼此认不出来了。夸张的声音此起彼伏。然后就是整晚在像凡尔赛镜厅一般的宫廷式舞厅里跳舞，香槟、红酒、蛋糕、聊天，用完美的毕业生舞会为自己的学生生涯画上句号。

三、毕业旅行和间隔年

所谓间隔年就是学生生涯和工作职业开始那间隔的一年，很多欧洲学生会利用这一年游历世界，增长见识，为学生时代画上句号，然后全心投入工作。

而毕业旅行一般是指欧洲商学院出资并组织的应届毕业生到国外旅行的活动。就是在即将踏入社会前的一次学生集体狂欢。目的地是由大家民主投票选定，综合系里老师的意见最后敲定。我们那一年有三个选择：加拿大、美国和中国。最后敲定的是加拿大。

在那次毕业旅行中，我们不仅游览景色，还在学校的安排下参与加拿大工商会的活动，并参观了著名的企业，收获很多。没了课业的压力，大家都轻松了许多。同学中多数是欧洲国家的，一起的时光很难忘，而毕业旅行让我们加深了彼此的友谊。

法国人的节奏

春天恋爱，夏天度假，秋天罢工，冬天圣诞。

这是对法国人四季节奏的总结，还有另外一种说法，说法国人除了爱女人、狗、咖啡，还有就是爱罢工，爱度假。法国人的节奏到底是怎样的？英美对法国人总有不少调侃，就连法国人自己也不放过自嘲—— 一年伊始不是从 1 月 1 号。对于法国人来说，一年的开始是在 9 月份。

有次和国内的合作伙伴聊天，正赶上 8 月份圣母升天节的假日。他们惊奇地问，圣母升天，也要放假。那还有什么不是假期？

法国人假期多，世界闻名。有假日就有扎堆儿，他们也有"黄金周"，也有"春运"。法国的"春运"更确切地说应该是"圣"运，他们不过中国的春节，而是圣诞节前后的大迁徙，赶回家和父母团聚。火车站台上都是拎行李箱，抱着孩子的人们。当然也是要早早订好票。要不然也是一票难求，或者是望价兴叹，同样路程的火车票，提前一个月不到 40 镑能买到，若是提前两天就要300 多镑。除了"圣"运，还有夏运。这是那句冬天圣诞，夏天度假的具体体现。很多法国人的夏日假期从法国国庆开始，这天巴黎机场日输送旅客 30 万人次。更多人则选择自驾度假，所以有时高速公路拥堵会长达四百多公里，显示的交通路线图也是堵得红成一片。

所以每年年历一发，你看他们先是圈圈点点，把假期安排好，把工作计划交上。对于他们来说工作是为了度假。而为了更"合理"充分度假，法国人还会发明出自己的特色连假方式——Fait le Pont。翻译过来，叫作搭桥。比如"二战"胜利日那天放假，正巧赶上周四，那么用一天自己的年假，把周五休了，和周六日连起来，变成大周末，出趟远门。所以你不用惊讶他们怎么总会有时间出行。

而另外留守工作的，有时候着急办件事，会发现邮件发过去很快就回复了。正要惊叹难得的效率，但惊喜的感觉还没释放，打开一看，是自动回复，某某从几号到几号不在，有事请找谁谁。所以在这里做项目，和同事不是对时间表，是对休假日，以保证工作如期完成。这是我的经验，这是法国的节奏。

拘留证？ 居留证？

　　初到法国，也是初次离家留学，为避免家人挂念，我常会打国际长途跟妈妈汇报日常情况。有天跟她说，要稍晚再打，正在警察局办居留证。我妈那边一听就急了——拘留证？还警察局？你怎么了，惹什么事了，昨天还好好的，怎么刚到就在那里，为什么拘留？一口气一长串问题，我才意识到差距不仅是口头和书面的区分，还有在隔了几千公里的越洋电话里。

　　可怜天下父母心，感叹中文的博大精深，同音字惹的祸。此"居"非彼"拘"。虽然都是留和住，但住的地方可不一样。再说警察局还分不同部门咧。妈妈悬着的心这才放下来。

　　凡是到法国生活过的外国人，一定都知道这个证，也都被它深深困扰过。这里的困扰绝不仅仅只是字面的意思。无论你是刚来法国人身地不熟的穷学生、富二代，还是工作经验丰富、被聘外派的国际高管，都要经受它的折磨。这是在法国获得合法居住权的第一关，没有了这个小薄证，在街头被警察查到会被遣返，那时可就真正的是拘留证了。

　　办证本身并不难，办的人多了，要的材料多了，就显得很难。比如办居留需要到银行开个资金证明，银行却说你有了居留证我们才可以出示。不知道谁定的规矩。再加上个别不负责任的工作人员从不一次说齐，让你一个文件来回跑。再遇上人品有问题，让你早8点开门时到，你7点去了，以为很早，后来发现门口的长龙都是5点左右就来排队的人。等到你时已经中午了，他们说上午号排完了，下次再来。往往你最后拿到了一年的居留证，已经过了半年，又要为下次做准备。英国人曾写了本书，有个章节就是讲这个的。看来即使欧盟内的人也深受其苦。他抱怨是因为，人事部请来法国工作的他去警察局交个材料，因为其他证明公司可以帮准备，但一定要本人出现。于是首先是时间的问题，公司给了一天假，他还挺意外，想着交完还能在工作时间晒晒巴黎的太阳。没想到警察局里他等了一天不说，之后发现3天都不够。总少，补材料需要再预约；有时语言不灵，发生歧义；最后是他准备的微笑露齿的相片不对。应该闭嘴露耳露出脑门，他特想问要不要正面之后再侧面的照片，忍忍没说，要不一个小环节又是一趟……

最近有人在网上晒证，说"人在证途"——从一出生的出生证、身份证、结婚证、工作证、奖状证书，到退休证等等，在中国需要办几百个证。国外也不例外，再加上法国人的节奏，那可真是磨炼你的意志——不是在办证，就是在办证的路上。

　　我发现人的一生中就是在用各种证来证明自己的存在与消失。当然同时证明的还有不同办证机关的工作效率。

在欧洲约会的日子

一、此约非彼约

初到法国那会儿，牙疼起来，电话预约了个治疗时间，却与上口语课时间冲突了。课间跟老师请假早走一会儿。那老师是个四十岁左右的法国女人，对正准备出门的我好意提醒说："和牙医约会？可不好对付，祝你好运气。要知道我前夫就是个牙医……"然后在全班目送下，我逃出教室。

可此约会非彼约会。法文的约会不像英文有公事的 Appointment 与私人约 Date 之分。你到警署报案，银行开户，去朋友家拜访，和律师签约，同家人相聚，以及情人缠绵都用这个法语词——Rendez-vous, 简写起来就是 RDV。按说字面意思很形象，Vous 是敬称您，再加个动词，这是在法国用得特多的词。

二、既等之，则安之

这只是约会的叫法，统称 RDV，可要达成一致也费周折。为什么会请假去看牙，因为实在是难约到。不夸张地说，一般在两周左右，最快一周，所以有时候，等到时间了，却又忘了是哪颗牙疼了。当然可以挂急诊或是到私立医院。区别是前者漫长的岁月你可以在家等，而后者也少不了在医院等。

一方面，这是不方便的；当然从另一方面来说也是有序，尊重对方时间，合理安排自己事情的体现。在欧洲首先学会的是等待。每个人都有自己的预约时间，一般来说医院门诊是半小时一个病患，牙医也不例外。若半小时没有看完，便会建议下一个疗程。或比这次更长时间的约诊。

晚到的要排在之后，即使预约时间靠前。所以你按时到要等，晚到了等得更长。但在等待室里，你不会看到人们喧闹的来回走动，大都在安静的读书等候。每次都是这样，这点当初让初来乍到的我印象颇深。也许他们心里也着急，但不会一遍遍上前催促护士，或待在诊室造成压力，更不会加塞插队。而后来我在欧洲以外的城市却看到了相反的景象，我在想，也许有些时候城市的硬件赶上并非难事，但这人文的软环境的追赶是需要时间和认知的。

如果知道等待的时间必不可少，那么不如从容应对。像他们一样，既等之，则安之。

三、迟到有理

到法国人家里做客，一定要预约，不能抬脚就走，随意上门，伸手就敲，往往会吃闭门羹，被主人拉进黑名单。接受到邀请迟到15分钟或半个小时以内，主人不但不会生气，相反会觉得你懂得欧洲礼仪，善解人意。这要追溯到法国路易十四时期的习惯。迟到是法兰西统治者彰显自己地位的一种方式，慢慢的这种迟到的习惯也影响到了贵族与有产者，进而影响了整个民族。时至今日，法兰西的贵族以及有产者们已经把迟到包装成了一种合理的民族习惯，他们将此称之为"礼貌"。是的，迟到已经变成了他们的礼貌。所以他们不会为自己的迟到而道歉。他们甚至痛恨早到的访客，认为这样的访客不礼貌，没给被访者留下充分的时间。因为欧洲人筹办晚宴往往在最后一分钟也停不下来，比如女主人化妆，若准时或提前到了就会搞得主人措手不及，衣冠不整，乃至整个赴约的过程气氛不对。这与德国人强调的准时，中国人强调的早到，帮忙准备都不一样，若不了解，就好心办了坏事。

四、礼多人也怪

与中国人的礼多人不怪不同，欧洲人不喜欢初次见面送礼，尤其是贵重礼品，会觉得突兀，认为是不会交流只能靠借助外物，缺乏沟通技巧的低俗表现。

欧洲的社交礼仪如同中国的礼貌规矩一样让彼此都曾感到神秘、独到，需要学习。既有相同点又各异处，说到底是文化的精髓，解其中味，就不会学得只流于形式。而于细节处入乡随俗令对方自己生活都会惬意。

让我感到有趣的是，尽管我们觉得西方上流社会那套礼仪烦琐难记，实际直到19世纪也没有任何文字书籍教导流传，如同中国武林独门秘籍代代相传，口口相授。我揣摩有两点原因，一是不必；二是不愿。首先礼仪从小学起又是日常行为就无记录的必要，再有他们有意小范围化。那时从举止而非财富便能彰显身份，让大众望尘莫及才显与众不同。

但是这一情况被打破了。有个皇室公爵花费心血将整套礼仪写给他在宫外生活却格外疼爱的私生子，希望同样可以受到上流教育。没想到这宝贝儿子竟将这家书宝典公开并出版了，可以想见当时保守很长时间的"秘密"被泄露时同时震撼到的"上、下流"所有人的情景，而流传至今也让更多人有幸一窥究竟。

五、一切尽在掌握

在欧洲约会也包括，和那些大公司的同事开会，以及面试新公司、与人事部门的约谈等。在欧洲想打进圈子融入其中，就要知己知彼，注重对方谈吐及流露出的社交能力，从一些细节中把握，比如说眼神、衣着、握手。

握手起源于中世纪。全副武装的战士伸手摊掌表示手无寸铁，紧紧相握表示友好。这一动作一直沿用，传遍世界。但这握手也有学问。欧洲公司会议多，对于初次见面的人，有时不行亲面礼，而是商务性的握手。所以很多时候，几秒钟就完成了对眼前人的初步判断。我通过公司的培训，积累了关于欧洲谈判及人事面试的经验，从两方面对照中受益匪浅。

比如记住"金四秒"与"捏鸡蛋原则"。

握手前，保持掌心干燥清洁，一定要注视对方，眼神不要躲闪，眼光交会时最好在四到五秒钟左右，传递出尊重与自信。四秒是礼貌而不冒犯的黄金时间。手上力道如同练书法时可放下的一个鸡蛋，既不捏碎又能握好，不轻不重，恰到好处。

祝你一切尽在掌握。

同性恋活动大串联

有年同性恋游行前收到路边发的通知广告，翻译过来："大游行途径 Port Royal, le boulevard St-Michel, le boulevard St-Germain, Cluny la Sorbonne, le Pont de Sully，大概 16：00 走到 Bastille，一直到晚上 20：00 在巴士底广场还会有现场演唱会。"参加游行的除了同性恋还有双性恋、变性人，游行中间会发放避孕套、雨伞等小礼品，当然，包装都是同性恋特有的标志——七色彩虹图案。

每年 6 月底的同性恋游行是欧洲城市一景，从巴黎到伦敦，一两个小时可以抵达，很多时候，大家刚在自己的城市游行完毕，妆还没有卸，就赶到另一个城市，与其他组织者会合。真正的大串联。

我在巴黎看了好几届游行，纽约旅行时也碰上过，在伦敦还是头一回。其人数之多，范围之广超过我所见过的任何一次。可能与法国刚通过的同性恋结婚并可以领养或试管婴儿的法案有关。英女王也在近期签了字，英国成为欧洲认可同性恋婚姻的第十个国家。所以活动当天特别热闹，盛装庆祝表演，各个方队阵容。只有想不到的，没有见不到的。

游行者特别希望能在大家面前展示自己的创意，精心准备的妆容和行头能在这样一个公开的场合得以表现。所以有时没被照到，他们还会重新摆好姿势，要求你重照一

遍，在镜头中留下纪念。

就在英国同性结婚法案生效之际，英国王室突然意识一个严重问题——皇室的血统。在现行的法律下，如果英国有了个同性恋国王，那么他的伴侣就是"王后"（Queen），同理，日后大英帝国的女王要是个女同性恋，他们的"王夫"也将是一个女性。英国差点要冒出一批男王后、女亲王、男王妃、女驸马……于是他们紧急制定法案，以免日后出现"男王后"或者"女王夫"。修改过的法规亦将延伸到公爵、伯爵及其他男性贵族身上，以防同性伴侣成为公爵夫人、伯爵夫人、贵族夫人。于是又让同性恋平权人士感到失望，反同性恋人士也各种不满，又将上演新一轮的争论。

法国特色大游行

法国人爱游行，爱罢工，和他们爱度假一样声名远扬。

2013年度法国各大游行中，反对和支持通过同性恋结婚法律的示威游行应该居于榜首。近一百万名的反对者在埃菲尔铁塔附近举牌发传单，人数超过以往任何一次游行。

游行中有抱着婴儿的年轻母亲，有长者有青年，看到他们举着巨型牌子上画着一个宝宝在问——我的妈妈叫罗伯特（法文里为男名）？还有的漫画写着，两个小朋友的对话，我想把我的爸爸们介绍给你的妈妈们约会，由于父母双方有可能都是男男或是女女组合。

游行当天，我正在波尔多酒庄。回到城区内发现波尔多城内也是游行的人群，法案的反对者与支持者同时在进行。仅一个街区之隔，两边阵营各自活动，陈述观点，发表演讲，呼喊口号，互不干扰，旗鼓相当，没有对峙，也不起冲突。这真是一大奇观。

后来，在经历了170个小时的马拉松辩论和140万人的示威游行后，法国同性恋法案最终在国会投票通过。犹如一场漫长的比赛。正如之前的为支持或反对同居法案，还有对富人征收百分之七十五的重税法案等为目的的游行一样，反对者从未放弃表达态度的机会，支持者更是通过宣传以求认可。但当裁判员把哨子一吹，宣布了结果。不论是当局者还是旁观者，心情都久久不能平复。生活依然继续。需要时间来习以为常。

洋教母与干女儿

听说在孩子出生的时候，上帝会把孩子的心先装在父母的身上，他们一听到孩子的心跳，便会感动得要哭。

在欧洲的日子里，我看过初为人父母的朋友从医生手中接过孩子那激动的瞬间，除了参加过朋友在异国的婚礼，也受邀参加过婴孩的洗礼。孩子的父母在孩子出生后会抱他到教堂，祈求天主神灵的庇护。或许生与死的开关，并不由自己掌握。神父手中的圣水泼下，就洗去孩子的原罪。这一刻才是人生新的开始。

在英国小王子诞生的洗礼仪式上，皇族的许多高级成员并没有受邀参加，凯特王妃打破王室总统的规条，邀请自己学生时代的闺密作为儿子的教母。在西方，通常父母在自己的密友或者是所信赖的人内，为儿女选择合适的教父母，担任对教子的除父母外的保护教育引导的责任，有点像我们的干爸干妈。被挑选为教父母，一般都不会当作一种负担，反而是当作一种荣誉来看待。而教女被称为"God daughter"（上帝的女儿），在法国我也当上了洋教母。

我有这样两个教女。一个是闺密的中法混血女儿 Lea。她在巴黎诞生时，我抱着她，可爱极了，体会到爱不释手的滋味。法国生产后医院的饮食都是冷酸奶、冰水、火腿。中国妈妈显然不适应。我在网上查到小米粥有利于孕妇，后来就利用上班午休回家熬了给她们送去。在异乡，我们彼此照顾，如同姐妹。可爱的女儿 Lea 也越来越懂事，贴心得像个小棉袄。

第二个叫琳琳。当年由我牵线，介绍她的爸爸妈妈相互认识，结婚并有了爱的结晶。所以当琳琳出生前，她妈妈希望我做她的教母，我开心地就答应了。除了当他们婚礼的证婚人，我还见证了干女儿琳琳第一次学会坐的瞬间。当时谁也没预料到，琳琳就像要等到我来看她时，才会表现一样，爬着爬着突然就会坐起来了。让我特别兴奋。这是我们的缘分。

后来，我在法国还成功介绍另一对同事，这是在欧洲当红娘的成果。我打趣说欧洲朋友的婚礼上的角色我都体会过，客串过主持人，当过见证人，做过伴娘，如今又让我有了两次当洋教母的机会。而孩子的一点点成长都会让人为之牵挂与开心。

愿她们和天下所有的宝贝们茁壮成长，快乐健康。

"我去采朵花"

你能猜出这是厕所？哪间是男性的？如果说酒馆显示老板风格品位，那酒馆洗手间则是特色所在。

其实当年巴黎没有厕所，都是随街抛洒排泄物的，17世纪初亨利四世颁布昼夜均不许向窗外倾倒粪便的法令，却收效甚微。

凡尔赛公园风景绮丽，满眼花草树木，却不见一间厕所。女人们会说，"我去采朵花"，然后在花丛与大裙摆的掩映下完成内急。

这一无厕所情况直到19世纪中期才有所改观，但是却满足不了需要。游人们找不到洗手间，不得不先成为消费者，成为咖啡馆的顾客，才享有"权利"。

于是你看到游人在街头问得最多问题便是，洗手间在哪儿？后来巴黎建了一批收费厕所，只收硬币不找零。你又会看到游人满脸通红，捏着纸币四处换零的窘样。

终于法国政府不收费了，修建大量移动式或封闭式厕所，幽默地鼓励游人，"大量尽情喝水"，不用担心没地"采花"。

当然又有新问题了，你还要看懂公共厕所上的提示。比如要掌握好时间，否则给定时间内不出来，门会自动打开，你面对路人时就傻了。比如要知道等厕所自动出水打扫完毕后再进去，要不人就和内部空间一样被全方位冲洗一遍。那就不是如厕，而是洗澡了。

所以使用巴黎公厕顺序是，如厕，统一定时 15 分钟重开门，洗手先感应出少许水，出洗手液泡沫，再出大量水冲净，再出水洗空间，迎接下一位……

不弄明白，除了会有当落汤鸡的危险，还有裤子未提起提前曝光的尴尬，甚至有手上都是沫没水冲的结局……

欧洲农家乐

　　金秋时节采摘忙，欧洲的农家乐也开始迎来第一批客人，那是孩子们的节日。指示牌上详细地标明各种瓜果时蔬的品种以及时价，人们可以按图索"果"，万圣节快到时，这里还卖花，卖南瓜，还有雕着玫瑰花的倜傥南瓜。欧洲人有在万圣节给南瓜雕刻成不同花纹图案的习俗，还有连载连环画一样的精美雕刻，学校也组织孩子们雕创意南瓜。这不这个小男孩已经在等着挑自己的雕刻原料了。

　　菜地里很多都是欧洲 BIO 标志的健康系列果实。这也是欧洲人选择食物的一大特色，往往加了这个标志的更贵些，为自然的，没有使用任何化学产品的产品。现在越来越多只卖 BIO 的超市在巴黎相继出现，巴黎我家对面就有一家呢，今天在这里，可是采摘了个够。

　　看那些宝宝快乐地在田间穿梭，比大人都忙，还有那被父母装在小车里的孩子们不也是收获的果实？

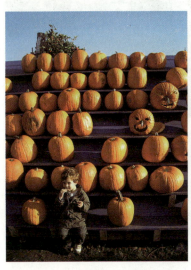

我在法国开飞机

"你准备好了吗，来试一试。"菲利普侧过身来。

"真的让我来开吗？"我有些不敢相信自己的耳朵。

现在的状态是在巴黎上空 500 米左右的样子。风速正常，太阳时间上午十点左右。距地面越来越远，飞机上空不时有大型客机掠过，而下面还依稀可以看到巴黎高速路上疾驰的汽车。我正在欣赏周边的美景，手中的单反闪个不停。

"太美了。"我不由得赞叹。

身边是执行这次飞行任务的法国飞行员菲利普，典型的法国南部人的性格，热情开朗。见到我对飞行很感兴趣，就向坐在副驾上的我介绍操作盘的各项仪表，教我如何看地图。叮嘱我要把记录航向的笔

拿好，因为在飞机上要保证各项物体都各就各位。即使像铅笔尖这样的小物件，也可能在遇到气流时滑落，触到任何一个敏感的地方都有可能出现危险。

"现在状况不错，你来操纵方向盘，记住，手要稳，不要紧张。往前方看，那是我们的目的地。"

我深呼了一口气。把住了副驾驶上的方向盘。菲利普说，看呀，现在是你在驾驶，我什么都没有做呢。我笑了一下，很快又恢复严肃，要知道这架小型飞机上除了我，还有 3 个人。我感谢飞行员对我的信任。后面的同伴，还为我加油，拍下了我的样子。

我们是第二架起飞的小型飞机，后面
还有我们的同伴，飞行员是我同事，同时
也是巴黎北郊自驾飞机俱乐部的会员。这
样的活动在年内天气好的夏秋月份会经常
举行，我们往往会选择一个周末，从巴黎
飞到诺曼底，在海边享受阳光并集体聚餐。
然后赶在太阳落山前回来。飞行要看太阳
时间，比正常时间会早两个小时，这个是
我在俱乐部里的发现。而且像这种4人小
型飞机受天气的影响很大，临时改动航线是常有的事情。像今天海边风大，所以最后临时改到
汉斯。也好，那里是香槟的产地。临行前，我看到飞行员们还在办公桌上专注地做飞行的航线
准备。

到底不是专业出身，我力图控制，可是发现机身还是在晃动。而且还有别的飞机在我们上
空轰鸣着掠过，感觉很奇妙，天空似乎分成了几个层次，各行其道。我怕影响后面的飞机视线，
于是主动交权。

我说，如果现在上面有个空中交警的话肯定会让我们停下。我们的飞机摇摇晃晃，好像喝
醉了酒一样，我自己都有感觉。

菲利普打趣说，要知道还没到汉斯呢，怎么会有酒呢。

后面的路程一切顺利，我们平稳降落，感觉不如起飞时那么明显。大家一起用餐，品尝当
地的美酒。

他们得知了我开飞机的经历，都表示回来也要小试一下。谁知回来的时候，大雨倾盆，雷
电交加，我们小心地沿着云的边缘走，飞行不怕下雨，怕云厚。飞行员也不敢让大家小试了，
我就成了那天唯一试开了飞机的幸运儿。

让人欢喜让人愁的欧洲驾照

一、英国驾照需要学心理学

走了那么多国家，没发现世界上哪个国家会像英国马路上大大标有向左看，或向右看的标志。

原因简单——这里一切跟我们常遇到的习惯相反。开车方向盘靠右，左驶。

每次我坐车回家还是要分辨下方向，防止坐反。记得学车上路第一天，英国教练就发现我的问题"每次让你转到旁边街，怎么不敢开呢，前面又没车？"我答，"就是因为前面没车，我没法跟，就要现想好哪条道，防止逆行。"教练哭笑不得。

英国驾校不少，大型的口碑好的有几家。一个小时大约 32 英镑左右，学员自选教练。每次结束教练会写评语总结，方便下一次的教学安排。英国考驾照还有一个特色，允许学员申请外语翻译，那里除了英语及威尔士语还有 17 种语言可供选择。

通过之后，和法国一样，这边在通过车规考试后进入实练，全都直接路上训练，没有我国驾校有练车场。一般早起或周末清晨约练，车少好练，贴的学员标志遇上车流，其他车在很远时就自觉避让，充分表示出对菜鸟的理解和不信任。

但其实不会出事，因为教练在车上，车的左边有套同样的刹车，教练随时把关。

有次练车遇到下班高峰，而我的车又坚决横在车流中间，越急越转不过来。只见在副驾上他手握我面前的方向盘，脚踩他左边教练位置的刹车离合，漂移着把车改正了方向。真正一英版 007。跟着教练我学到很多。一句话，在英国开车不容易，你还要揣摩行人和其他车司机的心理。

举个例子，在欧洲开车遇到行人穿行都要停。不管行人是否闯了红灯。

遇到没有红绿灯，英国特有闪黄的斑马杆时要减缓车速，有点像我们的安全岛。看是否有行人经过，要停车。

若是没有行人，你要揣摩马路一侧相向即将到达斑马线的行人心理，他是否要过马路，你一样要停。

总之在英国学车下来，我的感受是，不开车，做个行人很幸福，也理解了为何这里总有车让人的绅士感觉。

二、在法国学车需要强逻辑

欧洲考驾照之难，非你想象，一位曾在国内开车 20 年的朋友在法国因工作需要考驾照，经过几十项必需的测试等到考试，还是初次未过。一问，因为他在一显示"停"字路口时，停下大概齐扫了一眼。而规定动作是应左扭头看一下，右转头看一下。没完成所以等下次再复考。

安全在于细节。换言之在欧洲一旦考过驾照，那技术绝对过硬。路考前的法国的交规考试是逻辑和智商的较量。有次看到这样的题目，问在限速 90 迈的路上，前车开 80 迈，此时可以超车吗？答案不可以，因为超车必须有 20 公里 / 小时的速差才行，超车代表你超速了。

还有一道，你在高速上开车，突然看到前方有牌写着限速 130，你会看到减速等其他选项。如果选择减速你就错了，减速说明你之前已在超速……

这陷阱是对逻辑与智商的双重考验，而交规考试题库很大，要反复练习，错题超过数量还要再考。考试时要胆大心细，万分小心，我想每一位通过的都是福尔摩斯。

驾照如此不易取得，所以一旦失去，郁闷不说，其抗议行为会让人意想不到。最近报道法国某人在失去驾照以后，在上班高峰期，牵头小驴拉破车在马路上走着，上写："没驾照了，只好这样去上班，请你们原谅。"当时造成了 2.5 公里的堵车。接到报警后，警察赶到现场，对其进行付款处理：22 欧元。他表示服气。

一半是海水，一半是人群

　　过去总以为西方人少，看不到国内那样熙熙攘攘、摩肩接踵的时候。我想说。不是情景不存在，只是未到炎热时。看看他们的黄金月的黄金海岸。

　　2013 年的英伦夏季海滩，就上演了海边煮饺子的一幕。没有热水，却有热浪。说实话，我也是第一次见这场面。人们像是约好了一般，全都来到海滩上，戏水游泳。我从这个角度照过去，拍了一张。第二天看到报纸也刊登了同样感叹的图文，只是从另一边照过来，说的都是同一件事。刚经历了最冷冬季，没几天就是最高酷暑日。近郊海滩，一半是海水，一半是人群。

雾都不再，风都重现

　　人们在忐忑不安中度过了 2012 年年底最后十天。没有玛雅预言的世界末日，迎来了 2013 年新年黎明的曙光。谁知开启的 2013 年是欧洲半世纪以来最冷的冬季。刮风下雪，连创新低的温度让很多人羽绒服一直穿到了 6 月 30 日。那一年我在欧洲只度过了两个季节——冬天和夏天。

　　伴随这场半个世纪以来的最大暴风雪而来的是出车祸、停电，飞机航班取消，火车车次乱套，学校关门，商店停业，还有人直接滑雪橇上街，当路上塞车却遇到急着要生孩子的，便来了直升飞机直接拖进医院。这不是电影，是当时的真实写照。难怪王尔德说，我不想改变英国的任何东西，除了天气，而罗索则干脆认为，是英国的天气引发出全世界最强劲的殖民冲动。

　　以前我总不明白老派的英国人身穿长风衣，头戴礼帽，手里拿着一把可以当拐杖的长柄雨伞，而且总不离手，耍绅士范儿吗？还有干吗见面上来就是谈天气，就没有别的更重要的事情问吗？在伦敦生活过就都明白了，真的没有比天气更重要的了。

雾都不再，风都重现。那长风衣是为了防大风，礼帽是怕头发被吹乱。伞是必需的，不是装饰。还一定要长柄的才顶用。还要时刻放在身上，你猜不透哪朵云会心生寂寞，鼻子一酸就往人群里钻。一刻钟的工夫能让你看尽晴雨、风的景象。我曾有一周被刮烂四把伞的纪录。不是伞的质量不好，是防雨不防风。太小太细的伞常被风吹翻过来，风雨飘摇时更像把浮萍，不，是升空伞，说不定助你起飞。当然街头也有这景象出现，都是英国人对付风的奇招。除了伞，买衣选鞋第一句话先问是否防雨防水，睡前要看天气预报如刷牙洗脸一样重要。听说英国新提出要太空预报了。

记得刮第一场大风的时候，我在地中海一小岛上度假，与世隔绝。后来朋友们纷纷致电问候我，几天没消息是被风刮跑了？我才注意当时伦敦市内风速已超过每小时130公里，为近年来罕见。电视里我看到街头有人被风掀翻在地，更多的人抱紧了路边的柱子，和大风较劲。就在我庆幸躲过了这场风暴的时候，另一场更大的风暴又不期而至。也就是圣诞节前两天的半夜，大风降临伦敦。我本已进入梦乡，又被大风的呼啸声生生叫醒。那风声如同有火车从窗外风驰而过，又如大海的波涛般接连不断，让我无法安睡。第二天才知道大风和人们开了个圣诞节的玩笑。原来1893年就被安置在伦敦市中心广场上的爱神天使雕像出事了。它由艾伯特亲王设计，是伦敦的一个象征。为了保护这个小雕像免受冬季寒风的侵扰，并且创造出圣诞节的气氛，市政府决定给它套上一个大大的塑料制成的透明圆球。圆球里面放入了许多人造雪花，并用鼓风机把雪花吹起来。准备在圣诞节当晚浪漫一把，让人觉得爱神在漫天飘舞的雪花里过一个白色的圣诞节，多有情调。谁知那晚的风太大，硬是将硕大的圆球吹爆了！于是人们只看见了又变得光秃秃的小雕像和满地的"雪花"。我路过时看到有人在处理事故现场，英国的工程师们一贯以严谨著称。看着这今年伦敦的"第一场雪"，他们会想什么呢？大概会埋怨大风和他们开了个玩笑吧。

不只是小爱神，圣诞前后的伦敦人民一直在恶劣的暴风雨中挣扎，很多节目因为洪水和暴风取消了。我现在特别明白为何英国盛产作家——如果你不想被这个城市整日的风雨浇成落汤鸡，那就乖乖在家待着写书。英国的作家朋友如是说。就像原本准备在新年前夜去感受下跨年夜盛大的焰火——与往年不同，这次盛放的各色焰火还会带有水果味道，飘落下来可以品尝。新创意让很多人提早六个小时甚至九个小时跑到泰晤士河畔占地。但天气预报让我望而却步。一场大的跨年风暴先行到达，足以将灿烂焰火刮得"烟消味散"。最终理智战胜了情感，我宅在家中。阳台上也能看到新年焰火，无奈风还是大。我又将准备好的水果盆移回屋内。再透过落地门窗，感受焰火并根据空中不同的颜色绽放，往嘴里放水果，橙的是橘子味，红的是草莓味……

色香
活生

生活思考
特色欧洲
职业人生
美味飘香

慈善江湖

　　伦敦的慈善活动花样无数，名目繁多。为女人健康，给小孩上学，让穷人治病，还有动物，科研，林林总总，就差给外星人了。表现形式也多种多样，有化装成小天使、超人在地铁募捐的，有在街上征集签名的，有像贝克汉姆夫妇的衣物在慈善商店义卖的，有伦敦金融城市长官邸办晚宴的……

　　有次正好有场为改善非洲地区教育品质的慈善赛跑将在英国公园里进行。我便叫上同伴去参加。这项慈善赛跑全程 5 公里，是欧洲的另一种慈善方式。

　　参赛者要身穿充气的相扑服沿着公园内道路缓缓奔跑，趣味十足。这一年一度的赛事吸引了越来越多人参加，还曾创造了新的超大相扑服装聚会的世界纪录。参赛者必须事先报名并交费。报名费有两种，参与比赛的参赛者交 79 镑报名费，另外协助募款的除交 39 镑外，还要必须募集最少 200 欧元的善款。换句话说，不是有钱出钱，有力出力，参加的是又出钱又出力，还要吸引眼球，不只要喘气还要赚吆喝、赚关注赢得慈善募捐。而那些跑着的大相扑们都是有爱心的"大胖天使"们……

　　欧洲慈善体现的多种方式给了我很多启示。当初欧洲银行的同事辞职回国在南方开办了希望小学，为了让银行同事们每次捐助的善款到位，中途不会发生什么枝节，他全部买成了猪肉。改善伙食是一方面，主要可以都用在孩子们身上。类似的还有上次我在藏区小学的支教体验，那里孩子们已经算是条件好的。但当听到老师说有时带孩子们外出，穿过树林看到有动物的死尸，孩子们的第一反应是能不能吃，我还是很心疼。于是到那里的第一晚，我们就全村找可以给孩子吃的肉，在老乡家买来人家准备过年的土鸡，小鱼儿现杀现做给他们，孩子们围在灶台边，像过年一样开心。做好后，自己一块没舍得吃，看着他们狼吞虎咽的样子，好像也吃过了一样。之后，每年我都会去趟藏区，看看那里的孩子和其他希望小学。当时构想写成这本书后，就可以用稿酬做个基金和其他有识之士继续帮助藏区的孩子们学习生活。

　　而在地球另一端非洲坦桑尼亚的小学校里，所有年龄段的孩子都是挤在一间屋子里上学的。

最小的孩子朗读英文，给我们做汇报展示。和志愿者们把带来的圆珠笔本子等整箱学习用具抬来发给他们，老师还组织所有学生一起举行仪式表示感谢。车开出去很远，孩子们光着脚使劲在后面追着，渐渐变成一个个小点消失在远处……

通过日常慈善志愿活动和在欧洲参加的慈善晚宴，我意识到：第一，个人的一时一日，一车一餐的支援毕竟有限；第二，慈善不是钱，是心。很多有心人希望通过有效的渠道捐出善款，去哪儿捐，和捐了用到哪儿成了最大疑问；第三，慈善的价值也不为企业和企业家所领悟，的确是一大遗憾。通过参与的这些慈善活动，我发现欧洲的慈善活动已经成熟到了一种完备的产业。参加电影反对艾滋的国际顶级慈善组织中，名流云集，富豪聚首，利益、名望、价值、机遇交相辉映，早已超越了单纯意义上的慈善。在活动中能有针对性地扩大社交圈层，既实现了社会责任，又提高了个人修养，还扩充了人脉资源，精神物质都得到了满足。

在我们还为如何监管，怎样透明慈善机构而纠结时，英国慈善已经在如何商业化和更好利用资源、自我造血方面大步前行。英国慈善机构有会员制募捐、与企业挂钩、网络及信件筹款、广告筹款、配比捐赠等近八种方式。

而中国多为一次性捐赠、事件性捐赠。除了政策的限制，还有法律规范和社会信任等方面的原因。当然英国慈善机构如此多的筹款模式，不一定在中国可以照搬模仿，但却有很大借鉴意义。

中国慈善之路漫漫其修远，但求索毕竟已经开始了。

可以触碰的历史

一、不改

据报道，西班牙的圣家堂有望在不久的将来完工。很多人松了口气，也许我们能看到它完成的样子。那不久是多久？也许也就是也许吧，盖了那么长时间。设计师出车祸意外走了。建设者可能也老了，换了几茬，但是教堂还在建设，依旧按那张高迪的图纸完成，精雕细琢，一点不马虎。把圣家堂的修建史也变成了历史。

都说巴塞罗那是孩子与蜥蜴的城市，高迪是外星人和疯子的混合体。据说造古埃尔公园内溜蛇长椅时，他还特地请来裸男试坐，观察椅子是否适应人体。高迪的特立独行与对浪漫的不懈追求，将艺术家的特立独行和建筑师的严谨务实完美结合，一砖一瓦，积年累月，加上执行者的坚持遵循，成为超然于时间和流派之外的不朽。所以，每次看圣家堂，都很感动，感动于它的细节。它是最不像教堂的教堂，或者说它是最靠近天堂里教堂的样子。这个世界上最令人服气的天才建筑设计师高迪将整个一座城都建成的童话，里面的教堂也不例外，他用上帝的曲线完成了对教堂的轮廓勾画，剩下的照做就是。

让人感动的还有这个"照做"。没有因为设计师的去世而更改，没有因为岁月的流逝而停止，不会因为政局的更迭而消失。

这让我们有了可以触碰历史的可能。让未来有继续见证的证据。这是圣家堂给我的感动。

二、更改

在意大利曾要拆建一条街，但后来有人说，那条街上有个石桩，是当年凯撒大帝演讲后休息的地方。还没等考证是否确凿，政府已决定，更改方案。拆街是小，破坏了文物可是大事。于是把那石桩附近圈起来。先保护上再说。

在伦敦参观金融城市政厅博物馆时，听到英国志愿者讲了相似的故事。他带我走到地下一层，指着脚下透明的玻璃板下的残垣说，这里原本政府是在建楼，挖到地基时，发现了古罗马时的

活（生活思考）·色·生·香

建筑遗迹，非常宝贵。于是开会讨论，最后决定改变原先计划，在此上建立一座博物馆，让更多的后人可以了解这段历史。无独有偶，在洛阳旅游时，碰到了热情的志愿者潘景修老师为我讲解了洛阳博物馆，后又开车和其他志愿者带我去了市中心的周王天子六驾博物馆。当年洛阳也是遇到了同样的情况，承建施工过程中，出土的六驾马车对中国考古史上帝王的出行规格具有划时代的意义。可喜的是，政府也做出了在开掘的地方保留遗址，改变施工计划的决定，让我们有机会去触摸历史。

真希望这样的决定多多益善，前者巴塞罗那大教堂不改图纸是一种尊重与保护；后者改变方案同样是传承与爱护。

三、未变

影星苏菲·玛索说，当年出道，导演要帮她起个艺名，就让她从印有众多的巴黎街名的牌子中随选。于是她选中了与她原姓字母接近的街名——玛索，要不然也可能是叫——苏菲·香榭丽舍呢。从这些叫了很多年的街名来看，巴黎的确是一个不曾改变的城市。记得有次逛书店，看到一本摄影集，说世界上第一张照片诞生是在法国，第一张街景及人物照片是在巴黎，拍摄于 1838 年的黑白照片，照片上那条街叫 Boulevard du Temple，快两个世纪过去了，这街名还在，包括街上好多建筑现在也还在。后来在大英博物馆里我看到一张 19 世纪的地图，居然还找到了现居巴黎十五区我那个房子的街道。一直都不曾变化。

其实巴黎人也建新的摩天大厦现代化办公楼，不过都集中在巴黎另一个街区——拉德芳斯，那里充满着另一种巴黎时尚现代气息。而在巴黎市内，埃菲尔铁塔一百年来一直是最高的建筑物。仅有的一座稍显现代的蒙巴那斯塔，从建成到现在一直都有要求政府拆除的书信和声音。

我理解法国人骨子里对本国本民族的自豪感：他们的历史灿烂悠久，不仅在历史课本里书写，还可以在现实中触摸感受。

四、痕迹

德国布伦瑞克"阿卡达大宫殿"在"二战"时几乎被彻底炸为废墟，仅剩下的一些砖瓦柱头后来部分被放在博物馆展出；部分放在仓库里编号存放。几年前开始在原址一比一重建，这些仅剩的部分又被镶嵌在新石料中，像一页页的历史资料述说着经历过的故事。

还有那巴黎巴士底狱广场的青铜柱，

旺多姆的拿破仑雕像柱都是用曾经胜利收缴的大炮浇筑而成。上面都是历史的痕迹，又非常巧妙地融合在现代的艺术中。

这让我又想起莎士比亚故居的小城。那里保留了很多年代久远的建筑，其中有间小酒馆。在吧台的上方有个透明的玻璃小窗。将建筑的内部用料专门显露出来，非常别致而震撼。16世纪的工程，仍旧经营完好，这些痕迹让我们更好地去了解认识建筑背后的历史，并且它们都是可以触碰的历史。

五、保留

在葡萄牙，没见到葡萄，也没有牙，却有遍街跑的特色公交车。首都里斯本的车是我看过最有特色的城市交通工具。明黄与暗红，有轨电车拖一根长辫子跑，在现今的都市已经越来越少了。碰到一位金发女司机，坐在车里，你看它的方向盘更像是在船里面。

下了车。看见路边画家画了一组葡萄牙公交车题材的画，哪张都令我爱不释手。更神奇的是，在不远处卖的明信片里，很久以前的电车就是这个样子，这么多年不曾改变，也不需要改变，传统是经典，可以看见的历史，才是吸引大家的原因。

正看着，又一辆电车随着叮叮当当的声音缓慢减速进站，在最后的惯性下一顿，才停稳妥当，似乎也没什么特权让闲庭信步的行人让路，倒是吸引很多好奇者围观。还没等上一拨乘客下完，着急的候车者已从另一个门跳上，也许他们和我一样——去哪里并不重要，重要的是这车似乎有种魔力，可以带着你溜进时光深处……

英国绅士与法国女郎

　　英国绅士与法国女郎同乘一个包厢,女人想引诱这个英国人,她脱衣躺下后就抱怨身上发冷。先生把自己的被子给了她,她还是不停地说冷。

　　"我还能怎么帮助你呢?"先生沮丧地问道。

　　"我小时候妈妈总是用自己的身体给我取暖。"

　　"小姐,这我就爱莫能助了。我总不能跳下火车去找你的妈妈吧?"

　　这是典型的有关两个国家两个性别的笑话,当绅士的英国男人遇上了奔放的法国女郎。

　　英国绅士礼貌,开口必称请。表达婉转,照顾你的感受。法国女郎奔放浪漫不假,但骨子里透出的优雅让你觉得有距离感,不如英国女性那么容易接近。来法国前就听过一个故事,曾有位以机智出名的法国总统被一位英国太太问到法国女人是不是真的比其他国家的女人更迷人,这位总统毫不犹豫地回答,那当然,巴黎的女人二十岁时美如玫瑰,三十岁时也像情歌一样迷人,而四十岁时,就更完美了。那位英国太太又问那么四十岁以后呢,法国总统微笑着回答,你知道吗,一个法国女人,不论她几岁,看起来都不会超过四十岁啊。

　　这是法国总统的幽默,或者可以解读为法国男人的浪漫,是从各层面对他们国家女人的褒奖。也是我对法国女人的最初印象。到了法国,有机会去观察周围的法国人,法国女人。在公共场所里,比如街上或是地铁中,我会很轻而易举地辨别出欧洲各国人,不用语言,只是感觉。而结果之准确让我那些从来就分不清亚洲国家的日本人中国人韩国人的法国朋友大跌眼镜。

　　其实很简单,对于分辨美国人还是法国人,我更是拿手。我发现,欧洲的女人,尤其是法国女人很注意着装搭配,即使是很简单的衣服也很注意,在细节上更胜一筹。不知道是不是真的是这个时尚之都的氛围熏陶,不是说名牌加身就是时髦,她们的衣服不一定华贵,但是裁剪适体,优势突出。你稍作发掘,就能感受到法国女人在不经意中流露的品位。还有她们精致的妆容与完美的发型,甚至从指甲都可以看出对细节的注意。即使是看起来上了年纪的女人,也会在冬天穿上裙子,看得出来出门前是精心打扮过的。法国女郎对年龄并不恐惧,越到中年越

有韵味，那自信让你觉得就是很美。女人45岁是法国男女公认的最具魅力的年龄。

她们坚持自己的穿衣准则，懂得穿得对比穿什么更重要，但时尚之都的流行早已浸入女郎平常生活中，新季的手包衣帽早在第一时间被消化融合在她们身上的细节。不用跟风，我就是时尚，一切流行自己做主。而且色彩素雅，很少大红大绿，但唇间一抹红色，食指一枚个性戒指，点睛整身效果。同事多米尼克就是这样一个流行高手。那天一袭素蓝让人惊艳，我赞了她的项链，没想到第二天上班，桌上摆了条类似的。她说记得你有条这样的裙子，配上更出彩，更巴黎。于是我的配饰第一课是她给上的。

法国同事还常向我推荐药店里的明星产品，对我说保养比化妆更重要。在法国药店用绿十字表示，确切说应该叫药妆店或超市，遍布居民区。不只是卖药，还有奶粉、美容用品。货架上挤满了各种品牌的瘦身霜、美黑油、抗皱乳液，这些物美价廉的药妆是让法国女郎保持体态苗条、肌肤光滑、变成小麦色的秘籍和武器。她们离不开这药妆店。

这样的保养当然会有成效。对于周围的巴黎女人我就深有感触。法国同事常喜欢把自己家人的照片放在办公室，一张或是几张，孩子多的几乎排满桌子一溜儿，还有的把自己孩子的涂鸦作品贴在墙上。这在中国是不可想象的，我们会认为在工作场所这样做不好，会分心，会影响工作。而法国人不这么觉得，我也渐渐适应，觉得确实很有人情味的装饰，让工作地点也不那么呆板了。

同事的办公桌上也有这样一个相架，里面有两个可爱的小女孩，四五岁的样子，很可爱。我曾想过她看起来有快四十的样子，小孩不大，跟其他法国人一样，肯定是晚要的小孩。今天她度假回来了，到我的办公室聊了一会儿，我才发现我的答案错了。而且是两个猜测都错了。法国人是不爱说自己的年龄的，尤其是女人。我们聊天的话题是中法两国的退休年龄，让我了解了不少。也无意中得知了她的年龄，居然是"奔六"的人了。而且那不是她的女儿，而是她的外孙女，更让我惊讶的是她在这里工作的年份居然和我的年龄一样。我瞪大了眼睛，无法掩饰我的惊讶。显然她对我的惊讶是高兴的，说明她确实显得年轻，她还偷偷告诉我，不要告诉别人这个秘密啊。在你们东方的属相里，我是猫或者兔子。

这就是我身边的法国女人中的一个，朝夕相处，却无法猜出她的年龄，优雅而幽默的法国女人。我常想人们总说女郎，感觉就是迷人而有气质的那种味道，可能真的只和法国连在一起显得顺口。法国女郎，巴黎小姐，似乎本身就透着一种欣赏。在法国生活的女人就是这个样子，她可以是荧幕上的苏菲·玛索，也可以是身边的同事多米尼克。

她们共同的名字是法国女郎。

法国女郎还是英国女人?

走在伦敦街头，看英国女人的穿着打扮，绝对是一道风景线。衣着花样繁多不说，色调也比欧陆花哨。总的原则是一致的，那就是一定要把腿部曲线暴露出来。无论上身衣着如何，年轻时髦的女性们一般要穿长丝袜和短裙。倘若天气太冷，也要穿上勾勒出线条的紧身裤子。倘若大街上看到穿着宽松的女郎，不用问，多半是外来的。

要说法国女人的衣着以优雅闻名，她们和英国女人穿衣的风格大相径庭。相对要保守的多。连颜色都是以黑灰素色为基调。法国女人以款式和细节搭配胜出。办公室隔壁的法国女同事，每天的饰品都不重样，简单的一条丝巾，一个坠件就是点睛。

而英国女人的穿衣风格以大胆闻名。上班时多西装裙制服示人，钟点一到，换衣换鞋换妆容。我总说金融城的上班族早上进去的和晚上出来的都不像是一个人。

英国女人年长时会往素色优雅靠，可年轻时打扮起来绝对是大胆——穿衣一定是要自己开心，剪裁多暴露，露胸露肚露后背。七寸的高跟鞋，如同睡衣般的吊带裙，在周末夜晚的地铁里、街道上随处可见。而且重要的是不分酷夏与寒冬，白花花的大腿就跟涂过防寒剂一样，裸露在寒冷冬日的零下气温中，横行在伦敦街头的斑马线上，有时候望着她们，我顿感寒意，不禁缩了缩脖子，又紧了紧领口的围脖。一直以为是自己不够抗寒，跟不上欧洲节奏。后来巴黎来的法国女友有次见识了，也是惊讶不已，问我，伦敦女孩怎么会这样，这刚下过雪，怎么连大衣都不穿。你看她们几乎是光着出来的呀。是喝多了出来的吗？我刚看报道说英国女性的酗酒更厉害，最近有个美貌的英国大学生尸体被打捞出来，原来是六周前喝多了跌到家附近的水塘，

溺水而亡……

　　我也用之前问来的答案告诉她，她们还没去喝呢，这些人晚上尽情狂欢，辗转几个酒吧，存衣嫌麻烦，也怕不小心喝醉忘了拿，或者干脆记不得哪个酒吧，于是索性这样出来了。我清楚记得这个法国女友听后下巴都要掉下来的样子。

　　对于现代社会的靓女来说，穿衣打扮的首要目的是要吸引人们的眼球。通过何种方式来获得关注，其实反映了文化中更深层面上的东西。我跟英国的朋友讨论过这个问题。

　　比如都说法国人能聊，一杯咖啡能聊一下午。法国男女在恋爱的初级阶段，主要通过聊天，言语中的小游戏来吸引对方，赢得好感，更重视内心的交流。反观伦敦，在恋爱中外表的吸引起的作用特别大。有人告诉我，在英国酒吧里只要眼缘对上，无须言语，一个眼神就可以一同外出。这也许就是那些靓女穿着暴露的原因吧。

　　这次轮到我惊讶了。

活（生活思考）·色·生·香

欧洲情侣的 AA 制

AA 制的英文是 Go Dutch，起源是在荷兰。在人员流动频繁的西方，这种方式越来越为大家所接受。没有人情债的负担，量力而行的选择，轻松而简单，这是优点。

但是对于情侣呢？ AA 是否适用呢？ 那就见仁见智了。曾有一次，刚参加工作的一法国银行同事听说我买了房，跑来取经，我一番详细介绍和他分享经验后，几个月后再碰到他，以为都搞定了，没想到，他告诉我不买了。原因是他和法国女友一直租房两人分摊房租，若买房自己还贷，他让女友每月继续付他房租。而女友认为付别人可以，但不能接受向他付钱租住的方式。而男方刚工作，不靠家里又无对方分担，自己还贷压力太大，索性不买了。看着日益增高的房价，维持着租房的现状。

这是另类 AA。闲暇时和法国朋友们聊天，他们有的是婚前 AA，婚后共产；有的是婚前男方请，婚后改 AA，主要还是法国女人的女权主义闻名于世，争取独立平等。这不仅体现在事业地位上，还有餐费房租，水电煤气费，甚至超市账单中卫生巾的归属摊账问题中。

曾经亲眼目睹在拉丁区餐厅的一幕。一对法国情侣亲密依偎进来坐到斜对面桌，席间你侬我侬，几次凑上接吻。身边从国内来的朋友看得羡慕，对我说，说是吃饭，可中间他们嘴唇相碰的时间比碰食物的时间要长多了。正说着，侍者将账单拿来，两人亲吻的唇离开，掏出手机上计算器，噼啪一通算，然后各自取出卡来准备 AA。付账后两人又自然黏在一起走出了餐厅。

一切显得那么自然。朋友还没合拢的嘴又张开了，法国情侣都这样的吗？

还有更让你惊讶的。

嫁了法国人的女友分享了一次她的经历。和另外一对法国夫妇外出吃饭。没有特别说明时一般是两对分别付账，女友的老公把卡拿出后，发现对面法国夫妇俩掏出笔在分他们的账单。

男的说，这个甜点，我不能付。

女方说开始不是说好了吗，我们一起平分的？

可是，我觉得不好吃，都没怎么吃呢，你看——男的举起自己吃甜点的小勺，呈堂证供般展示——什么都没沾……

女友说，他怎么没把牙齿伸出来让大家看看，有没有甜点的痕迹呢。忘了当时他们是怎么决定的，反正我决定，以后不想和他们一起吃饭了……

欧 洲 房 事

一、欧洲学区房

　　和同事们聊天，我发现最近也有很多法国家长给即将到入学年龄的孩子买房。由于欧洲上小学上幼儿园，甚至生育分娩都是采取就近原则。所以在想上学的学校附近弄个地址，即使是顶楼过去的用人房也能凑合。让孩子得到好的教育是家长们的首选之事,购买学区房,这点跟中国何其相似。

　　买了房子产权就归自己了吗?

　　人们都以为在欧美房产的所有权都是永久性的。其实一个并不广为人知的事实是，在英国，特别是伦敦地区，有很多房子的产权也是有限期的。

　　英国是一个对私有财产保护特别有效的国家。早在 1085 年，也就是来自诺曼底的威廉公爵征服英格兰 19 年之后，他命令对全国的土地重新登记，以方便他和他的法国贵族们对英格兰的管理。因为英国王室的统治相对稳定，从此之后英国的土地真正做到了传承有序。

　　伦敦的土地几百年来一直为王室、大贵族和教会所拥有，所谓的"普天之下，莫非王土"。根据古老的法律，这些土地只能租借，不能买卖。租期最长可到 999 年。土地租用者要每年向土地最终所有人交付地皮的租金。土地租用人可以在租来的土地上盖房子，并且进行房屋的出租或是买卖。土地的最终所有人在租期有效期内不能加以干涉。但是，一旦租期到期，那么土地的所有人是要无条件地收回土地以及所有地面建筑的。

　　很多在伦敦市内的建筑都受土地租期的限制。一般来说,在土地租期超过 80 年的情况下（大约是一代人的生命周期），房产的价格受土地租期的影响并不大。银行在借贷的时候，也不会有特别的顾虑。一旦土地的租期少于 80 年，那么房产的价格会随着租期的减少而快速下降。所幸的是，法律早已明文规定，租期是可以延长的。土地最终所有人不能轻易拒绝。延长租期的价格也有明确的计算方式。如果双方不能达成最终协议，一方可以要求法院裁决。

　　土地只能出租不能买卖的规定确保了大贵族和教会的收入来源。比如英国最富的人之一威斯敏斯特公爵就拥有梅菲尔地区和贝尔塔莱维区这两个伦敦最贵市区的大片土地。至少有 500

活（生活思考）·色·生·香

条街道、广场或建筑归于他的名下。这可能是英国皇室老祖宗们给子孙留下的一个铁饭碗。

二、在欧洲体验房产税

英国新出了住房税，针对家有住房闲置的情况，没想到引发了示威游行。在欧洲投资房地产有时也有苦恼。

作为房产的所有人，房主必须每年根据房产的价格交付地产税。一般的公寓大约要支付几百到上千欧元不等。另外住在房子里的人还要支付几百欧元的居住税。居住税主要是支付地方政府提供的公共服务，比如清理垃圾等的费用。

法国还有一种财富税，每年对拥有超过75万欧元资产的家庭征收。75万欧元资产包括大到房产、金融投资、汽车，小到衣服、餐具所有的资产。别的东西不好估价，房产可是想藏也藏不了。这就不难理解为何很多人纷纷改籍到其他欧盟国家或是俄罗斯，扮演佐罗的阿兰德龙，演罗丹的大鼻子情圣等很多法国明星现在都不是法国人了。

另外在房产买卖的时候，对房产增值的部分政府也要征收百分之二十到百分之三十的税收。老人去世后，房子由后代继承时，政府又会抽走一大笔遗产税。很多人付不起遗产税，只好把房子卖了。政府先把税拿走，剩下的才留给继承人。作为租客就省了这许多麻烦。欧洲人买第一套房子的平均年龄在37岁或更晚。价高税重应该是许多人宁租不买的原因吧。

三、以房养老之法国版

在法国看房地产公司的广告时经常会看到一些房子的价格大大低于市场价格。仔细看了说明才知道，房子的价格只是一笔首付，然后每个月还要向房主，一般为老年人，支付一笔钱，直到房主去世。在此期间，房主是有权利住在房子里的，而购房者一般是与老人素不相识的陌生人。这不就是我们常说的以房养老嘛。

稍作研究我才发现，原来以房养老是一种非常有历史的购房方式。在20世纪初期，确切地讲是第一次世界大战之前，个人信贷是很难得到的。另一方面，养老金又根本不存在。老年人没有收入，却又不能把房子卖了。年轻人必须住房可是又没有全额付款的能力。于是乎，这种以房养老就成为非常普遍的购房方式了。"二战"之后，欧洲社会逐渐变得富裕起来。住房抵押贷款成为银行的主要业务之一。在这些因素的影响下，以房养老的市场才逐渐回落。

据说在法国南部，以房养老至今还有很大的市场。大致因为法国老人们特别喜欢南方温暖的气候，这也是法国南部老年人特别多的原因吧。另外，以房养老是一个非常正规的购房渠道，交易的双方都能受到法律的保护。与其他购房过程一样，交易必须在公证员的参与下进行。广告上的房子的市场价格往往是上百万欧元。对于有闲钱又不着急住房的人，这倒不失为一个可以考虑的购房投资方式呢。

小荷西建房记

　　房产可是伦敦人生活中的头等大事。2013 年的伦敦房价与 2007 年相比涨了近百分之四十。伦敦房价不是世界最高，可是离第一也相差不远。房子再贵，也得住。房价上涨带动了租房市场火热，金融城附近的房租也一路飙升。英国房价是按周算，每周几百镑的房租开销让很多年轻人都不得不搬到离市中心一小时火车的地方。每到下班，马上拎包走人，不然就会误了火车。这是很多在金融城上班族的真实写照。

　　前不久看到过一个英国人写的比较巴黎和伦敦哪个更适宜居住的文章。此君 20 世纪 90 年代末期觉得法国房价便宜，便举家移居巴黎。此后伦敦的房价一路飞涨，给所谓的中产阶级带来了很大的压力。他有时候回伦敦去朋友家做客。大家谈论房产的次数之多以至于房贷似乎成了朋友家的第五个家庭成员。为什么这份压力被中产阶级独享了呢？富人自不必说，英国的穷人有政府福利房，虽然没钱，亦能安居。就是条件可能差了点。不过也不绝对。

　　英国人荷西是名肿瘤专科医生。他爱人在一家律师行工作，曾在南京留学。他们是一对我认识的典型英国中产阶级夫妇。两人决定买房后东挪西凑，总算攒够了首付，在伦敦东南黑线地铁沿线买下了一栋别墅。此地有大片大片的联排别墅，都是早年间伦敦普通工人的住所。可见当年劳动人民的生活水平真不低。不过话又说回来，当地的房子也就千房一貌，谈不上什么美感。

　　于是乎，小荷西就开始了他们的宏伟建房计划。先是要找设计师设计图纸，然后要向当地区政府申请改建批复。区政府本着对街坊负责的态度，仔细斟酌设计方案，必要时还要向附近居民公示。仅此一项就要好几个月的时间。等拿下区政府的批复，小荷西就联系了几家建筑公司就工程报价、具体改建项目包括房顶和外墙的翻修、室内的装潢以及房屋的扩展展开活动。工程前前后后一共进行了有 6 个月。终于赶在小小荷西出生之前搬了进去。

　　改造费用虽然昂贵，可是改造之后房产升值的幅度一般是工程造价的 1.5 倍。辛苦是辛苦，却也值得。不只是小荷西，很多英国人都有类似经历。买完房不算完，此地没有房改，可是老

活（生活思考）·色·生·香

百姓们经常改房。伦敦改房记很有特色。

　　人们提到伦敦的房子的时候不怎么说面积，一般讲有几个卧室。把一套有两个卧室的房子改成三个卧室，房产立马增值三分之一。至于如何改，那就要因地制宜了。欧洲的阳台从不会改装封闭成一间屋子，相反他们想把屋子打开变成露台。同样的价格在欧洲买房，一个是两室外加一个露台。另一个相同面积，是两室一厅。欧洲人多选前者。改装时有的把客厅缩小，走道打通。有的则要向后院要空间。如果不想大动干戈，抑或改造的潜力有限，房产也有升值的办法。比如打造一个全新浴室，或是安一套现代厨房，都能大大提高房产的卖相。对房屋进行扩建改造是房产增值的办法之一。

　　另外伦敦城市还有一大怪：一套房两家住。这可不是说像一辆车两人开那般轮流住。而是说为了缓解住房紧张，人们把一栋别墅改建成楼上楼下两套公寓。据说这两套公寓的总价要比原先的别墅高不少。这是改房增值的另一种办法。

我眼中的英与法

英国同事把我的生活称为双城记，恰好我也住在这本书的作者狄更斯故居不远的街巷。每月一次往返英法，乘火车只需 2 小时 10 分钟就可以穿越英吉利海峡到达另一个城市，另一个国家。这让我经常感受除了故乡北京，这两个城市是生活时间最长的并列第二故乡。

于是总有朋友会问你觉得伦敦好还是巴黎好，让我比较更喜欢哪个城市。我说虽然都是欧洲城市，却不尽相同。巴黎的美是直观的，外露的，秀美而又高贵的，感觉是强烈的，扑面而来的，站在世界上最浪漫宽阔的香街大道，你立刻会爱上这个城市。而伦敦的美是隐藏在其中的，神秘而又大气，住的越久越能发现她的独特韵味与历史沉淀。拐一个街角就是一个故事，她早已准备好的惊喜是需要你去挖掘发现，才能体会的。你会逐步地迷恋上她，并深陷其中，无法自拔。这种迥异的城市性格也体现在他们的民族性格中，这是我的一家之言。而两国之间是怎么相互看的呢？

不提众人皆知的英法大战，就是现在两国还有好多互相逗乐的笑话。英国人说法国有得天独厚的地理位置和气候，为了显示公平，所以上帝发明了爱抱怨还喋喋不休的法国人。

除了这个，国情不同，在法国生活的英国人会感到很多不便——为什么地铁不会自动开门，手扳把手差点误了下车，谁发明的见面礼亲颊问候，简直麻烦。私下英国朋友对我说，打招呼德国人见面是握手，我们英国人习惯就远远招下手就好，可法国人为什么亲那么多次，有时次数也不确定。

我猜他每次都很纠结和法国人打招呼的见面亲亲礼，没准头还悬在那儿，人家已经问候完了，想想就乐。

而法国人觉得英国街上到处跑的是两层大巴，太旅游化了。因为法国只有旅游专线才用双层红色巴士。最主要的是，他们怎么不说法语？

有个笑话，你在法国用英语问路，没准法国人不理你，或是听懂了，也故意用法语回答。用不熟却是他母语的法文问路，他会高兴，马上用英语告诉你，说不定还用中文呢。

活（生活思考）·色·生·香

虽说法国和英国有许多不同，体现在很多方面，但也有不少相似之处。

一、关于礼貌

英国人言必加"请"，法国人开口就是"您"。一天就是祝福不停，同事见面问完 Bonjour（早上好）。刚临别，马上说 Bonne Journée（祝一天都好）。中午去吃饭，电梯见到，Bon Appetit（祝胃口好）。先出电梯的肯定会对电梯里的人留下句——Bonne Fin De Journée（下午好）。不说就显得少些什么，好像吃过了主食没吃甜点。

二、细节素质

在这里，坐公车不需要排队，因为大家都谦让地让彼此先上。

英国的公交车都是两层大巴。年轻人上车都会自觉上二楼，方便将楼下让给更需要的人。有一次一对英国年轻夫妇上车带着很重的箱子，还是提上了楼，让我很感动。

三、教育教养

英法完善的教育体系不多谈。经常看到欧洲家长对孩子的教育细节。一次母女三人上地铁，拥挤的车上，人们还是立马给母女三人让了三个位子。法国母亲却坚持两个位子已足够，告诉孩子这样已经比站着好多了。车上人多又挤，善良的人给我们让了座但不能多占，因为有更需要的人。

于是那两个女孩落座后挤在一起，姐姐虽不情愿，来回往复两次但最终接受了妈妈的提议。

母亲的教育很重要，软件素养或多或少从小从细节养成。不仅对于一个家庭，还是一个国家，因为从他们身上你能看到未来和希望。

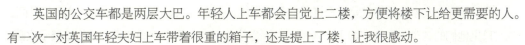

"德国人有什么了不起？"

曾经听过一个笑话：一位中国人到德国留学，与一位德国人做邻居。几天后，中国人厨房里香气四溢的味道馋坏了德国人，于是德国人拿着小本子过来讨教，中国人大显身手了一番后，德国人还是摸不着头脑，追问着："盐放多少克？油放多少克？水要放多少毫升……"中国人瞪目结舌，无以作答。后来他到德国人的厨房去指点，发现厨房里量杯、量筒一应俱全，还有厨具刀具森然排列，俨然一个兵器库……最后中国人发现自己不会做菜了。

我的德国女友家的厨房就是这个样子。我调侃她，简直不是厨房而是实验室，或者工具间。

只见他们的各类刀具挂在墙上，各种大小锅悬挂在空中，不占空间却像个博物馆展示收藏。橱柜抽屉表面平滑看似严密无缝，一碰却弹出种种机关，好似暗器。换句话说，这里只要与人体活动操作相关的动作，都能找到对应的使用工具。在这个讲究工具与方法的国度里，再细微的举动都可转化为机械原理，这是德国人的哲学。举个例子，他们的刀身是分长短粗细，刀齿是分胖瘦深浅，以此来完成削切锯剁的。而拿一把刀就走天下的中国厨神如同那中国菜所谓的调料适量火候适中一样让他们不可思议。而德国人一丝不苟，从不糊弄的严谨态度也给我留下深刻印象。他们使用最繁杂的工具来煮来最简单的食品。每次和女友一家吃饭，都是一场严谨的实验，不仅如此，在他们的餐桌上见不着骨头与刺，这一方面取决于他们不常选带骨连壳的食物，但更重要的是他们非常注意细节，面包屑都很少撒在桌上。一次在柏林餐厅吃饭，看到旁边一对德国老者夫妇用餐完毕，离开时那雪白的桌布没有一丝污迹，跟刚来时一样，侍者完全没有撤台换布的需要。

不只是厨房餐桌，德国人把自己的整齐清洁发挥到极致，你看那电视热门肥皂剧穿插的都是清洁剂新产品，除厕灵、洗衣粉，一条接一条。这是他们的国情，对此我是深有体会的。在欧洲租房，停止租房后在还屋子钥匙时，要接受房东对出租房屋的检查，清洁与否是能否拿到全额押金的必要条件。还房时，在法国还好，要求没那么苛刻；后来到了英国，因为工作后有条件都是找小时工来清扫。而在德国做短期学生的租房经历让我有了深深感触。你需要买足所

活（生活思考）·色·生·香

有清洁产品来打扫得干净如初，经过一遍遍检验，最后我觉得自己都可以拿到证书了，并暗暗发誓，以后不再要这样的经历了。

高标准严要求，表现在家居设计上就显得科学周到，创意不断。德国的窗户有两种打开方式，一种是常规的横向内拉全开，一种是纵向小角度内倾，后者相当于在窗户上端开了个大缝，既透气又不会漏雨。后来这窗户在欧洲普及，我法国的家里也装了这种，而这种窗户设计是一百多年前发明的。他们的门把手也很特别。这国家带锁的门大部分都是"L"形下压式开锁的门把手，少有球形旋转式开锁的。原因是当你手上有东西时可以用胳膊肘压下把手开门，如果是球形把手就不得不放下东西用手去拧门锁。

在好友家住时，有天我们在阳台上喝咖啡，偶然发现楼下德国人过马路等红灯时，即使周围没有任何车辆和人，也不会通过，这点跟大多数法国人截然不同。而汽车也是，非常遵守规则，不会闯红灯。当时路边停了辆工程车在检修路面，所以只能通过一辆车。到下班高峰期两边各有七八辆车排队等候。没有交警也不用人下来指挥。大家自觉地会车，这边通过一辆，那边通过一辆。没有人拥挤抢道按喇叭催促。碰到车并道，也是左一辆右一辆交叉进行，非常自觉。

公认的民族性格使德国人制造的东西成为质量的保证，其实百年前者的德国产品是被英国人嘲笑的疵品，但就是因为专注和坚持在设计创意，发明制造一步步走到领先，德国人很少嘴上去说自己多爱自己的国家，甚至经常讽刺自己国家不合理的地方。但从他们坚持使用自己国家生产的产品，不难看出他们的爱国精神，当然也是他们对自己产品的信心。不光如此，还听到这样的事情，一日，甘肃接到德国一家钢铁公司来信，说中山桥已经过了99年的保修期，若无大碍，将停止保修合同，特此声明。原来这黄河之上的著名大桥的设计建造也是出于严谨的德国工程师之手。最近，听说德国在青岛曾经修的下水道，几十年过去了，一直在用，而且检修时发现旁边还有个备用的一包得严实的小零件，没有生锈，换上可以继续用！没人看得见当时德国人做的"地下工程"，可是100年以后，全中国人都看见了：一个从来不淹水的青岛！——这，确实了不起。

袖扣的故事

欧洲银行上班，男同事们经常会穿着笔挺的西装，熨烫的衬衫，有时还会佩戴袖扣。精致的袖扣如同女士身上的配饰，显得个性而有品位。

不仅男士，我也定做过带袖扣的衬衫，它和普通的衬衫不同，在袖口原有扣子的地方，却是和另一边相同的，供佩戴袖扣使用，也有专门给女性的袖扣，更添妩媚与精练。我收集袖扣，也赠送给男性和女性朋友当作礼物，商家摆设的琳琅满目的袖扣种类，也给了大家越来越多的选择。今天讲两个在商店里买不到的袖扣故事。

一、德国人的传家宝

一次席间，看到一个外国朋友戴着一对写着中国字的袖扣，原来这个德国朋友的爷爷曾在青岛建了第一家现代医院，不过在"二战"前被日本炸毁了。只遗留下这对在中国用黄金打造的袖扣作为纪念——"福寿康宁"，真是传家宝了。

二、铸币博物馆的欧元袖扣

你见过欧元，有没有见过用欧元做的袖扣？见过欧元硬币，有没有见过零欧元呢？

那天去法国铸币博物馆参观，在门口发现了这对宝贝，顿时眼前一亮。法国人真是够幽默的，明明零欧元，还造得比任何其他面值的欧元都大，最逗的，不是假币，这是枚袖扣。

正好买下作为给离法回国的好友作纪
念。他家里的袖扣也是不少，材质从金质
到布艺，形状从方形到圆形，图案从动物
到昆虫，全能在他的袖扣盒里找到，这对
新成员肯定让他稀罕。果然他见到立马换
上，举着让大家看了一圈，把钱挂在袖口，
生意绝对好。

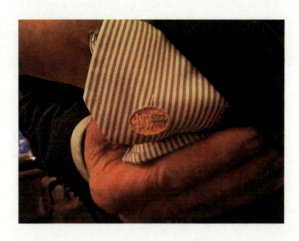

节日的东吃西穿文化

周末从伦敦最豪华的街口出来，就看到这帮身着各异的青年男女穿过熙熙攘攘的人群过马路。领头的手持一个类似小学时过马路的小黄牌，冲着即将驶来的出租车使劲挥舞，那出租车司机果然停下。我转头一看，那牌子上写的不是——Stop（停），而是 Died（死）。怪不得那司机还伸出舌头做害怕状，非常配合，引得众人哈哈大笑。

这是伦敦街头经常看到的情景，正值 10 月末，西方传统的鬼节。年轻人尽自己所能，发挥想象力装扮自己，打扮成不同的样子，花样翻新，而且经常是自己创意，然后在这天外出游玩，展示自己的成果。

在西方多年的工作生活，我发现东西方在节日文化上最显著的一个特点就是吃和穿的区别。简单说，一到节日东方在吃上费尽心思，而西方在穿上或者是扮上下足功夫。

西方节日多，宗教的外来的。从一月到年底几乎每月都有，这还不算他们自己组织的什么星期四聚会、化妆舞会等等，组织者会对参与者着装提出要求。除了节日正式的鸡尾酒会、音乐会要着正装晚礼服，还有些聚会会要求你着长款衣裙或是无论男女都要穿白衬衫。还有的就是像万圣节或嘉年华一样随心所欲，只要够特色，够吸引，够出彩，就是目的。不光是私底下聚会从衣着上有所体现，就是国家的国庆节日，也从穿上可见端倪。有次在曼彻斯特返回伦敦的火车站，看到了身披旗子，统一着装的男女在过圣乔治节。爱尔兰更是打出广告——让我们一起来戴绿帽子。原来每年他们的国庆节，都会戴上爱尔兰传统的高高绿帽子庆祝节日。

再看东方，以中国为例，传统节日多。端午的粽子、冬至的饺子、正月十五的元宵、立春的春卷。有时带着外国朋友们在中国城里找这些东西一起品尝。一方面感慨老祖宗留下的文化博大精深；一方面抱怨外语一个单词就想概括馄饨、抄手饺子；另一方面还遗憾在国外就是找不全那些家乡北京传统小吃，满足不了爱国的胃，恋家的心。其实时光早将味道烙在味蕾，那是最深的乡愁。

外国小伙伴们显然无法理解我的遗憾，尤其在世界闻名的英国中国城里这么多种的选择怎么还是没有囊括中国节日美食的全部。但有一点，他们愿意听我讲这些。中国饮食文化被我在朋友圈里宣传得太过普及了，他们认为每样吃的都有故事，都要在特定时候吃才够正宗。以至于后来英国朋友吃宫保鸡丁还打个电话问我，今天是点这道菜的日子吗？最逗的是另一次带了中秋节的月饼给法国同事吃，他显然没见过这个，盒上也没有吃法说明。下班时偷偷问我，是应放在微波炉里还是电冰箱里呢？我忍着笑指指他的肚子，直接放这里就好了。

英国特色的酒聚文化

每天 18 点左右的英国酒吧门口，总是会聚着一堆人。初见惊讶，然后习惯。

不论春夏秋冬，刮风下雨。他们站着，手拿着大杯，三五成群。遇上天气晴朗的日子，队伍还会延伸到街对面去，乌压压一片，不知道的以为是集会演讲。知道的明白这就是英国人下班后的酒聚文化。

这每天都有的景象，并不是所有酒吧都这么火，就固定几间，而且别人一看，肯定有都去的道理，于是此家越聚越火，旁边却门可罗雀。他们的时间表为周五多与家人，周四多与朋友，其他时间随意不定。这是他们解压或沟通的一种方式。

英国人喝起来也不吃东西，下班开始，一晚上分两三轮，有时中间还换酒吧。往往是一个人给大家买一轮，然后下一次轮换他人埋单。而英国的小酒馆也想出各种招数招待客人十分幽默，比如说，今日例酒——啤酒，温度绝冷——如同你前任女友的心……这些幽默的小酒吧也有不近人情之处，通常会严格执行晚上 23 点的打烊时间。这规矩追溯到"一战"时，是英政府认为酒醉会误军需品的制作而下的命令。所以无论多馋酒的人也只好在铃响前买杯，多蹭一会儿。还有另外一个铃，是谁心情好时便拉铃，会给当时在座的所有人埋单。这些都是酒吧的特别之处。

参加过几次，我觉得这是对身体和意志的双重考验。我问，你们不累，还都爱外面站着？这连个放杯子的高台都没有。英国朋友答，法国佬才爱坐在里面的黑洞洞角落里，你说他们找黑干吗还点支蜡烛？

同样的问题我也问过在英国工作的法国同事，他说，这还不简单，站在那里，好检验是不是喝醉了呗，别人醉都倒在椅上桌下。全世界就英国人倒在街边马路上，你说是不是。我想了想，脑海里闪现的果然多是衣冠不整四仰八叉的镜头见诸报端的，甚至不乏英国的女孩们。

眼花缭乱的派对种种

其实每一种节日都是相聚的起因，
每一次派对都是庆祝的借口，看欧美种种 Party。
——题记

一、告别单身派对

"可以吻一下你面颊吗？"当我看到一个炎炎
烈日下身穿厚厚的连身卡通人物造型的法国男孩形
象出现在面前，他继续说"他们要我半小时搜集 20
张这样的照片才算数。"

转身再往后看到一群边准备拍照边坏笑的同伙
们，我立马明白了，这是准新郎版的告别单身活动
内容，就像我们国家在结婚当天整新人一样。他们
的这个活动的策划及实施要在婚礼前几周完成。而
对路人帮助完成的要求无奇不有，比如拍打男方臀
部，请女性路人亲吻男方，总之对新人胆量及沟通
技巧是极大挑战，路人一般也会配合，很少拒绝，
告别单身，值得疯狂。

我在英国、法国和美国分别参加过闺蜜的这
种结婚前告别单身的派对。英文中把新娘版的叫作
Bridal Shower, 新郎版的则称 Bachelor Party，都是由双方亲近的闺蜜或哥们儿策划而成的活动，
分别在周末的早上开始同时分头秘密行动，然后晚上凑在一起吃饭喝酒，分享当天遇到的趣闻，
完成结婚前最后的疯狂。

所以你也会看见街上有特殊打扮的准新娘，她往往会戴上类似选美小姐的皇冠与条幅，和
伴娘或闺蜜们外出，（美国伴娘礼俗多 6 名，英法国不一定，3 名居多）然后完成由朋友设计的
任务。我见过英国街头让准新娘抱个充气娃娃，系上丝袜带着到处走。有次作为筹划者，和几
个女孩设计了准新娘的告别单身方案，新奇有趣，包括厨艺、化妆技能等等。而这些都是当事

人事先不知道的。最逗的一次提议是，偷偷给她在香街上一家有名的舞蹈班报了名学习钢管舞，这样可以为其未来的生活带来情趣。当她的新郎看到我们给她拍摄的学习录像时，大笑不已。也有比我们这狂野的，其他有观赏脱衣舞俱乐部男秀部的表演等，而男人的限制级通常更疯狂些，派对当晚哥们儿安排俱乐部观看表演甚至可以叫应召女郎。总之这些在婚后不能干的让你在婚前最后的告别单身派对上玩个够。然后，从此远离。

二、外国宝贝的派对

与闹新人一样提前的派对，是他们会在宝宝出生前请众姐妹出席的 Baby Shower，有点像我们的满月酒席，在很多美国的影视作品中可以看到。区别是一个在出生前，一个在满月后。准妈妈当天把家中婴儿房装点得很美，接受到访好友的祝福。传统上是女性，现在慢慢扩大有男性参与。好友们带来给宝贝准备的新衣、玩具、婴儿车、床等。让腹中即将出世的宝宝提早感受到疼爱。

另外国外没有像国内的抓周活动，但却有类似百天照（百岁照）一样的庆祝。那就是出生后 3 个月的洗礼活动，是重头戏。有时出生日期没有记录，却可以从受洗日推算，比如英国最伟大的文学家莎士比亚的生日。可见受洗日这天何其重要。巧合的是正写这篇文章时，几公里以外的圣詹姆士宫内，乔治小王子的受洗礼正在进行。同他 7 月份出生时一样，今天也不例外，英国就像是一场盛大的庆祝派对。宝宝出生后还有大大小小的庆祝，欧洲的家长也会给孩子们开生日派对，会请来她的小朋友和家长，都是小朋友自己策划来宾名单，表演节目，有的还请来当红小童星助兴，孩子们自己创意，和小伙伴表演走秀，乐趣无穷。

三、暖房派对

英文是 House Warming，可别错译为是温室，那就闹笑话了。在欧洲，搬了家，或是新买了房子，都统一邀请亲朋好友到家中坐坐看看，搞个暖房派对。这种活动我经常参加，有时自己也组织，先发个请柬再等到大家回复，就可以装饰准备迎宾了。因为朋友们都是装饰家的能手，给你意见。记着要及时邀请。要不然小伙伴都会惦记着，什么时候能到你新家去做客，去庆祝乔迁之喜呢。

活（生活思考）·色·生·香

四、主题式派对

　　在我看来，这种派对更加开放、有趣。有时不仅局限于节假日。春来秋往，看花赏叶，夏至冬去，船上院中，皆是由头。然后由组织者指定规矩，参与者遵守响应。类似睡衣派对、黑丝舞会等等的创意很多，不只是年轻人参与发起。比起法国、英国，美国在化装派对上就更下功夫了。他们的道具应有尽有，走进商店，海盗衣，吸血鬼，只有想不到，没有找不到。贺卡纸盘颜色数字很全，甚至他们的店名就是为这些派对准备的。每次一进去就是一次探索之旅，挑着挑着，就跑题了。当然你也可以自己动手做。南瓜灯自己刻，脸上的自己画。玩的就是心跳，要的就是个性。主题派对给了他们这一切展示的可能。

你的新娘是哪国人？

有天在法国同事家聚会，席间我发现周围很多法国人的夫人都是外国人，而这现象在法国很普遍。比如开始工作时的老板的夫人是阿根廷人，一个好朋友的夫人是英国人，而目前同事的夫人是西班牙人。

欧洲国家本来就没有什么边境控制，大家迁移起来都很自由。法国的地理位置正好处于欧洲的十字路口上：从东欧到英国，从北欧到南欧都要从法国经过。所以说法国这个地方更像是个民族大熔炉。

法国人娶外国新娘的机会高，还和他们政府的一项特殊政策有关。法国在 2001 年之前一直实施义务兵役制。适龄的男性公民必须当一段时间的兵。每年有一小部分年轻人可以从到海外去为政府部门工作的方式来替代兵役。自从义务兵役制取消以后，政府又为这项服务起了个新的名字并且把适用范围扩大到企业层面。这项服务的目的是为了帮助法国政府和企业在海外发展。不过最重要和直接的结果是给了年轻人在国外工作的经验，掌握了一门技能。

具体方式是法国大学刚毕业的年轻人，向一个政府组织提出申请。如果申请被接受，他们就赴海外为法国政府或是企业工作 6~24 个月。在此期间，他们的工资是由法国政府承担，而不是所在的企业。所以法国企业也很欢迎这种模式。介于实习与正式工作之间，更像一份限期工作合同，因为工资合理，受到很多应届学生的欢迎。

在 2010 年，法国一共派出了 1 万名这样的年轻人到国外。工作中我也接触到这样的同事。有一年公司派我到国内出差，去培训即将管理的队伍，其中就有这样身份的法国同事。他们都是年纪轻轻，单身一人来到一个陌生的国度。很多人在仅仅不到 2 年的时间里学到了将来谋生的手段，更收获了一份异国的爱情。待到合同结束，他们就和自己的外国新娘回到法国。这就是在法国大企业里工作的受过良好教育的年轻人，娶外国女人的比率特别高的原因。

活（生活思考）·色·生·香

不是我不懂

情人节法国先生向中国太太表白，礼物上的贺卡写着刚学会的中文。还没看完，中国太太脸色就变了——你爱谁老婆？

原来把标点搞错。法国先生写成——我爱，你老婆。

这是闺蜜的真实故事。学中文的外国丈夫都有本难念的经。市面上教材不少，有法国人自己编的。在我看来，和我们本土的那种应急的用中文拼的完全不同，特别详细，有过头之嫌。教一个汉字为什么这么写，分解组合把我都看晕了。难怪他们认为难上加难。汉语的发者与书写是两套系统，近代才有了语法，而外文一般说出来就可以拼写出来。

一次聚会时，她法国老公在郁闷自己学中文进展不快，一旁闺密说我们当年学外语也觉得背动词变位还总有例外，名词有阴阳性，德语俄语还有中性，再加上法语时态变来变去简直就是变态。

要不说法语严谨，这么多的条框让它成为官方语言在国际会议中文件的首选。

他老公承认，说中文没这些变化，可那一词多用和四个声调最让他头疼。老师昨天上课给他们讲的关于"方便"和"意思"的笑话。他用那不在调上的中文学给我们听，笑坏了我俩。

有一个刚学过点中文的美国老外来到中国，中国朋友请他吃饭。

到了饭店落座，中国朋友说："对不起，我去方便一下。"

见老外不明白，在座的中国朋友告诉他说"方便"在中文口语里是"上厕所"的意思。

哦，老外意会了。

席中，中国朋友对老外说："希望我下次到美国的时候，你能帮助提供些方便。"

老外纳闷了："他去美国，让我提供些厕所干吗？"

道别时，另一位在座的中国朋友热情地对老外说："我想在你方便的时候请你吃饭。"

见老外惊讶发愣，中国朋友接着说："如果你最近不方便的话，咱们改日……"

老外无语。

"……咱找个你我都方便的时候一起吃饭。"

讲完这笑话，最后，他来了句，Xiaodan，别说北京话了。你上次提早走，对我说"回头见"。

我就回过头来看，而你们从前面走了……

笑不笑由你

"你的耳朵怎么这么大？让我摸摸。是为了听得清楚？"

"对啊，告诉你怎么弄，会变得像我们一样大，让我也揪揪你的……"

这是我在巴黎一个活动中和偶遇到的一对大耳朵玩偶的对话。在晚会中他俩走来走去，极尽搞怪幽默之能事。

在欧洲待久了，我发现每个国家都有性格差别，就周围接触的不同国家的朋友而言，他们即使幽默也略有不同。总体说，我觉得欧洲人都相对幽默，意大利、西班牙动作表情夸张，言语中就笑料不断，英国人则幽默得不动声色，无论是表达还是笑话，都不会直接给出，而是让你在话中品味，得出结论，会心一笑。而法国人的幽默往往就事发挥，以一带全。举个例子，我身后这个高大的白色新凯旋门样子的建筑是巴黎拉德芳斯办公区的标志，与老凯旋门保持在一条中轴线上。原来为了保护城市原貌，巴黎市内没有修建高楼，所有现代化的办公楼、摩天大厦都集中在此，故有小纽约之称。"9·11"后，纽约标志世贸大楼被撞毁，巴黎人就这事还不忘幽默一把——我们法国人就是聪明，我们建个标志性建筑都知道中间要留个大洞的空间，以便飞机通过，不会像美国那样……

而德国人给大家的印象是不苟言笑，有人说世界上最薄的几本书：一本是美国的历史书；一本是英国的菜谱；一本是韩国的天然美女图鉴；另外一本就是德国的笑话书。其实德国人是另一种幽默，他们的笑话也不少。而且由于动词置后，又是关键。所以往往听到最后一个词，

才哄堂大笑。

欧洲人有地理及语言优势，银行同事中很多都是会好几门语言。老板不只是个银行家，更是个语言学家。精通拉丁语、葡萄牙语还有英法德语。有时同事聚会聊天，我们就会碰撞分享很多笑话。

他们的笑话多是国家之间的，比如法国人有很多关于比利时人的笑话。说正常人在家换灯泡，是其他人帮着固定桌子，一个人站在桌子上转手拧上，而比利时人是一个人在桌上固定不动，其他四个人抬着桌子转。讲笑话的人话音未落，英国同事说，我们也有同样的笑话，不过是英国人嘲笑爱尔兰人的，听说同样的还有瑞典人说丹麦人的版本。

英法两国之间的笑话就更多了，两国互相揶揄。比如说，英语中梅毒叫"French Disease"（法国病），法国人认为是"Maladie Anglaise"（英国病）。不辞而别英语里是"Take French Leave"，而法国人写着"Filer à L'anglaise"。法国人把"来大姨妈"叫作"英国人登陆了""Les Anglais Ont débarqué"……

总之，都是对方国家的不好，不好的词都安在对方身上，像是两个小孩在吵架。这当然跟历史原因有关，曾经英法的百年战争，让两国结下了梁子。时光荏苒，帝国更迭，后来两国关系早就有了改进。作为欧洲大国，如今早没了当年的剑拔弩张，剩下这些言语中的相互揶揄成为笑谈。

我们学习外语，从语言笑话或歇后语各个方面都会发现其背后更深的国家文化特色。

不只英法如此，别的国家也是。亚当·斯密早在他的《国富论》一书中就提过，当时荷兰全民皆商，不经商的荷兰人就如同衣着过时会惹人嘲笑。他认为，由商人工匠和制造商构成的荷兰，只能靠节俭致富。英法是地主和耕作者占多数，能因劳动而致富，所以前者自私，狭隘；后者宽宏友爱。

我觉得，荷兰人重视商业，本无可厚非。经商必有计较，可能在与荷兰人打交道中，英国没占过便宜。你看英语里形容荷兰的成语大致分为两种情况。一种是小气，嗜钱如命；一种是不好的或坏的状况，欺骗作假。比如把女方肚子搞大不愿付钱，男女各付一半堕胎费用叫Dutch Abortion（荷式堕胎），AA制是Go Dutch（到荷兰去）等等。

对了，同事说，欧洲也有成人笑话，不过不是用"黄色"而是用"蓝色"指代。那应该叫"蓝"段子吧。

活（生活思考）·色·生·香

Face a book

Face a book 面对书，不是那个社交网络脸书
Face book，讲的是欧洲读书人的状态。欧洲的公园里，
马路边，教堂前到处都有读书人的身影。看着他们，
周围的喧嚣世界仿佛都不存在，时间也静止下来。

英国的地铁没有信号，他们也不着急安装网络，
觉得地上的时空已够繁杂，难得有清净的时间，所以
你看伦敦的地铁里，几乎是人手一书，安静地阅读，
没有嘈杂与喧哗。难怪伦敦的地铁司机说，每天好像
拉载着一个流动图书馆。

即便是车厢里有信号，我观察过北欧的人们还
有莫斯科、巴黎的乘客多数也会自带书籍，或是刚买
的报纸、杂志，看完后有的就折叠好，放在座位上，
留着给下一个乘客阅读。

在一次著名时装周的后台，化好妆等待更衣时
还有二十多分钟的间歇里，几位模特在地上休息，每
人手上都捧了一本书在阅读，给我印象极深。还有一
次在伦敦的集市边上，流动的人群中我发现有一个街
头流浪者也在全神贯注地读书，旁边的书包里还有一
些他不知从哪里搜集的书。

雄辩胜于事实？

儿时受新加坡舌战狮城国际辩论大赛的影响，对辩论兴趣极浓。大一曾代表母校参加首都电视台高校辩论赛，获得最佳辩手称号，让我自信满满。

后来，到异国求学让我信心大挫。罪魁祸首就是那个引无数英雄多忧愁，对于初次经历的学生一听头大想逃课，上台前紧张想吐的"Presentation"（发言或演讲）。

这边的研究生课上，经常是老师布置一个演讲题目，次日由大家课上讨论，规定时间内发表观点，随时接受师生提问，然后教授根据现场表现打分作为平时成绩。

怵它，说到底是传统教育遭遇文化差异惹的祸。

当谦虚礼让遭遇当仁不让，当有理不在声高反复被中途声音更高的问题打断时。你的满腹观点如同茶壶里的饺子——不仅倒不出，可能心里也越来越没数了。

课后你仔细一琢磨，那些反驳的观点不一定对。可印象已经造成，很多亚洲来的学生会有同感。在语言与气场上吃亏，造成了雄辩胜于事实的状况。

后来工作中，法国同事依然雄辩，不论发言的对不对，在气势上、发言次数上先声夺人。很多会议经常超时，到结束还不一定有结果。我也渐渐习惯争夺话语权，用不是母语的语言反驳观点，讲述重点，享受其中辩的乐趣。而且会发现越这样越会得到重视与尊重——我不同意你的观点，但我捍卫你说话的权利是他们信奉的观点。这些源于他们从小的教育，对一件事情，敢于发言，找出证明论证。

所以你明白那些法国的思想家哲学家何其多。尤其看到中学会考的法国哲学题试卷的题目——**Peut-on agir moralement sans s'intéresser à la politique?**（我们能够遵循道义而不受政治影响吗？）这还是要学理科的学生的题目，只见十多岁的孩子在上面奋笔疾书，你绝对信了这是孟德斯鸠国家的后人……

活（生活思考）·色·生·香

此 coffer 非彼 cafe

荷兰有很多家 coffer shop，进去想点杯咖啡，你就错了。这可不是是咖啡店，里面只卖大麻，还有大麻味的糖果、巧克力，甚至大麻味的蛋糕。有菜单，明码标价不说，甚至还提供外卖服务。像送比萨一样为你将高级大麻油送上门。以至于后来我看到旁边那家荷兰比萨店，都会想下会不会有大麻口味的。

店里还有果汁等饮料卖，就是不卖酒和咖啡。因为这两种与大麻混合会有不好的身体反应。店主会热情招呼你试吸，指着菜单为你介绍种类，一根含有大麻的香烟，售价在 3.5 欧元。

出门看到标志写有吸大麻请往里面走的提醒。还有大麻博物馆，专门介绍种子和门类区别。可以想象对于多数国家的严禁，这里是他们的天堂。有些英国人还专门周末跑来度过，更别提那些从美国而来的青年人。这些种种的不可思议在荷兰就是这样存在的。

你一定认为那荷兰一定是遍地妓女满街瘾君子治安脏乱差的可怕世界。其实不然，阿姆斯特丹被评为夜间最安全二十城之一。而且更让人不可思议的是——荷兰毒品引发的死亡率却是全欧洲最低。相邻国家都在取经荷兰经验——通过管制实行控制。

原因何在，大麻等不被政府禁止，对于那些好奇又有逆反心理的年轻人，打破禁忌的新鲜感和特立独行的快感荡然无存。实际上是场心理战。毒品、性这样公开了，一切摆到台面上了，反而让人没那么有兴趣去做，也不太会沉迷于此。比如荷兰的当地朋友年轻时尝试过，但不会让其影响正常生活，现在都很少尝试。

以前总认为毒品可怕。其实毒品也分软性和硬性。前者如大麻；后者如海洛因。区别在于软性是心理上产生依赖；后者是生理上依赖，同时也被荷兰政府禁用。

艺术，女人和墙

一

　　如果可能，我真愿意走进去，看看他们的世界。实际上，我也真的走了进去，每每遇到这样的场景，这样的墙，我都希望是他们的一员，创作者或者是墙里的人。有天，法国摄影师好友带我去看了巴黎最有名的涂鸦墙，为什么加最，因为在这个城市，在这个国度，以至整个欧洲的很多地方，都有类似的涂鸦墙。不仅仅在墙上，在蒙马特的商铺拉下的商店卷帘上仍会有，而且是20世纪50年代的画作。这些需要你的眼睛去发现，因为往往会以假乱真。我觉得不只是墙，他们在墙上开启的多彩城市之窗，多扇艺术之门，打开了另一个更丰富多彩的想象世界。

二

　　巴黎有一座爱墙，上面有所有关于爱的语言。每个国家的我爱你都可以在这座墙里找到。在这个浪漫的国度，专门有一座墙为爱而留。而爱墙前拥抱的情侣正用另一种肢体语言在为爱墙做着注释。

　　还有另一处爱墙在意大利维罗纳，罗密欧的住所，入口的墙已被游客写满爱的箴言，是什么

已辨不清楚，可以肯定的是爱情的涂鸦，甜蜜的痕迹。

三

世界上最著名的一堵墙，曾经人为地隔开了一个国家，分成了两个不同世界。在德国柏林看到了查理检查站，看过人们蜷缩在箱子中，扭曲着身子藏在汽车前盖里，想尽种种招数只为翻过这座墙。如今柏林墙早已被推翻，变成一块块墙块被当作商品出售。源源不断的货源让你怀疑那否是真的是柏林墙体，是否有着历史的烙印。

我走了好远才在仅存的一段柏林墙中找到这样的颜色与画面。不是想象中的灰暗残破。阳光依旧灿烂，只是照在上面有些刺眼。尤其在知道它的故事后，心情无法像这些色彩涂鸦一样亮丽。

四

有战争就有和平。

巴黎有座和平墙屹立在埃菲尔铁塔前。本来，墙的功能是隔绝，而在这里它起的作用则是相连，长16.4米，宽13.8米，高9米的玻璃墙体外侧及周围布置的32根圆柱，都用包括中文在内的各国文字密密麻麻刻满两个字："和平。"法国人对新世纪的最大祝愿是和平，设计者是名女性，从耶路撒冷哭墙汲取灵感，创作了这件象征世界和平的作品。人类已有几千年的文明，可至今还未完全摆脱掉战争的阴影，还具有现实意义。经常有巴黎的集会就在这里举行。2005年的巴黎骚乱，曾聚集过很多民众与记者，有敬业的记者还爬在上面报道，被我捕捉到这高难度的动作。

在庆祝欧盟成立周年的活动中，埃菲尔铁塔又变成了如同欧盟旗帜一样的蓝色。与和平墙交相呼应，非常美丽，感受到和平墙夜与昼的不同魅力。

住在城堡

在世界旅行，到酒庄参观，我经常会看到不同的城堡。尤其巴黎近郊的卢瓦尔河谷，更是城堡的云集地，很多城堡都是欧洲历史故事的发生地。在古堡中度过夜晚，就很特别。

一、喜欢在马鞍上读书的堡主

认识一对挺传奇的夫妇。男的是意大利贵族后代，祖辈做古董生意，积下很多财富。在骑马场上认识了后来的夫人，两人把在巴黎的所有房产卖了，在法国南部的阿维尼翁买下城堡，过起了隐居生活。外面是阿维尼翁有名的断桥，天然屏障，宁静秀丽。怪不得教皇也曾选在阿维尼翁长居呢。到他家做客，住在他的城堡里，看他城堡家里的局部细节透着品位。有次在古董店，他妻子拍下了一只马鞍。还没等问缘由，便解释道，一位来访的朋友，也是个堡主，城堡在巴黎近郊。这是专门给他准备的礼物。因为他喜欢在马鞍上看书。到哪儿都将马鞍放在所坐之处。

这个堡主将欧阳修的马上，厕上，枕上的读书三地又扩充了一地——马鞍上。

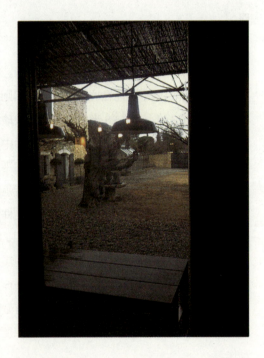

二、古堡婚礼

有次在美国度假专程提前回法国参加女友的婚礼，下机又驾车两小时到达巴黎北边的古堡婚礼现场。和以往法国新人租借古堡举行婚礼不同，这是自家的。而且还有个故事。城堡原先是男方继母祖上的家产。后来由于财政原因，他继母的祖母给变卖了，因为继母从小在城堡待过，有感情，一直惦着。长大后机缘巧合，又买了回来。那晚玩得很累，加上美国时差没有倒好，不到舞会环节就撑不住了，新娘子特意把我安排到城堡先去休息。住在城堡的新房内，也是一种有意思的经历。和这个重新装修还对外开放的朋友家城堡一样，很多有名的城堡也渐渐开放给游客居住。这样度假过夜选择不仅在酒店，还可以在城堡。人们不光参观还可以感受过去宫廷贵族的生活空间，增加自身经历，也为城堡扩大了知名度，可谓双赢。

三、在城堡开会

我在欧洲银行工作经历中，私人银行这块儿业务有一部分是给富人评估借款的风险，写出分析报告，进行决策。有钱人进行投资多为借贷完成，用自己的珠宝古董城堡抵押。遇到无法偿还的时期，银行便将抵押物收还。比如抵押的城堡收回后就改造成会议室及俱乐部，为银行内部使用。常被公司作为重要会议及经理培训或周末度假聚会之用。参加过几次这样的活动，确实和在城里钢筋混凝土里的会议室开会感觉不同，午餐也沾染了郊外清新的空气，轻松惬意。

伦敦见鬼

　　近日，英国威廉王子为爱子乔治在简辛顿宫选定的婴儿房，被熟知王室秘密的作家英顿爆料说，曾闹过鬼。伦敦爱闹鬼，整个英国都很热衷于鬼的故事。很多古堡豪宅都驻扎着有名有姓的鬼魂。在剑桥时更是时常听闻鬼的历史。苏格兰的格拉米斯城堡更被称为"见鬼之地"闹鬼最凶。因鬼闻名，莎士比亚在这座城堡里获得灵感，并创作出《悲剧麦克风》，时至今日，人们据说还能听到鬼魂玩牌的声音。没有鬼时英国人还爱穿上衣服装神弄鬼，神魔僵尸游行，什么万圣节夜游，教你如何搞鬼都是他们最活跃。

　　如果实在和有身份的鬼魂扯不上关系，历史上出现的吓人的事也能作为招揽游客的噱头。他们不仅爱闹鬼，还爱找鬼。捉鬼之旅比比皆是。通常二十人左右，有心脏病高血压病史谢绝加入。我深表同意，参加过几次，都快吓出毛病，虽然很多是被自己吓的。但你想那些老宅高房，即使白天一人走进去，也阴森恐怖，更别说猎鬼之旅都是月黑风高夜集合，一声异响也会让你心生恐惧。蛛丝马迹，顺藤摸瓜，你看007和福尔摩斯都源自英国。

　　除此，众多闹鬼之地属伦敦塔最为有名，那曾是关押皇室罪犯的地方，更是有无数贵族命丧于此，而且都是"名鬼"，传说就没有断过。最著名的两个事件，一个是亨利八世那第二个被判以叛国罪而砍了头的妻子，著名的安妮·博林，不止一个人见过她提着头在绿塔附近走来走去；另一个则是宫廷斗争而被害死的两个小王子，有的说被砌入墙中，看到过他俩总会在午夜时分手牵手走在塔下……

　　而那天伦敦塔前和守卫菲利普聊天，竟然印证了这些，他告诉我，自从伊拉克战争复员回来负责这里安全，经常值深夜到凌晨六点的班。他和同事都曾看到过身着白衣或制服的大小鬼，而且有时回屋，发现自己的床从西头位置变到另一边。自己看电视时，坐在椅子上被推到墙角——这是他们与他的玩笑。本来是想问下每晚传统的锁城门仪式，没想感觉更像寻鬼之旅。

除此，伦敦东区在大约一百年前出过一个连环杀人犯。因为此人喜欢用葡萄引诱并杀害妓女，他得到一个吓人的外号叫作"开膛手杰克"。

但是杰克的身份始终模模糊糊。有关他的书、他的故事和他的电影还真养活了一些人。几乎每天晚上伦敦东区都有组织好的参观团追寻着杰克足迹。我去的那天正好赶上一个年轻的"金牌"女导游。她居然是研究杰克的历史学博士生！

杰克生活的年代，伦敦东区是产业工人的聚居区，生活条件非常艰苦，住房尤其紧张。由于法律规定露宿街头是违法的，所有能住人的地方都挤满了人。住宿的费用自然也不低。很多人实在是租不起一张床，只好租一种摆在地上的类似棺材样的东西躺在里面睡觉。还有人租横在屋子里的绳子。人就趴在一根绳子上，脚站在地上睡觉。

在东区也有很多妓女。被杰克杀害的女人中有两位甚至出身中产阶级家庭。因为各种不幸沦落风尘。当时的妓女收费并不便宜。做一次生意的收费大约相当于工人一天工资的一半。

有关杰克的杀人动机、过程以及他本人的身份一直是争论不休的话题。时至今日，仍是一个巨大谜团。作为她研究的一部分，我们的导游不久就要去南非采访一位受害者的后代。伦敦的鬼故事迷还真不少呢。

击剑人生

　　这是在法国一场击剑比赛的前场表演，身着古代击剑装的运动员先来了一套漂亮的决斗。在这个大仲马笔下三剑客的故乡，我从 2004 年开始了学习击剑运动。每周两次的俱乐部运动，随着技术水平的逐渐提高，让我对这项运动越来越喜爱。

　　如果说巴黎是我击剑梦想开始的城市，那么伦敦则是个追逐梦想的地方。她给了我很多第一次的经历。

　　曾和好友聊天，他对我说北京开奥运时他在上海，上海开世博时人已在北京工作，错过了。我揶揄他，这算什么，郁闷的是，我儿时在北京，看巴黎奥运会。等有天终于轮到北京了，我又在巴黎工作没法回去亲历。

　　而伦敦圆了我的奥运梦，我早早订了票，还是我最爱的击剑决赛场。中国击剑队姑娘不负众望，发挥出色，那场比赛在现场看得非常过瘾。

　　事后有机会采访伦敦奥运的中国击剑教头——一个可爱的法国老头，就是他助中国女队集体夺冠，不仅完成历史突破，一剑封喉更是成就一段传奇。他见我法语采访又是击剑爱好者，就很开心，分别时送了我一套夺冠组教练及队员签名做纪念。

　　印象最深的是当问他练好击剑什么最重要时，他说，头脑，逆势时冷静。记住用脑用心练剑胜过技巧与体能。

　　其实不只击剑，生活其他亦是。

全民性运动

有次德国总理在圣诞节期间滑雪受伤，不得不推迟一些国事访问。总理也滑雪，在欧洲这是项上至总理下至刚刚站稳的小孩的全民运动，只要是有了冬的气息，雪的迹象，一声吆喝，全部总动员去滑雪。而且一定要跟志同道合的小伙伴们约好时间地点，用我们的话说，滑雪一定要结伴，要不摔个跟头都没人嘲笑。早早要把雪场选好，旅馆订下，配置备全之后，就等着动用各类交通工具，或是开车或是飞机或是火车，从四面八方向欧洲的几大雪场靠近，跟中国的春运一样，完成欧洲特有的雪运。

一般来说，欧洲人经常是在圣诞新年的假期和来年三月份的复活节假期滑雪。衣服都要自备，不像国内很多可以租借，滑雪用具倒是有租借。但像我们经常滑的，多根据自己的尺寸需求购置了。若你在圣诞节期间在阿尔卑斯山、比利牛斯山的雪场纵横飞驰，很可能会碰到明星，可能会遇到熟人，或是往年的雪友，还可能会撞到圣诞老人。有一年，我在雪场上看到了成百上千的圣诞老人在穿梭，铺天盖地的红色白色，很是壮观。他们没有驾雪橇，清一色玩滑板，一打听原来是某公司的圣诞滑雪聚会。统一的服装真是好认。

公司会组织长周末的滑雪活动，增进部门之间沟通。还经常有法国本土的好友们邀请你到他离雪场附近不远的房子去住，完全自由行。那是从他们祖辈就购置下来的。对于很多欧洲人而言，每年滑雪就像是每年过圣诞节一样平常与必须，不会问你今年滑不滑，而是上来就问什么时候去哪滑。当你看雪场上那些还不如你腿长的娃娃们，一身迷你滑雪标配，臂上还挂着 GPS，比你还勇敢，比你速度更快地飞驰而去，你

会突然明白，这项全民性运动的普及原来是从娃娃开始的。

对于我们这些半路出家的滑雪爱好者，也有成为高手的途径。那就是参加为期一周的课程，很有收获。记得 2007 年在欧洲以风景秀美著称的沙漠尼雪场，和一队来自莫斯科及比利时的小伙伴们在一著名教练的指导下，技艺很快提高，相互鼓励中，进步神速。法国经验丰富运转多年的组织者，还会为你制订详细训练计划。

在初到之时将报名者按水平分组，按天气情况制定雪道路线、调整饮食计划，每天早上大家准点起床，备好早餐，装好特制午餐。上午集训教技巧，下午自由活动练习，或是跟随教练到难度很大的场地强化训练。

由于体力消耗大，晚餐前回来后还有加餐及欧洲流行的游戏，晚上有卡拉 OK 和舞会，每天都是精疲力竭。我的感受是比上班还累，哪里有度假的感觉。不过每每回想还是很享受，于是周而复始，又在地图上策划来年的这项全民性滑雪运动了。

与欧洲遗产日相约

一、英国皇家望远镜

　　这可是以前英国海军用于作战的望远镜，我也小试一下，那个好像纳尔逊将军的帅哥还把帽子也扣到我的头上。别说，那天后来我还真去了最有名的统帅英国威灵顿公爵的故居。在每年的九月间的一个周末，欧洲都有一个遗产开放日的活动。这天会有近千家机构场所向市民免费开放。这是名单中的一家，专门介绍眼镜的博物馆，介绍望远镜、眼镜还有一切与之相关的历史。馆内外的工作人员都穿着过去的服饰，带你走进眼镜的世界。

二、相约法国总统府

　　既然是欧洲开放日，法国也有相关的活动，总统府爱丽舍宫和国民议会是开放日中最受人欢迎的地方，往往会排很长的队伍。刚来法国的第一天就赶上了那一年的开放日，去的第一个地方就是国民议会。有意思的是，经常看报看新闻的缘故，我认出了擦身而过的议长先生。对于外国人来说，可能不如法国总统那么明显易认，但他被认出也很高兴。原来在开放日这天议长也来到自己办公室，和大家见面打招呼，作为向导带你到他的地盘看看。这一天我在国民议会里不仅见到总理的专座，还有历史悠久、直到现在还使用的国会辩论大厅。另外长廊里的音乐会，还有仪仗队的表演，都是开放日精心安排给来访者的节目，够热情，够精彩。

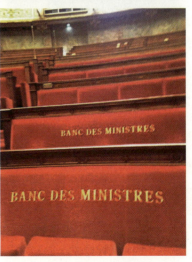

欧洲之星的玄机

工作原因有段时间我每个月三次往返英国和法国，没有选择飞机、轮渡。因为连接伦敦巴黎的高速火车非常便利。有次我算了下时间，从巴黎市中心的家到伦敦的住处，只用了4小时20分，包括2小时17分的车程，因为是两个国家，还包括过两国海关、安检的时间。而且每天隔一小时就会有一班英法两边始发的火车，成为很多人的首选。

所以常常是早晨在巴黎和同事开会喝完咖啡，中午乘车返回，和朋友们在英国喝下午茶了。这火车就如同它的名字，名副其实的明星——欧洲之星。其实它是一辆高速列车，与连接欧洲境内其他城市的火车无异，但速度之快被我们称为TGV——就是在GV（Grand Vitess）法语高速一词的前面还加了个副词非常，就是我们说的"特快"。曾经的法国第一女友在看到被媒体曝光的时任总统的男友出轨的消息时，当即住了院，后来她对媒体说，得知刹那我就像被特快TGV当头撞了一下，瞬间晕过去的感觉。

TGV中的明星——欧洲之星，说是火车，可很多细节如同飞机，工作人员的制服、拉杆箱、厢内餐厅服务都几乎一致，还有头等舱提供的可自取多种报纸杂志等精神食粮。若不是置身于海底隧道中，你会认为是在九霄云外。

有次正在吃午餐，车长科林指着我的主盘说，可口吗？这可是米其林特厨的手艺，头等舱的热餐和商务舱的冷餐饮菜单都是由他制定。在英国法国比利时的车站后厨里，这位家喻户晓的名厨经常指导督战，准备餐饮，保证美味。

我瞪大了眼睛，眼前这盘还是米其林级别的，这可是欧洲评判美食的标准，果然头等舱待遇非凡。然后我邀请车长继续爆料，了解到很多欧洲之星的玄机。

连接英法的欧洲之星穿过英吉利海峡底部人工开凿的一段海底隧道，使海峡变通途，是人类交通史上的一个辉煌。当科林车长找来资料给我演示时，我发现颇有点我国詹天佑修建的人字铁路的意思——因势利导。就是说海底隧道在挖掘时并非一刀切，而是根据地形地貌，有起伏地修建而成，并不是想象中的一条，而是三条。两边隧道由英法分别发车运行，各行其道，保证安全。中间一条较短的连接两侧隧道，则是安全通道，有事情发生时为紧急通道，供工作人员走动，里面灯火通明，有办公室、急救处等。若有事故发生，这里将做第一反应，然后救援车分别从英法两国赶来，将损失降到最低。

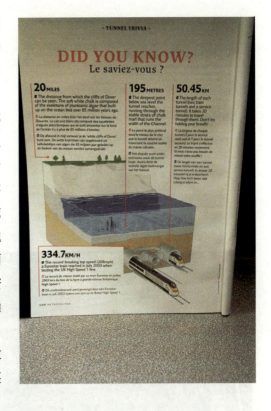

科林工作了二十年，伴欧洲之星一起成长，对其历史及发生的故事如数家珍，我们的谈话先说的法语，后来等火车钻出半个小时的隧道后重回路上，意味着到达英国后，又无意改说了英语，原来他是爱尔兰人。我打趣彼此的语言模式还随着海底隧道自动转换呢。科林说，同事们都是双语，欧洲之星共27辆列车，不只在英、法、比利时三国通行，还新开通滑雪线周末游，车上几百号人各种语言都有，总有趣事。最难忘的是2012年伦敦奥运，欧洲之星成了运送欧洲各国运动员和观众的主力，多次成为专列包车，将国家的获奖运动员集中一车，位子不够时，就在宽敞的头等舱中间加座。车长和工作人员打开香槟给荷兰英法等国的运动员庆功，车里都是运动明星，整个车厢包括餐车都成了晚会狂欢的现场，还有运动员玩开了，兴奋地在车厢里裸奔穿梭，这可是欧洲之星不多见的场面呢。

陆上行舟

一、别样刚朵拉

日落时分的威尼斯，圣马可广场驶来一艘巨轮，水声和鸽群展翅的声音交织，将尘世带走，叹息桥影子依旧，黑色的刚朵拉在静水中来去。

总在河上看到小城特色刚朵拉的身影。这次，看下它休息时的样子，停船入库，等待粉刷，来年又是一条好船。

刚朵拉对于威尼斯居民而言，可静可动，用途多多。这个岛没有机动车，甚至连自行车都没有，连菜市场都在这种唯一的交通工具上运营了。

二、公交也疯狂

通向卢浮宫的这条窄窄的街道很考验开大车司机的水平。每每经过时，我都会为司机捏把汗，窄窄的两端歪一点，车就会转不过来，还有凸出来的两边车镜都要顾及。以前这里是走马车，现在进了这庞然大物，一样适用。大车司机也不减速，轻车熟路就开了进去。疯狂的不仅是高超的车技，欧洲各城市街上跑的公交车，细细看来，也是各有特色，绝对疯狂。

先说车身，各种颜色都有，还有人物、动物、卡通形象，不一而足。有一次，还看到了四川的熊猫、杭州的风景在巴黎街头的公交车身上一闪而过，很是亲切。

最近听说世界首辆车顶花园公交在巴塞罗那获准上路，负责运送游客往返景区并可能打造一支车顶花园车队，当扑面而来一阵阵花香，那就是公交车到站了。

三、欧洲的自行车王国

如果说蒙古是马背上的民族，那么荷兰就是一个车上的民族，这里到处都是自行车的踪影。整个城市就是一个自行车的流动展示馆，不同类型、不同功能，单人、双人甚至多人的自行车也随处可见，这是欧洲的自行车王国。

荷兰人体型大，市场上就有满足各种需求的自行车出售。他们离不开自行车，上至皇室成员，下至荷兰百姓，这个全国近两千万人的国家有一千八百万的自行车，差不多一人一辆。对于他们而言，自行车不属于交通工具，而是身体的另一部分延伸。他们不喜欢德国是因为"二战"时期，德国人不仅侵占了荷兰还没收了全国所有自行车。对于一个爱车的民族，他们到现在还耿耿于怀。

　　看看荷兰的街头，连小孩子都是带个头盔娴熟地骑来骑去。更小的孩子，手上也握个风车。总之，车不离身，欧洲人学车一样都是从娃娃开始。

活·色（特色欧洲）·生·香

特殊时期的公共交通

一、高峰时刻

发小从北京发来一张春节期间的北京地铁，同是高峰时间，由于节日的原因人们各自回家过节，没人乘坐，这算特殊时期。然后我就想起来，英国首相在访华期间也试过地铁。那么我也在同样时间拍张伦敦地铁。虽是中国春节期间，但因为是中国的节日英国人并不放假，上下班高峰——从 16 点到 19 点乘地铁人数之多令人咋舌。尽管和其他城市不一样，伦敦将高峰期

的票价也相应提高，变成 2.8 英镑，平时是 2.2 英镑，仍挡不住人们回家的步伐。等待乘车的人群从检票口排到外面大马路上还拐个弯。地铁仍是欧洲人上班生活的主要交通工具，所以也是人挤人。伦敦地铁里没有信号，他们都喜爱阅读，于是没有座位即使摩肩接踵的时候，面对面还不忘给书腾点地方，这点让我印象很深。

二、罢工时期

几年前写过一篇亲历罢工的连载文章被国内知名网站转载并推荐，那是在法国，地铁公交系统罢工的景况。由于火车地铁车次减半或取消，让很多人在寒冷冬夜滞留在车站。后来当任总统萨科齐与工会达成一致，即使罢工，也要维持最底线的交通保障，让人们可以回家。

到了英国，我也经历过地铁罢工。最近一次，地铁罢工第一天，几百万的伦敦人被堵在伦

敦各个地铁站里，有些地铁站干脆就封了。罢工组织者已经建议市民能走路就走路能骑车就骑车。不少伦敦人纷纷谴责，地铁不应在工作日罢工，并建议下次可以在假期罢工。

　　工会一般不在假期或周末罢工，因为大家都不出行。选在工作日，大家都看到，这样扩大影响。据BBC报道，一天罢工的损失就是2500万英镑。这次罢工原因主要是地铁员工抗议，由于部署更多的自动售票系统，这样他们售票员工的工作就丢了，所以罢工。可他们罢工的时候，孜孜不倦还在卖票的是自动售票系统……

三、另类状况

　　这张相片有意思之处在于这种情况很少见。因为我当时在换车，发现半天没开动，出来走到源头才明白原来调度出了问题，两辆车赶在一起了。这就是为什么有时我们会听到广播说稍停一会儿，为调整避免这样的情况再出现。

四、及时到

　　欧洲的公交，无论地铁还是公交车都有一个显示牌，上面会告诉你下班车或下几班车到达的时间，还会根据路面或铁道情况做出实时调整，出行非常方便。有时候手机还有软件相连，看好下班车快到了，算好时间才从家走出门。在德国，即使没有这样的电子时刻表，站牌处也有纸张刻表，而且准时到分秒，让人赞叹。

　　这些特殊时期的公共交通给人以方便或不便，不管怎样，就像不同的音符组成了城市交通的交响曲。

欧洲地铁故事

在荷兰交通博物馆里我看到过去年代的地铁车型和售票口袋。就像儿时北京公交车上售票员的鹿皮包，承载着历史的留念。随着时间的推移，欧洲各国的地铁票都在改变，从纸质变为卡类，从没有人的头像到增加了持票人的照片，从天票到月票再到年票，图案到材料都不断在改变。不只是票，还有给孕妇定制的圆形小牌子，上面写着，"有宝宝呢"。准妈妈戴着小牌子再上车，会得到关照，非常人性和方便。当年怀着孕的凯特王妃参加伦敦地铁的 150 周年纪念活动，登上地铁时，就被工作人员也送了一枚，并马上戴好，众人都笑了。还有一些国家会在特殊纪念日的时候发行不一样的纪念版票卡，让爱好者们像集邮一般收集，既能充值使用，又能收藏留念。比如英国在威廉王子大婚时曾发行过，女王过生日时及钻石庆典都有类似纪念卡，上面还都写着限量版，我也成了一名收集者呢。

不只地铁票，地铁也换新颜。从第一辆地铁在伦敦诞生到现在遍布各地，每次在不同城市都会见识风格迥异的地铁和地铁文化。比如巴黎地铁热闹，每天每站的演出都不重样，且常年不休。有时候欧洲地铁图还可以穿在身上，戴在头上，看在眼里，记在心上。各式各样的纪念品，

衬衫内裤上都有地铁图，记不起来了，身上翻翻就有。如此亲密，怪不得巴黎人的日常三件事，押韵地称为 Metro，Boulot，Dodo（地铁，工作，睡觉）呢。欧洲地铁每天都上演故事，有幸福有郁闷，有幽默有惊喜，有逃票有惊险。

一、幽默热闹篇

英国地铁艺人往往站在过道里，车厢内基本上没有艺人演奏，不像巴黎，总是你方唱罢我登场。即使巴黎地铁里的扶手栏杆，也会被当作场地道具。布帘一拉，演起了木偶剧。或者一帮能唱会跳的青年人，上来就着栏杆来了一个侧滚翻，三两下把地铁气氛搞得很热闹。看的都纷纷掏腰包，为他们的舞蹈和创意叫好。

能充分利用的不光是车厢内，曾有个人在巴黎所有地铁站中，挑选有特色的站名，扮成相应的情节场面与站名拍照，比如在白宫站，他扮成美国总统奥巴马，旁边站两名保镖。在ROME——罗马站就化身恺撒，拍了全套的地铁站名摄影集，很有趣。那天坐地铁，我发现一张被"注释"的地铁站名，巧妙地在后面加了几个词，便成了另一种趣味。

二、幸福温馨篇

为拍张再现伦敦地铁电梯之长的效果的照片，有天我就蹲在地上找角度。没想到，就有后面的美女上前关切地询问我，没事吧，是不是头晕了。我连忙解释，没有没有，太温暖了。伦敦电梯长成这样，楼梯可想而知，有天看到这样的牌子挡在楼梯前：本楼梯175级台阶，若非万不得已请别尝试。估计是这样蜀道难式的楼梯，有人上到一半，进退两难，才有这样的类似前方危险的地铁友情提示。够幸福吧？还有次踏入地铁车厢时，竟然车里全部乘客兴高采烈鼓掌。然后车里一法国帅哥用大喇叭说："欢迎亲爱的乘客，你们坐上了巴黎最幸福的地铁！祝你们开心快乐，接着我们所有乘客再一起欢笑掌声欢迎下一站乘上幸福地铁的乘客们吧。"

除此还有人们通过司机在车厢里广播求婚的。互动性很强，有些地铁司机在遇到等待的情况，广播通知后还会讲个笑话，让大家开心一刻。圣诞节时的巴黎地铁车厢里干脆也被包装纸装裹成礼物，查票员会戴上小圣诞帽。有时还发地铁图案的巧克力，一切都是过节氛围。

而莫斯科近日推出为期一个月的活动——在地铁站内买票，要在售票机前半蹲，完成 30 个下蹲动作才能买到票，这"健身"售票机能自动计算数量时间，要求顾客姿势标准，达到全民"健身"之功效。

三、郁闷惊险篇

路过看到正在装安检设备的伦敦警察。欧洲城市地铁一般都没有安检，这可能是特殊时期的保障安全的设备。警察和工作人员在德国或法国地铁站验票口倒不常见，全凭自觉。欧洲人大多数都买票乘车，但总有例外，在巴黎见过人逃票，被抓住是乖乖认罚。好像有个定律，很少在第一次逃票就会被抓，换言之，被查到的都是惯犯。网上也曾看到一导演 20 世纪 80 年代的作品。片中总结了法国人"互帮互助""团结友爱"的逃票合作过程"跳跃、匍匐、钻洞、跨栏"。一山更比一山高，任你的地铁设备再改进，巴黎人总有逃票的招儿。而查票员躲在角落，化身乘客中查票，两方斗智斗勇的，看那些逃票被查到郁闷的样子，上演现实版猫捉老鼠的场面。

还听过在巴黎地铁上演的爱情故事。失恋多日的他接到她的短信，"飞机还有两小时起飞，你来，我就不走"。她终于决定回国前给他最后机会。他连忙回道：等我，我马上到。可最后她还是飞走了，因为他坐的地铁有人卧轨，然后手机被抢，逃票被抓，B 线又罢工了。这是一个令人郁闷的真实故事。

三轮赛车方程式

现场报道：赛车方程式暨三轮车花样赛周日在枫丹白露宫附近举行。不是环法运动员，也不是奥运冠军来比试，就是城市的居民来一显身手，还有场外教练指导。参与其中会有倒骑三轮车的感觉，更像坐在赛车方程式之感。

视野绝对开阔，但仅限前方人的大腿以下。若这款车开到市区，只能吸尘。这样的赛车你可想也来过把瘾？

欧洲街头总会碰到这样的城市居民运动会，维也纳群众体育盛会也在街边举办，原来奥地利不只有音乐，还盛产平民运动员。柔道、拳击、跆拳道全都亮相，而且上阵的都是体育爱好者，没有比赛，就是参与其中便让我想起了法国香榭丽舍大道上的那次同样的全民盛会。这里，人人都是运动家。

欧洲墓地那点事儿

国内清明扫墓时节，有很多人发现阴宅比住房的均价还贵，纷纷感慨。碰巧国外同事聊起来，发现了中欧这个方面的文化差异。

比如中国人买房看风水，不喜欢在墓地附近居住。而英国恰恰相反，墓地可以在宅第旁，他们不认为在墓地旁边住有什么不妥。不仅如此，由于很多公共墓园可与公园或植物园媲美，而且这些墓地往往还在市中心。和我们想象的不同，墓园周围的房子价格不降反升。有些英国人还喜欢挑附近的房子住。原因是环境宁静安全，多有绿化公园而且不会有施工。这是他们的风水说。

我在英国工作的同事荷西，地道法国人，妻子英国人。他向我现身说法证明法国亦然。

巴黎两处很有名的墓地就在市中心黄金地盘——蒙巴那斯和拉雪兹公墓。很多名人长眠于此。巴黎的公墓既是历史文化的沉淀，又是具有实际功能的场所。表面上看很平静，其实还接受预订而且总有"新人入住"。

荷西很有兴趣又略带自豪地告诉我，他的爸爸就葬在发生巴黎公社历史的拉雪兹公墓里面。荷西的爸爸是个法国老军官，骑马技术一流。老人家晚年未雨绸缪，为自己一家人在拉雪兹神父公墓置了块墓地。购墓一般是以家庭为单位。目前仅有老父一个葬在家庭墓地中。

荷西还跟我揭秘墓地构造。整个家庭墓地似一口井，地面上是一个小屋子。入棺时被一个重达三吨重的大理石板盖住了，之后再有进入情况的时候，专门雇人付费把墓穴的大理石拿开，沿着一个小楼梯步入墓穴底部，墙上凿出能够放一口棺材大小的空间。嵌在墓穴的墙壁上有 9 个可以放置棺木的位置。为什么是 9 个呢？原来荷西家里兄妹 7 人，加上双亲，正好 9 位。

要知道法国墓地也很贵，而且以后大概每年要交几千欧元的保养费。即便如此，由于巴黎的公墓位置很有限，希望生为巴黎人，死后能长眠在巴黎的人有很多，造成的结果是每个巴黎公墓都会有一个长长的等待名单，登记着想购墓地的家庭。

墓地当然是私人拥有的。每个墓穴都有一定的使用年限，一般是 30 年。30 年之后如果要继

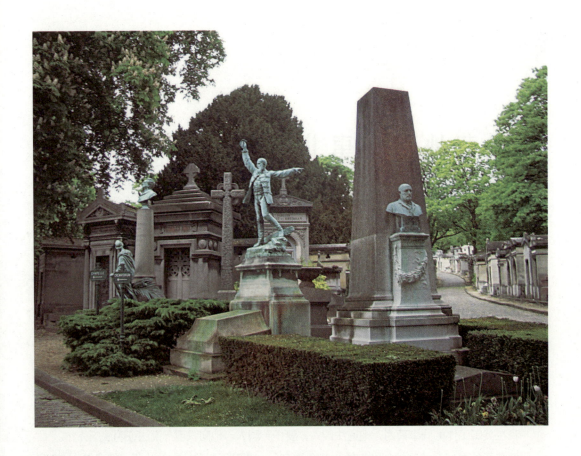

续使用，当然后人得继续付费。倘若后代凋零，无人再来祭奠，或是有的家庭不想要了，或是交不起保养费，墓穴就会被腾空转让，隶属于巴黎市政府的墓地管理人就会联系等待名单上排名第一的那家人。

荷西90岁高寿的老母亲正在凡尔赛乡下的一家养老院里颐养天年。荷西和众兄妹时时探望，轮流尽孝。讲到这里，我忍不住插话："那兄妹的配偶就没有资格进家庭墓地了？"荷西显然早有准备：老爸去世了以后，家庭墓地成员入住权就归老妈继承。谁能入住得老妈说了算。老妈要是不在了，那就兄妹7人共同商量签字决定了。若他太太逝后想入家庭墓地就要这样做。末了又加了一句：现在第三代家庭成员人丁兴旺，说不定他们得约定好只能在这个家庭墓地里面躺10年。身后再享受10年的巴黎人称号！

噢，原来他们也是轮流入住，轮流坐庄。

"墓"后故事

　　说起巴黎的拉雪兹公墓，很多中国人对里面的巴黎公社是有情结的。有段时间常有国内的旅行团专门去那里找那堵墙。以至于在公墓门口我还没开口问，门口的工作人员就向我指出了方向，可见他对我们的了解与熟悉程度。他给了我一份地图，里面标注详尽，还有路牌表明各个名人的安息之地。英国还专门有一本书带你找有名的多处本土墓园，在伦敦的时候，我经常看到一队小学生，有时还带家长一起，跟随老师走进墓园，进行教育。老师带着大家看不同的碑文，认周围的花草。生与死的概念，从小就得到认知，而且往往与爱相连。

　　参加过的欧洲丧葬过程的一个极大特点就是在墓地，棺木下葬之际，人们也都保持着一贯的肃穆，无人嚎啕大哭。每人抓把脚边的松土，扔于棺木之上，象征着对死者的哀思，这或许是出于宗教信仰的缘故。人们对他的最好祝福就是期盼逝者在另一个世界开始新的人生，而不是通过大声哭泣打扰逝者的安宁。这点与国内的很多习俗不同，是文化差异的体现。

　　另外西方风高月圆之夜代表恐怖不祥，在中国，则代表合家团聚、国家昌盛。在英国历史书里，详细而忠实地记录着历代君王的一言一行，包括他们不体面的言行，比如传记中那位患有精神疾病的英国国王乔治三世，还有根据同性恋的爱德华二世改编成戏剧并常年在伦敦有名的剧院里上演的剧目，即使是当政的法国总统的新闻也会被及时改编成歌曲和戏剧，还会邀请总统本人来看。又比如著名的伦敦西敏寺大教堂同时也是墓园，安放着历代君王的灵柩，有的就放在人行走道的下面，任凭行人踏过，国旗也可以被制成垃圾桶的表面图案或是印在门前进屋的踩踏垫上，这种行为在中国则被视为对已故之人的大不敬，对国旗国家的不尊重。西方人生有洗礼，死有葬礼，大事如婚礼往往都在一个教堂进行，而且还是在同一座教堂。举行过伊丽莎白二世的加冕典礼的教堂，举行过戴安娜王妃的葬礼，并且他儿子威廉王子的婚礼也在那里举行，甚至刚出生婴孩的洗礼也在同一个地点。而中国，婚礼和葬礼就绝对不会选在同一个地方举行。对于西方人没有我们讲的忌讳，于他们是纪念，是爱的延续。

　　我 2007 年到俄罗斯新圣女公墓参观时，正值俄罗斯前领导人叶利钦去世不久，入口处有很多鲜花簇拥成了临时的纪念堂。整个墓园好像个公园。这个公墓位于莫斯科郊区，毗邻新圣女修道院，在历史上暗藏刀光剑影，沐浴血雨腥风，见证了俄罗斯皇室的许多重大事件。新圣女公墓起初是修道院修女们死后的墓地，后来成为埋葬了俄罗斯民族历代精英和骄傲的公墓，每天都会有大批的莫斯科市民来到这里，似乎只要在这里停留片刻，那些紧缩的心灵就会得到舒展和放松，平淡无奇的生活又会重新燃起希望的烛光，这里似乎有种魔力吸引着一代代人前来朝拜。它不同于北京的八宝山革命公墓，也不同于美国首都华盛顿的阿灵顿国家公墓。走进新圣女公墓，犹如翻开一部"百科全书"，里面沉淀了俄罗斯厚重的历史和文化的精髓，是欧洲知名的三大公墓之一。

在参观欧洲公墓过程中，我还发现了两个特色——墓碑形状与墓志铭。墓地与其说是逝者的安眠之处，不如说是他们生前职业或是兴趣爱好的展示之地。用雕塑艺术表现逝者生前的职业特征与主要业绩是其特点，通过独特的墓碑，就可以了解每个安息者的生命故事。墓主的人格身份与墓碑雕塑的巧妙结合——比如叶利钦后来的墓碑是面俄罗斯国旗的造型雕像。著名芭蕾舞艺术家乌兰诺娃的墓碑，是她在天鹅湖中正翩翩起舞的雕像。航天学家的墓碑则用三架飞机注释，那个用小提琴当墓碑的生前则是个音乐家。打开的书上镌刻有俄文的，不用说，那是作家或诗人的得意之作。《卓娅和舒拉的故事》中的原型卓娅的墓地是一座青铜色的立体雕像，

她高仰着头，裸露着胸膛，雕像勾勒出她少女优美的曲线。据说，卓娅塑像现在的表情和姿势，就是年仅17岁的她被德军绞死后的真实情景。凶残的德军不仅强暴了她，而且在她牺牲后，还将她的一只乳房割掉了。当卓娅英勇就义的事迹传到莫斯科后，斯大林给当时的城防司令朱可夫下了道命令，将绞死卓娅的德军步兵团的番号立即通报给所有的红军部队，命令说："在未来的作战中，只要俘虏了这个团的官兵，一律格杀勿论，不许接受他们的投降！"这都是欧洲特有的"墓"后故事。

除此，在欧洲另一座城市维也纳的中央公墓里，会看到贝多芬的墓常年花团锦簇。其中还有兔子形状的墓碑，应该是逝者生前喜爱的玩具吧。欧洲人的

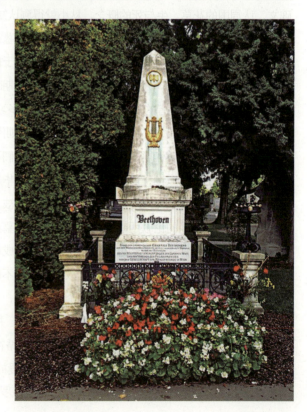

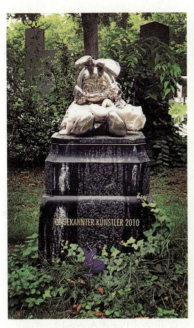

墓地，实在不像墓地，更像花园，这就不难理解有些欧洲人还专门偏好在这样的幽静之处闲逛漫步，静默独处。他们对死亡无太多忌讳，认为是到天堂，是以另一种方式生活。所以你会看到在墓碑上写着，"等我，直到再次相会"。

不止是墓碑上的墓志铭，连那些墓园里提供给前来凭吊的人们休憩的长椅都是情感的留言处。仔细看长椅的背靠处，会刻有非常优美的文字，寥寥几句勾勒出不同的故事，让人唏嘘。长椅有些是家属们捐赠修建，有的是本来存在，在上面镌刻了对逝者的哀思与想念，细看竟没有一段文字是相同的。

我后来就多留意各处长椅，发现不仅仅在英国的墓地，还有风景秀丽的皇家公园休息长椅上，泽西岛的海边长椅上都有爱的箴言。原来这些都是生者之前常来的地方。睹物思人，健在的家人就会把想说的话语写上，或是给曾挚爱的伴侣，或是给逝去的父母，希望能随海浪拍击，随风儿轻传，带给他们这些话语与思念……

"我们常在这里看海，你说过，喜欢这里的风景。"

"我现在还能踢腿，活动，只是特别怀念你在身边的时候，你总在我心……"

欧洲公司的人情味儿

　　我曾在欧洲不同国家的公司工作，无论是世界五百强的大公司还是家族企业，我都发现西方人并不像我们印象中的冷漠，相反他们很重视同事之间的关系。遇到同事升迁，或是生了小孩，欧洲同事们也会凑份子，表达祝愿。往往是秘书来筹划，放个信封，大家随意，然后商量给当事人什么样的礼物表达祝愿。他们把迎接新同事的聚会，称为欢迎会（Pot d'Accueil）。由部门负责人带着小组人员做个自我介绍，一起就餐或是喝杯咖啡，相互了解。往往选择在早餐或午餐时间进行。而同事结束工作或升迁就会有一个欢送会，法文叫Pot De DéPart。迎来送往，也很讲究。他们市面上还专门有本指南告诉你新点子和该如何成功策划的方式。

　　在公司内部的几个部门做项目的经历让我对这个欧洲特色有更多的体验。每次项目顺利完成，就要和同事说离别。开始对公司不了解，第一次的迎来送往对我确实是个惊喜。因为他们都是秘密筹划的，无论是时间地点还是方式，都是群发商议，除了没有抄送给我，所以我一直被蒙在鼓里。直到有天下午，我的头儿安娜克莱尔叫我一起下楼喝咖啡。就在我们经常一起休息的时间，没什么不一样，我跟着她一起去了，进了门看到满屋子的人，还有整个部门的大头儿。然后看见桌子正中摆了个小圣诞树，当时正值圣诞节前夕，树下全是礼物，不止是一份。

　　他们让我一件件拆开，边打开同事边在旁边说明每样礼物的用途，他们知道我爱旅行爱记录，

有复古样式的旅行日记本，有法国香水精美礼盒，红磨坊入场券，还有红酒巧克力等法国特色礼品。最逗的是还有件吊带裙和厚厚的围脖，我的女老板走上来帮我围上，说大冬天的，看你总露个脖子，以后天冷一定要围上。我也幽默了一把，举着那件吊带在她身上比划，"这是你给我买的吧，分明是按你的尺寸"，大家哈哈大笑。

想想当你在新入职时，发现公司的报纸上法国同事会特意用中文写上欢迎光临，来迎接你，你怎会不感动？他们记得你的爱好和需要，在异国给你温暖，在这样的团队你当然会卖力。同事之间关系的融洽可以增加凝聚力，促进工作的顺利进行。从他们身上我学到了很多，不只是在工作上。

法国人在制造浪漫和惊喜方面绝对名副其实。我在另外一个项目组，是在夏天离别，他们知道我爱吃甜点和香槟，一口气买了三个不同口味的法国典型大蛋糕。秘书买来花，女老板看了说不是我喜欢的白玫瑰，于是赶在欢送会前重新换好，这些都是其他同事后来告诉我的。

这样的惊喜我感受过，也给同事们制造过——这是欧洲公司的人情味儿。

警察故事

一、英国警察最亲民

我个人认为英国最无聊的两个景点，一是据传有水怪的尼斯湖；二是唐宁街 10 号的首相府。两者的共同点是，明知里面什么都看不到，还有大批大批的游人使劲伸着脖子看。许是这里值班的警察看人们大老远来，不容易，有一次我发现特别幽默的两个警察，在栅栏另一侧伸过手臂，喊着，救命，放我出去，然后马上恢复严肃，逗得游人一阵大笑。2013

年的英国改了夏令时却依旧在人间四月天飘起了鹅毛大雪。那天预报温度 −3 摄氏度到 23 摄氏度，我以为温差 20 摄氏度，原来是相差 26 摄氏度。政府要求大家放一天假，各扫门前雪，堆雪人。这不警察局门前率先堆起了雪人版之"警察 Style"。

英国的骑警每天中午准时从我办公室楼下经过，马和人雨天都穿雨衣，走到街前红灯处，也特意停下来左看下右看下，也很遵循交通规则呢。不止规则，英国还有条古老的法律——孕妇可以往英国警察帽子里小便，可能世界独一桩吧。完整表述是在找不到厕所的前提下，可以寻求警察帮助。据说警察拿回尿液，若未发现怀孕迹象，一样可以拘捕。

我的问题是，到哪里可以抓到嫌疑人呢，难道还是靠帽子里的线索？

二、巴黎警察便衣多

原先浪漫是巴黎的老名片，如今治安乱成了巴黎的新标签，所以巴黎加大力度以求改善。曾亲眼看见市中心春天百货附近，便衣擒贼的场面。这是偶然一次遇到巴黎出警在塞纳河检查。警察们开船巡视的样子总在电影里出现，现实见到的不多。

警察功能很多，周末晚会护航轮滑和自行车爱好者，为他们开道。遇到示威游行还要保驾，指引示威路线，预防突发事件。有时候碰上巴黎的僵尸游行，你看一队扮着僵尸鬼样的人在中间走，僵尸还时不时爬上警车，吓唬吓唬正保证游行队伍走在两侧的穿着制服的巴黎警察，那副样子简直笑死人了。

有次和一警察朋友闲聊，巴黎这么多示威游行，你们怎么看。这个女警说，一些游行如退休保障等关系我们生活工作的，我本身也支持，这也是我们的工作，可就是还有许多别的国家的事情，然后也搬到巴黎来游行。无论是被抗议者，还是当事人都不在法国。

我想，这也是他们的特色之一吧，"自由平等博爱"的旗号打出去了，就要接纳不同的活动，可怜的巴黎警察。

三、荷兰警察最有耐心

在性赌毒都合法的荷兰，警察显得更重要。红灯区里来回巡逻的警察保证游客的安全和妓女的权益，将醉酒捣乱或耍赖滋事的嫖客带走防止纠纷。

对于软性毒品，在商店里一定库存数量出售或是家庭种植在规定范围内都是法律允许的。听荷兰朋友告诉我，如果超过数量地种植是会被警察逮捕的。但毒品种植的利润高而且周期短，很多人都会以身试法，抱有侥幸心理。他曾经看到招聘启事——说只要每天定时一拉一关电灯，每月收入就不菲。哪有这么好的事，一问才知道原来是帮助种植毒品，就没敢接。因为在室内种植，要在短期内促使植物长快，需要高温装置，直接反映在电表上，所以哪一家电费突然增高，就会说明有猫腻的可能。警方开始是以这个为线索来抓捕，但有偷电的漏网之鱼，后来采取更高端的设备，飞机巡视，红外线感应。哪片高就是事发地点。荷兰警察发现了也不打草惊蛇，小本记着，耐心等到这一茬收割了才去抓捕。不承认，都盯了一年了，人赃俱获，一网打尽。不是不抓，只是时候未到。耐心的荷兰警察啊。

四、欧洲骑警最潇洒

欧洲街头经常会看到的这样的骑警。有时候是女骑警，有时候单人，还有时和同伴在一起。2011年英国抢占金融街的示威游行中，我就看到有8名女骑警开道，之后就是大批游行的人。有些青年正要爬到旁边建筑高处，被女骑警一把揪下来了，真正的人高马大。

意大利的女骑警在执勤时在看手机，应该是紧急情况吧。要不然算不算开车看手机呢。我知道他们的马也很遵照交通规则呢，红灯停，绿灯行。和警察们一样穿着荧光标志执勤衣，雨天换雨装。风雨无阻在执勤。

五、现场抓捕很惊险

在协和广场上近距离看到让·雷诺在拍电影，当时还有个警察在举枪围捕，镜头在远远处捕捉。好多路人还以为是真实的，还有报警的。后来在伦敦开车时，就真碰到一出现实版的警察追捕现场。看得出来，警察在抓捕时很不容易，还同时在请求增援。

欧洲游客日益增多，安全有隐患，近一年发现警察三两人一组巡视，街头景点火车站都增加了力度。滑轮的，骑车的，骑马的，走路的，坐公交的都有他们的身影。

在布拉格，还有看到车追警察尾的，不知要办什么事，比警察还着急？记得我曾不小心在旧金山最美大桥边走错路口，刚往回倒了两米，警察不知从哪冒出来，我正准备下车出来解释，没想到他们手按腰间差点拔枪，原来在美国有问题一定要待在车里不动，等美国警察过来再开口。他后来都是给了我很好的建议，因为一看我就是初犯，谁从入口倒着出的？被罚200美金呢还是去桥上兜一圈再出来呢，这两个选择还用问吗？

只是这回是我闹了洋相，而且彼此都很紧张，比起爱拔枪的美国警察来，欧洲警察还好。

欧洲骆驼祥子

祥子的职业现在在欧洲又热门起来了，不仅有不同欧式黄包车提供，还有女性的参与，让游客觉得很新鲜。尤其在欧洲一些街道，机动车禁行，马车驶不进。这些"祥子"和他们的家伙什儿就大显其能，大有用武之地。

这种新兴出租车灵活方便，性价比高。可以和"洋祥子"们谈价。近距离的 5 镑就走，远的有标准，观光另算，还可包车游城市，"祥子"们又变成了导游为你介绍。有时我上去问路，"祥子"们回说："上车吧，不远，给您带到，看着给就行。"那神情活脱脱一北京骆驼祥子，他们赚个小费钱，有时还是活雷锋。

他们把自己谋生的交通工具收拾得很干净，装扮得很有特色，有放保温毯子的，有通体装荧光灯夜晚独亮的，有涂成豹纹的。不仅从视觉上诱惑你，还有的装上音响，老远就告诉你其存在的地方。

有时排成一排，等待出活，很有气势。有时看他们也很辛苦，给客人们准备了防雨斗篷，自己淋得不成样子，欧洲天气多变，好在路还比较平缓。路虽平坦，可"洋祥子"们照样能让你体会到过山车的感觉，小巷里钻来扭去不说，有时骑车还玩起了花样，跟客人互动。我体验过几回，有几次被大拐弯弄得居然差点儿晕了车，不过这也是别的交通工具给不了的体验。

圣诞那天，居然看到了一个装扮成圣诞老人的三轮车司机，停在玩具店门口，引来一对儿小朋友争着坐。他妈妈问，我们不是刚到商店吗，不买礼物就要坐车走吗。小朋友坚定地点了点头。看来这版骆驼祥子好有营销头脑，好有魅力。

First Lady

First Lady 在外文中既可以是第一女友，又可以是第一夫人，用在法国是再合适不过了。

因为在法国，还有一种情况，就是未婚总统，只有女友，没有夫人。这不现任总统奥朗德宣布第一女友分手，共同生活结束。不久的将来又有新的 First Lady，还是女友头衔。

这源自法国特色的同居文化。在法国同居与结婚同样受到法律保护。只是在对方继承权方面有所差异。在法国公司和老板一起面试职位候选人时，我看到手中的简历上，有位男士上面有同居 3 个孩子的注明。同事说这栏写的就是婚姻家庭情况，包括已婚"未婚"离异，还有第四栏选择是同居。

当奥朗德总统与另女星约会曝光时，所有后来发生的事情完全出乎意料。比如说，得知总统出轨的私生活后持宽容态度，认为是有魅力的体现，奥朗德支持率没降反升；而当时的第一女友得知后表示已准备原谅总统，同时邻国英媒报道的却是第一女友在总统办公室大发雷霆，河东狮吼，将一古董级的国宝花瓶扔向对方，所幸总统躲过。而这国家财产如何被赔偿也是一难题，这一内部消息次日被英媒率先曝光登在头版。

我发现法国人似乎不仅有选择法国总统的权利，还有帮总统选第一女友的义务。在后来的民调显示有近百分之九十的法国人希望总统更换当时的第一女友，并有人在国民议会前倒了一车马粪，以抗议总统和当时第一女友的关系。法国显然不是清官难断家务事，这是总统本人的家务事要群众来积极出策——这也是法国特色。

最不可思议的是另一边被媒体曝光的和总统秘密约会的知名法国女星，就是有望成为下位 First Lady 的准第一女友，已经在家乡开晚会庆祝，和总统近两年的地下情终于公开了，虽然不是以想象的方式。而这位女星当年也出现在奥朗德的总统竞选班子中，与总统的认识源于总统奥朗德的儿子和儿子妈妈罗亚尔的介绍。怪不得这被称为法国的"甄嬛传"——原配女友被第一女友插足，两人分手，然后第一女友被原配介绍的女星拆散，黯淡走出爱丽舍宫，成为了前第一女友。

由于法国现任总统一直没有结过婚，在分手的第一女友之前，和前女友罗亚尔有四个孩子，两人曾一起近30年。孩子的妈妈罗亚尔就是那个2007年法国总统大选萨科奇的强劲对手，法国社会党巨擘，前密特朗总统顾问。2007年的时候作为法国首位女性候选人进入最后阶段的总统大选，有期杂志封面贴遍街头巷尾——是她的男友奥朗德和萨科奇当时夫人西西莉亚的照片，题目是谁将随伴侣入主总统府，法国将出现First lady 第一夫人还是第一男友？

没想到一周后，随着竞选结果的出现，都变了。后来，每当看到与她曾经的男友出访亮相的当任第一女友时，还有在她孩子的父亲当选总统时，一起与巴士底支持他的民众度过庆祝之夜时，我愿意揣度罗亚尔的心情，她优雅迷人更有政治经验，为爱的人生了四个孩子。7年前与总统之座失之交臂，5年后与总统夫人又一次擦肩而过。这世界大概很难找到这样的女人，错过了总统，又错过了第一夫人。但换个角度想，总统在这个家庭轮流转，像贝隆夫妇，像布什父子。对于他们的孩子而言是自豪的——不是妈妈当，就是爸爸当。

欧洲牌匾

中国楼前门口会挂不同的牌匾，告诉你这所建筑是什么单位，如果有金灿灿明晃晃这样大小的牌子，不用说，应该是荣誉单位，或是先进表彰之类的奖牌。

而在西方，这些挂得满满腾腾牌子的，是私人诊所的标志。他们会租在很好的高档住宅楼里，然后把各自的医生名字、所看门诊的名称、电话及所在楼层写在牌子上。中间有时会注明毕业学校的名称，当然是名校。在欧洲做一名医生要经过很严格的考试，取得资格证才可以行医。看看这栋住宅楼显然很受医生们的欢迎，竟然扎堆儿，有牙医，有儿科医生等等，简直快成医院了。再仔细看那些牌匾，发现有的上面直接写着——只接受预约。这里看医生可不是推门就进，而是要提前预约，即使到了，也要先按铃，对讲确认后，等待上面开门，上楼见到医生，然后再接着等，往往排队等候时间较长。即使你约定的时间是 12 点，能在 12 点半看到就很不错了，在等候室待的时间有时比看病的时间还长。法国人都习惯了。在等候室里有各种杂志和书籍供你翻阅。

看病比起公立医院会更细致些，服务也更周到些。前不久朋友带孩子去看儿科牙医，待遇很好。不但用各种不同口味的牙膏，还有两个大美女牙医一边讲着故事，一边用小牙刷一个牙一个牙地清洗，最后还发小礼物。孩子不紧张，也乐意总去。服务得好，医生漂亮，只是结账时吓她一跳，200 多欧元的价格也很漂亮，她还不知道法国的医疗保险能报多少。这就是法国的特色私人诊所。

无论是公立医院还是私人诊所，都涉及患者的医疗费用及保险。在欧洲生活，除了认识欧洲牌匾的用途，更要了解欧洲医疗的门道。无论法国还是英国都有世界领先的医疗水平和条件。我在欧洲两个国家长时间生活过，不免拿来比较，这是我的一点感触。

两国都把公共卫生体系的建设作为政府的首要任务之一。但是在具体实践上又根据本国特定的社会情况发展出来不同的模式。总的来说，英国走的是国家大包大揽的路，而法国则采取了更加灵活的公私结合共同建设的办法。

在 2012 年伦敦奥运会的开幕式现场，我们看到了英国的 NHS 医疗系统用一段舞蹈作为英国特色展示给大家，的确拥有世界上最早最便捷的医疗救护系统，伦敦有值得骄傲的资本。其实英国在"二战"之前的医疗费用是相当昂贵的。"二战"中全体英国国民不分阶级浴血奋战赢得了反法西斯战争的最后胜利。大战之后，人们分享胜利果实的意愿非常强烈。为所有的人提供高质量的免费医疗就在这个背景下出台。具体的办法是每个社区都有若干家类似卫生所的基层单位。社区居民必须在其中的一家诊所注册。有任何医疗方面的问题，居民需要首先到社区诊所检查。如果医生认为情况比较严重，他们会负责将患者介绍到设施齐全，水平先进的专业诊所或是医院，所有的诊断和治疗都是

免费的，一般的药品也是免费的。不论药品的实际价格如何，患者都只要付一个统一的处方费用。

这个系统听起来很好，也真正实现了不分经济状况医疗面前人人平等的社会理想。直到今天，国民保健体系依然是英国社会的骄傲，是全国最大的雇主。人们在批评这个体系的时候都要非常小心，以防犯了众怒。然而不可否认的是，有限的公共资源是无法满足日益增长的服务需求的。在很多地区，人们等候看医生的时间越来越长。因为医疗资源紧张，英国的医疗体系重治疗不重预防。因为完全免费，真正需要治疗的患者被淹没在大量无关紧要的小病患者之中，等不到及时的检查和治疗。他们往往会拖到病情相当严重的时候才会引起医疗系统的重视。到了这个时候，不是为时已晚，就是治疗起来事倍功半，浪费了资源。

在英国的免费国民保健体系之外，也存在着一个完全自费的私人医疗体系。应该说两者的医疗水平都是一样高的。然而私人医疗体系提供了更加快捷的服务，但是服务的价格是非常昂贵的。如果所在公司没有提供很好的医疗保险，一般工薪阶层是无法完全依靠私人医疗体系的。

与英国的公私医疗部门完全对立的方式相反，法国保健领域公私部门是互相合作的关系。凡是法国居民，不论经济状况如何，都能享受国民社会保险，一般的门诊享受报销 70%。至于剩余的 30% 则要患者自己支付。所以大多数人都会购买自费的医疗保险。对于真正贫困的人口，社会保险部门会同意保险全部费用。

尽管很难说法国的制度比英国的制度更公平，但是从实践效果上来看，法国医疗体系的效率无疑是更高的。这正是应了那句老话：天下没有免费的午餐！

和你们在一起

　　欧洲公司在每年年初都会有一个年会，它不同于年终总结会，也不同于各部门的见面会。而是将这一年新入职及调动升迁调整后的人们集中在一起。在总公司参加年会活动，相互熟悉，跟同学一样。成员可能是新上任的部门经理，或是分公司到总部的管理人员，也可能是刚毕业新上班的学生，或是从别的公司挖来的资深经理。总之，不论年龄，不分男女，不看职位。只要是头一年进公司的，都参加这个活动，为期两天，是法国的特色之一。

　　这两天内，随机分组，由人事部门组织活动。从认识公司结构、职责、人员到公司历史与特色。这些都通过游戏或有奖竞猜的形式来完成。而对公司产品的熟悉、介绍及建议则通过头脑风暴与演出汇报来体现。

　　年会培训每次有专人记录，高层及专业人士现场评判，公司专职摄影师记录并制成纪念册留念。整个过程非常有趣，时间很快就过去了。

　　最后的综合测评，我们临时小组的五个人比第二名多了0.5分险胜。奖品居然是名贵酒庄的红酒一瓶，这也是红酒天堂法国的特色吧。

金融城女市长的花街巡游

　　每年的金融城市长都要选举更换，并且固定在十一月初的周末进行上任的花街巡游仪式。今年上任的第686任是一名女市长，也是自设立以来800年的少有的女当家。随着伦敦金融城与中国来往日益密切，最近几任市长都给自己取个中文名字，伍尔的中文名叫吴斐娜。

　　说起这金融城，在英国，在欧州乃至世界都占有很重要的地位。与美国华尔街齐名甚至风头更劲。面积约1.4平方英里的地盘里聚集了世界500多家银行和180多个证券交易机构。作为伦敦金融业的代表，金融城市长担负支持推进金融城经济文化发展，并维护工作环境及对外宣传的职能，有很强独立性。城内有自己的警察与法庭。女王入城也要征得金融城市长的同意，得到具有象征意义的市民宝剑，方可绕过一对金融城标志的小飞龙进入城内——这大宪章的规定，到现在还有效，可见皇室对其的肯定和尊重。

金融城市长的选举不同于其他市长。他不是公务员，而是有经验有能力也有财力的人，有时还要自掏腰包负责礼仪性的费用。这是一项荣誉职位，任期只有一年，不能连任。交接仪式被称为沉默仪式，很有特色，显示庄严肃穆，不能出声，从前任接过象征权力的权杖、掌印、衣袍等物品。仪式举行的大厅也曾是每年英国文学奥斯卡奖的颁奖地点，离我居住的地方不远，曾有幸被邀参加，见证特殊时刻。

　　这年金融城女掌门走马上任，听说美联储也更换了女主席。加上国际货币组织的女掌门人是前法国财政部长拉加德，还有再度当选的德国女总统默多克，那英国铁打的女王流动的首相。重要的政治金融部门由女人来领导，形成了欧美世界的一个新局面，看来这里的女人们顶起的可不只是半边天呢。

活·色·生（职业人生）·香

欧洲奶爸

　　在欧洲街头总会碰到奶爸们或手推或肩扛或怀揣来照顾宝宝，一副十足的奶爸形象。有的还塞给婴儿奶瓶当街喂奶，在英国，新生儿出生后，父母可向政府申请"奶粉钱"，最新的政策家庭首个新生孩子每周可领 20.3 镑，之后的孩子每周 13.4 镑，直到 16 岁，若进入大专院校，可领到 19 岁。

　　车推一族里，在马耳他碰到的这对双胞胎。他爸爸告诉我，车是专门从中国订购的。而英国爸爸的自行车是本土的，开始我以为是改装的，一问不是，买来就这样，还能买菜。孩儿他爸还拿出了可带孩子采购的图像证据。荷兰这样的车也很多，价格是人民币 2 万元左右。

　　在欧洲，尤其是北欧，越来越多的全职爸爸出现，近十年百分比竟涨了十倍，合每七个家庭就有一位全职爸爸。越来越多的男性申请育婴假，以意大利为例，四年间有近 13 万奶爸在家照顾新生宝宝，逐步打破男主外，女主内的国际传统。

　　看街头那些欧洲奶爸带起孩子来像模像样，也很称职，是城市一道新兴风景线。

各国邮筒和邮递员故事

每到一个新地方收集并邮寄明信片是多年来养成的习惯。这一习惯让我格外留意各国不同的邮筒，还有许多难忘的邮寄经历——在大雪纷飞时找到波兰王宫附近的邮筒，在酷夏之时好不容易在梵蒂冈大教堂前广场的所见，在马耳他由于圣诞节调整工作时间，去了3次最终在圣诞老人邮局才放进去的邮筒。

有以信件分别寄往国内还是国外为区分的巴黎黄色邮筒。有在灰色城市背景下总是格外醒目的伦敦标志性红色邮筒。而寄给警察的邮筒则是蓝色的。有的放置在街边，有的侧嵌在墙内。我国的邮筒多是绿色。纵观这五花八门的邮筒，就是一个色彩缤纷的特色。不光是这些邮筒有意思，每天与它们打交道的邮递员也特可爱。

最近英国有个人想试下皇家英国邮政的效率，于是从爱丁堡往伦敦寄了根香蕉，他贴上邮票放进邮筒后，居然在第二天寄到了，除了表皮有点发黑之外，一切都好。于是他很称赞邮局，并将香蕉照片公布网上，很多人都看到了，赞扬这个构想更惊讶英国幽默的邮递员。因为之前关于邮政总是报道囧事，比如前段时间英国皇家邮政私有化，抗议游行了好一阵。这期间有个邮递员不小心把自己管辖区的邮筒钥匙弄丢了。因为伦敦街头所有的邮筒都上锁，需要邮递员一把把开启，然后用个大麻袋把里面所有信装走。于是他就把所有丢了钥匙开启不了的邮筒都封了起来，报纸就披露了那天伦敦街头被封邮筒神奇的一景。

伦敦居民少有信箱在外，多是留一道缝在门上，需要邮递员上楼逐家塞信，只闻声不见人。有时是一个公寓门口有几道缝，门后就是住户门的信箱。而法国邮递员多数骑自行车，或是推个买菜样子的小车送信，里面分门别类放好管辖的一条街里所有的信件。然后分别放在公寓楼下写有你名字的信箱里，或是别墅门口单独的信箱里。有时包裹需要上门签字，时间长了都会相互认识。在街上碰到邮递员，还没发到自家门栋，可以直接找到自己的信件。

　　每到圣诞节前夕，法国邮递员会拿着各种图案的挂历挨家挨户送，有时一人，有时两人。你要给他们准备一些小费，钱数不等，十几欧，几十欧都是心意，以此来肯定他们一年来的辛苦，这也是法国特色之一。

在欧洲搬家

我把巴黎称为蜗牛式的城市。

你看那巴黎城 20 个街区，就像一个蜗牛的壳随螺旋外延。中间是一区，然后依次罗列，直到最北边的 20 区。有时想想，这没准还影响了城市节奏——每次为法国人慢慢的节拍抓狂时，就会想一定是受这蜗牛慢节奏的传染。其实不只巴黎街区分布是蜗牛螺旋式，居民内部楼梯也是蜗牛式。因为过去的奥斯曼建筑少设电梯，有的是后来将楼梯分成两半，一半仍保持是螺旋形状楼梯，另一半改装成小小的电梯，狭窄的电梯空间，让两个人站进去都不得不亲密的样子，所以搬家根本指望不上。没有电梯的楼房大多是如螺旋式楼道——转弯小，爬一圈，头都会晕。搬扛东西，根本不现实。在巴黎搬家，难度更大。

有个数据说，人的一生要平均搬七次家。想想看我在巴黎就差不多用尽这次数了。而且都是极大难度的挑战——这样蜗牛螺旋体自然无法施展拳脚，多少巴黎人跟我有一样的体会。好在巴黎的搬家公司用这样的梯子可伸到楼上去，将已打包好的家具物品递下来。有时还有吊车，从落地窗口或阳台把大钢琴吊着，很有

活·色·生（职业人生）·香

技术含量的样子。下次你看到这样的情景就明白——住在蜗牛式楼里的巴黎人在搬家。

这让我想起在荷兰鹿特丹，莱顿等地家家窗比门大。后来得知，全荷兰基本都是这个状况，因为之前荷兰国王下令按照门的大小收税，因为有钱人的家具一般都比较大，民众为了少交税就把门都建得很小，把窗户弄得很大，这样就可以从窗户把东西搬进搬出，这样更不用楼道了。

后来被银行从巴黎外派到欧洲的其他城市时，他们会帮助你搬家。过程是银行请常合作的两家服务好的搬家公司，先后约好时间到你家做个丈量，报给公司容积数，有多少家具，多少大件电器，并看搬走及入住的地方是否有电梯——这都算难度系数，然后报给公司，最后根据三方可行的时间、车辆来确定搬家的时间。搬家那天，自己很省事，之前也不用做任何准备。他们会带来新的纸箱、保护薄膜、胶带等工具。将纸壳先一一粘好，分为大中小三种，放入物品后，还会详尽地登记编号，然后归档入车。其中帮你把易碎的器皿，宝贵的收藏油画等用专业手法包好。当看见我收集的齐达内模型时还告诉我，他们是老乡，做这行已经16年了。他们非常有经验地将物品都打包好，既省空间又省时间。我就在旁边指挥哪些需要搬，哪些留下就好。尽管这样，也整整搬了一天，最后竟然一个纸箱都没剩下，可见事先测量之精准，也让我见识了法国的搬家公司。夕阳落山，四名工人开着一个满满的大集装箱货车走了。到达另外一个国家后，以同样的顺序，他们的同事们再打开所有箱子，按我的指挥，将家具摆好，书籍归位，衣物叠好入柜。这样的服务流程，让我真心感觉在欧洲搬家不累。

新住处是公司先提供在市中心的住宅，一周900镑左右，会有人定时清洁打扫，由公司支付。所以住得舒适，自己以后找房买房也有了更多经验。欧洲人多是在网上或中介公司寻找自己心仪的房子。欧洲报刊亭每周四会有一本为出租或买卖房屋的小册子，被欧洲人称为指南，和城市生活的节目单一样很受欢迎。那天回到母校，还看到广告栏的小告示，想起当学生时，这可是主要的信息来源呢。

冰岛渔夫和冰岛金融家

忘记是哪位智者曾说过的，如果要把欧洲国家从地图上抹去而对世界历史没有任何影响，那么冰岛就是这样一个国家。

冰岛正好处于美洲板块和欧亚板块的分界线上，北大西洋暖流把它包裹其中使其不会过于寒冷。冰岛全国才 30 多万人口，平均每平方公里 3 个人。它的居民传统上靠渔业为生，冰岛渔夫在大西洋上赫赫有名。

就在金融危机愈演愈烈的 2008 年，我来到了这个位于世界尽头的国家。第一天在冰岛买东西时，我发现售货员多找了钱，可能换算错了，那时冰岛用自己的钱币。退给她时，她说，没有多找，今天汇率大跌，金融危机。这是我在冰岛第一件有感触的事。

2000 年以来，随着世界金融"创新"的发展，冰岛也嫌捕鱼来钱太慢，转而大力发展金融业，从世界资本市场上借短期低息资金而投资于长期高风险项目。一时间，冰岛渔夫纷纷上岸，穿上西装去银行上班，也成为一道风景。

可惜好景不长，美国次贷危机爆发之后，冰岛的银行遭受了巨大的损失，一下子就赔光了本钱。而银行的外资实在太高，政府也无力救援，只好宣布破产。

冰岛的金融创新和金融赌博可是害苦了老百姓。

记得出机场后，我去了当地最有名的火山湖——蓝湖去泡温泉。期间和一个工作人员聊天，他先向我介绍这蓝湖的温泉热水并不是天然的泉水，而是附近发电厂利用地下深处的热水发电。地下热水排出之后，温度大大降低，正好可以被注入蓝湖中，实现了"废物利用"，冰岛人很自豪这个环保创举。当聊到这正在发生着的金融危机，他刚才那闪亮的眼神就暗了下去，说他的房贷还款是与美元、欧元和日元等外币挂钩，现在冰岛克朗突然贬值了 50%，意味着他下个月的还款要增加一倍。可是他目前的还贷数额已经占了他月收入的 50%，那不就是说他下个月没钱吃饭了？

另外冰岛银行这一垮，也害了英国老百姓。因为有些英国居民受到冰岛银行相对高息的吸引，

活·色·生（职业人生）·香

把钱存到了冰岛。这下冰岛一赖账，英国储户的钱就拿不回来了。

而冰岛多次举行的公民投票中，冰岛居民坚决反对政府替银行还这些存款。看来危机造成的损失，冰岛老百姓也不想自己扛。

后来在参加英国政府组织的一次金融论坛时，我遇到了冰岛总统，他当天发表的演讲就是关于冰岛与金融危机。在后来的午餐会上，还和他聊起了那段旅行。那是真正的亲历一个国家的金融危机。

伦敦塔的乌鸦警卫队

在过去的伦敦，曾有一种说法：如果你控制了伦敦塔，你就控制了泰晤士河；如果你控制了泰晤士河，你就控制了伦敦；如果你控制了伦敦，你就控制了英国；如果你控制了英国，你就控制了世界。

伦敦塔的重要性由此可见一斑。位于伦敦市中心的泰晤士河的伦敦塔建于11世纪。由两个同心圆的防御城墙和护城河内的城堡组成的伦敦塔桥就建在其一侧。在建成之初，伦敦塔是一座宏伟的宫殿，用作皇家住所，并在以后很长时间内作为伦敦的象征。它曾被用作监狱、军械库、国库、王室存放盔甲和珠宝之地。这里也曾是皇家铸币厂以及皇家动物园所在地。它见证了不少传奇故事。作为监狱，伦敦塔里发生了许多骇人听闻的惨案，以至于伦敦塔成为了酷刑和死亡的代名词。在这里，理查三世的侄子莫名失踪，让这位国君背上弑侄篡位的罪名。都铎时期的国王亨利八世的6个妻子中，有2个是在伦敦塔里被处决的。虽然过去的英国君主对不忠妻妾、直言犯上的王公大臣或谋逆造反的平民百姓毫无怜悯之心，但是这里的一种动物却得到了王室贵宾般的待遇，而且这种待遇一直持续到现在。这种野生动物就是——乌鸦。

这让我想起了北京紫禁城的乌鸦，清朝的时候乌鸦一样被视为神鸟，所以直到现在，每每黄昏时分，老北京的乌鸦会成群飞到万寿路附近的树枝上栖息，视为一景。而这伦敦的乌鸦是不是有一样的故事呢？

传说，查尔斯二世时，他的一个大臣对他说这些乌鸦是来保护城堡的——一旦乌鸦飞走，

活·色·生（职业人生）·香

那么伦敦塔就不保，英王室的江山就要遭受灭顶之灾。外国国王也迷信，于是查理二世颁布皇家法令保护这些乌鸦。从此以后，这些乌鸦就被视为吉鸟，每日被喂与皇家鸟食，它们还享受着王室为它们专门搭建的鸟巢，它们可真是享尽人间富贵了。根据传说，伦敦塔里必须有至少 6 只乌鸦，不然塔就会倒掉。为了保证这个数量，伦敦塔里养了 8 只。一天被喂两次，会被叫早。开笼后就在最早的游人到达之前几个小时就重新占领了它们在伦敦塔的绿地上的领地。乌鸦黎明到黄昏一直在外边，直到黄昏才被关起来，以保护他们不受游荡的狐狸或野猫的袭击。

开始让我注意到的并不是乌鸦，因为数目并不多，让我注意的是塔前穿戴着都铎时期蓝镶红边的制服和帽子的伦敦塔守卫——这就是世界上唯一的管理乌鸦的王室卫队。他们有权把自己的名字刻在伦敦塔内办公室屋顶上。换句话说，在伦敦塔这样的英国地标性文化遗产上，守卫者的名字也会跟着"流芳百世"。伦敦塔里现有 37 名守卫，年龄从 42 岁到 63 岁不等。

守卫中有一名上尉，5 名中士，其余是普通守卫。要成为伦敦塔守卫必须满足三个条件：在部队服役超过 22 年，曾是军官，拥有长期服役表现优秀的勋章。塔里警卫队的家庭和他们一起居住，大约 120 人，像个小社区。伦敦塔守卫队的历史则可追溯到 1485 年，据说是亨利七世时期组建的。如今，王室早已迁走，这里也不再关押犯人，守卫们的工作性质较以前发生了很大变化。他们看守皇家珠宝，还当导游。最近又历史性地有一名女性成员加入警卫队。

他们被问及最多的问题也是我曾经问过的——为什么他们被称为"吃牛肉的人"？而不是"喂鸟人"？

守卫告诉我这是因为在亨利八世的时候，伦敦塔守卫算是收入可观的阶层，拿工资的同时还能得到很多食物，吃得非常好，是份让人羡慕的工作。现在他们待遇也不错，也有一年七周的假期，包括法定假日。

有意思的伦敦乌鸦警卫队，下次有机会来伦敦记得看看这些王室乌鸦，还有这群穿着都铎时代制服，如同穿越时光而来的乌鸦警卫队。

"马耳他的姐" 和英伦出租车

　　水城威尼斯没有一辆车，他们的交通工具就是水上的船。地中海马耳他我也看到了类似的小船，还看到类似希腊的小摩托。

　　可能这是岛国最方便的交通方式了。有意思的是，上面还写了三个字——出租车，我也当了把马耳他的姐体验了一番。同马耳他出租车司机一样右手执方向盘的，要数英国出租车了，它们

也是城市一景。从黑色的经典款，到被涂成五颜六色的现代版，就像是个活广告。白色的会用作婚车，粉色的一般是女司机。还有涂上剧院海报、旅游信息、找房地址、电信优惠等的，不一而足。这流动广告是他们自己选的吗？打的时向伦敦的哥问了个明白，原来是一些商家想买一个时间段的车体广告使用权，便找到他们，谈好价钱。如果期限过去，需要终止或更换，就再去车行粉刷一遍。整个换洗过程两三个小时就好。一切由的哥们自己做主，和谁合作，和谁继续。下车后司机还热情邀请我坐上司机位置感受一下。别说，总是在伦敦打的，坐这位置倒是头一回。又当了把英伦的姐。

　　出租车司机在英国可不得了，是职业里的香饽饽，也不是所有人都做的了。在英国每次打

的不用告诉地址，都是报上邮编给司机，就可以找到路。这也是伦敦打的特色之一——邮编比地址更重要。学车的时候，驾校教练告诉我，成为一名伦敦的哥很不容易，不光技术要好，还需要长时间的记忆和实践才能出师。我心想，还是北京的更难，道路变化快，刚记好说不定一会儿就找不到了。下次可以比试一下，看哪国的哥是最强大脑。

活·色·生（职业人生）·香

欧 洲 消 防 员

这辆伦敦新型消防车虽小，可别小看它。它在伦敦奥运期间可立了大功，消防警还特意打开后备箱让我参观，它可以装六只到八只消防栓，比起长长的大车胜在轻便快捷。我后面又有个小女孩排队上前试坐，没想到摁到警铃，让大家虚惊一场。消防警幽默地做擦汗状——又处理一场紧急事故。然后指着车上的第一行中文问我，是写的跟下面英文一个意思吧。

在英国，火警、匪警和急救都是999。如同日本必有的地震培训，在英国的第一课一定是关于消防及逃生的训练。英国的房子多安有火警警报，学校宿舍及厨房里有人做饭油烟过大就会响铃，若不及时通风处理，消防员们说不定几分钟后就出现了。你会问这个被大西洋环抱、雨水充足的国家怎如此怕火，我想这缘于1666年的那场从面包铺意外失火却几乎烧尽伦敦的惨痛经历。大火之后的城市重建长达50年，这也唤醒了人们的消防意识。

说有事找民警，在西方则是找消防员。

这就不难理解，每年法国国庆阅兵队上，法国消防队总会赢得法国民众的热烈欢呼和鼓掌，因为平时打交道最多。没带钥匙，小狗丢了，孩子进不去家了都会找消防员叔叔。

每年圣诞节前夕，法国有个特色传统，消防队员们也会像邮递员一样派送挂历。两三人分一小组在街头，有的是他们拍摄的消防员挂历，有的是祝福年历，挂历不标价，而接过的人们带或不带走，都会把钱投入其手中的小桶，作为对他们一年辛劳工作的认可与鼓励。

不仅法国，在英国生活也感受到英国消防的事无巨细。那天看报纸，年终对一年来求助于消防队员的理由的统计，发现也是千奇百怪。

伦敦消防局里这支专业消防救援队仅在最近三年内就处理了79起做爱时双手卡在手铐中无法取出的事故。而这79起令人尴尬的被困事故还只是该救援队自2010年以来，处理的1300多起类似被困事故中的一小部分。他们平均每天都要接到至少1起类似事故，例如"小鸡鸡"卡到环形物中无法取出的，孩子脑袋卡到尿盆或马桶里的，双手卡到搅拌器或碎纸机里的，等等。

看到了英国《每日镜报》报道。英国伦敦一名男子因为"小鸡鸡"被卡到烤箱里无法取出而求助于消防部门。至于这名颜面丧尽的男子到底为何要将他的"小鸡鸡"放入烤箱目前还不得而知，但所幸的是，他得到了伦敦最好的消防队救援。而更为奇葩的是，英国另一名极具冒险精神的人士则让他的"小鸡鸡""住进"了真空吸尘器而无法脱身。

所以伦敦消防局官员也呼吁民众，不只是小孩，成人也要增加生活常识，不要模仿书中危险动作，以减少不必要的施救资源。

欧洲老导游

　　在参观裴冷翠的乌菲兹
博物馆时，我看到了人群中
的一名"老"导游正在讲解。
她穿着艳丽，表情亲切，与
众不同，一看就是个有故事
的人。

　　攀谈中得知，这是位意
大利导游，虽已多年从事旅
游行业，但每次面对客人都
像第一天工作一样认真。她
认为导游不是青春饭，相反
做的时间越长，越有兴趣，
与年龄无关，但与阅历有关。

　　和多数欧洲女人一样，

她坚持化妆。因为是一种习惯，如吃饭一样正常。她认为重视自己的仪表是对客人的一种尊重，
有时还会穿着特色服装。一直以来，只要她在工作中，就会把自己最好的状态拿出来，把自己
理解的和景点的历史相融合给客人讲解。

　　这点和我遇到的其他好导游有相似之处。另外这名和她一样穿红衣的是欧洲领队陈健，共
同点是两人都是极有经验的老导游。20 多年的工作经历使他编写的欧洲领队英语应急手册极具
实用性。

　　如今国门打开，越来越多的中国人有机会到国外来旅游、购物。仅 2012 年中国人在法国一
年购物达 60 亿。很多法国人大呼，法国的购买力是由中国人来提升的。同时为了方便客人增大

销售额，最有名的欧洲购物中心内几乎所有品牌都配有中文导购，时不时的中文广播让人恍惚，让我以为身在国内。

　　当国人在欧洲游览时，欧洲人也在观察来访的客人。现阶段来欧洲的中国游客多是选择跟团游，所以对带团领队导游就比以往提出了很多新要求——如何能够更好地向自己人介绍欧洲，又如何提醒自己人在异乡注意安全，防丢防盗，并同时引导游客文明举止，避免把吐痰、高声喧哗、插队、不爱护公物等陋习带到欧洲，还可以巧妙地化解因语言文化差异而带来的潜在问题和冲突，领队导游的作用就更显重要。希望这样有担当有经验有水平的"老导游"越来越多。

活·色·生（职业人生）·香

蒙马特洋相

　　要么一起站着，要么一起坐下，一对儿敬业的画家与模特。小模特腰板挺得直直的，唯恐少画了身高，她却不知道其实画家只画脸部肖像。这是巴黎蒙马特高地画家地盘儿里一对儿不用坐着画的特色组合。而另一幅抓拍在整理照片过程中让我惊艳——路过的游人几乎与旁边的画作如出一人，好像穿越一样。蒙马特高地和那里的画家本身就是一个传奇。虽然左岸是举世公认的巴黎文化中心，但艺术家们却普遍更青睐蒙马特，尤其洗衣坊附近曾经聚集着毕加索等一大批画家。当年毕加索没钱喝酒，就把画抵在狡兔酒馆。没想到若干年后，这些抵押物都成了名件，酒馆餐厅也因此爆红。

　　和欧洲其他画家聚集地一样，现在到处都可以看见画家与模特的身影。往往十几分钟便勾勒出一幅作品。这里画家本身来自世界各国，而面前的模特也是各种肤色。招揽生意时，小凳前面摆着之前临摹的明星作品来打广告，惟妙惟肖的神情似乎在说——你看我把他们都画得这样美，这么像，你也没问题，签上名字，珍藏好，说不定就是明天的达·芬奇呢，毕加索就从这里走出去的。小摊还加上遮阳避雨的伞，风雨无阻，安心来画。业务范围也越来越多样，融入了各国的元素，还有亚洲画家的面孔，漫画、素描，甚至还有剪纸，几分钟内完成的一人至多人侧影的艺术，让人称赞。

在巴黎住的日子里爸爸妈妈最爱去蒙马特高地和圣心教堂，一转就是一下午。看他们画画，与他们聊天，跟我说那是巴黎特有艺术感和生活气息的地方。即便很多人抱怨现在有越来越多的游人。

可是，没有了这些人来人往，怎会有画家的灵感，这些游客也是画家的顾客和生活来源呢。

混搭与乱炖

在欧洲生活，节日的餐桌上就是一场东西方饮食文化的碰撞，有时就是一个大杂烩。当学生那会儿，住在国际公寓，碰上周末或是跨年，往往组织者邀请大家各带一个拿手好菜来聚会，于是波兰美女的酸黄瓜荷包蛋小炖肉，德国帅哥的炖猪肘，瑞士师弟带来的山地奶酪，加上住隔壁的意大利小女生刚做好的甜点，配法国波尔多同学父母寄来的家酿红酒，还有主食是我的

中国煎饺，最后以巧克力布丁结尾。每次这样的聚餐就像是万国博览会的评委会，边吃边评，好像乱炖一般，而这些混搭出来的效果也别有一番风味。在异国的街头或餐厅，当印象中的东方特色撞上西方饮食，经常会有想不到的美味。

一、大锅饭在欧洲

少林寺的大锅，或是农村厨房的大铲让我对大锅饭有着最初的印象。而伦敦市中心的集市小吃也惊现一口大锅，出锅的是西班牙有名的海鲜饭。它由贝类鱿鱼等海鲜与米饭混搭调汁而成后盛入盘中，卖给游客，生意不错，还不到下午，另一口大锅饭已经卖完了。

二、乱炖，当东北遇上德国

德国东北部也爱吃这种乱炖，将土豆、大肠、蔬菜放在一起，像不像我们的东北菜？

三、伦敦鸡尾酒会与四川凉山的大串烧

到绵阳旅行，好友珠儿、义哥带我去尝了凉山区的特色烧烤，集中了羊肉串与火锅的特色，在众多的四川名吃中独树一帜。很巧，一周后回到伦敦，参加了博物馆慈善晚宴，穿梭在人群中的美女侍者手中的拖盘就是这样一圈长长的签子，好像凉山的大串，只是这里是冷餐，一下让我回想起在四川的日子。巧合的还不止这个，我参加过四川凉山州一年一度的传统火把节。而苏格兰除夕，也有爱丁堡火把游行，不同的节日盛装，一样的热闹喜庆。

四、欧洲版奶酪火锅

重庆火锅，北京火锅都很有名，欧洲没有这样的火锅。但是在法德交界的阿尔萨斯市，就是语文书《最后一课》的发生地，那里有著名的奶酪火锅。冬天天冷，经常点此火锅御寒。所以走进那里的饭店，总会被浓郁的奶酪味包围。造型有些像冰激凌火锅。他们不用麻辣或清汤做锅底。而是奶酪片放在一圈小铲子上伸入火锅炉中熬化，然后将火腿片等肉类蘸食。之后再配以甜点，当然也是火锅。若在饭店有冰激凌，可以选择各种口味一起融化。让你感受冰火相间的口感。

家里买工具也可以自制法式奶酪火锅。就地取材，法国奶酪种类数也数不清。另一种吃法是把大块奶酪切成小碎块在锅上把它煮化，然后配以火腿、面包、小腌黄瓜。

五、成排烤鸭，立式烤肉

欧洲的烤鸭、烤鸡、叉烧肉都是成排串起来卖的，

而且就挂在窗口，如同伦敦中国城里的饺子店。边擀边包，然后下锅。过程都呈现在玻璃橱窗前，引得老外惊奇称赞。这些标着英镑的饺子、烤鸭，还有欧洲街边，手里拿着青岛啤酒说德语的小伙，让你觉得很奇妙。还有立着卖的土耳其烤肉也是欧洲人民喜爱的小吃，从德国到法国，一路走来都能见到。发明这个的土耳其老大爷刚去世。很多人在网上发起纪念他的活动，发明这种边靠边削下来吃的特色快餐，解决了很多人的午餐。

六、意大利式石板牛肉

有点像中国的铁板牛柳，第一次在拉丁区的一家意大利式餐馆看到，便毫不犹豫地点了这道招牌菜。当像一个调色盘一样的盘子端上来时，我还是赞叹不已。周围不同的酱分置三份，好像颜料，还有沙拉蔬菜做配色。意大利侍者向我详细解释了用法，将盘中的肉分别放置石板之上，来回翻烤，不用很长时间，变色就好，保持鲜嫩及口感，有点像火锅及烧烤的综合体。

七、中国的火锅西方的烧烤

要说聚会热闹，当属火锅。气氛与热情和锅中的汤水一起达到沸腾，而西方人则把烧烤作为聚会首选。家庭聚会，朋友聚餐，甚至结婚席上，也少不了它的身影，在他们眼里这是聚会的主要方式，一群小伙伴来烧火、串串儿，多有气氛。

八、包子和汉堡

外国人吃了包子印象深刻，回去说是吃了中国的汉堡。中国的包子历史悠久，国外的汉堡可能很多人还都是某知名快餐店的印象。其实在国外，很多时候汉堡也可以在欧洲高级餐厅点到，而且不同口味，造型各异，还加上修饰，很受欢迎。摆放在盘中或小案板上，用刀叉切食。

包子和汉堡虽不同宗，确有共同点。都是民族传统，你看那英美的领导人在排队时被偷拍，买的就是汉堡，不是其他的。而习主席吃小吃，选的是包子，历史悠久，饮食代表着各自的特色。除此，都是面粉与肉及菜、调料的混搭组合。但不同是，汉堡公开化信息透明，牛肉鱼肉一望便知，包子就显得神秘，不在褶上做个标记，你就非得就咬一口才知晓。有时我包两种馅，都有混淆的可能。这包子封口，怕泄漏，怕露馅儿，这不叫封闭，叫周全，不叫保密叫包容，饮食也能体现风俗特点。

九、馅饼与比萨饼

有种说法，比萨的由来是当年马可·波罗到中国没有把馅饼技术学扎实，回欧洲后，尝试时，最后一个环节时，把馅全放在了外头，包住了面团，成了意大利式馅饼。这馅儿可露大了，可却成名了，成了意大利的国粹餐饮。薄厚有别，外料各异，有荤有素，口味独特，尤其是每

次拿大铁锹送进炉中去烤时，太有感觉了。

十、西班牙的油条与北京的焦圈

西班牙的油条长成这样，而且味道偏甜又弯曲。不像我们传统油条的又咸又笔直。倒是有点老北京炸焦圈的形态。

十一、煎饼与热狗

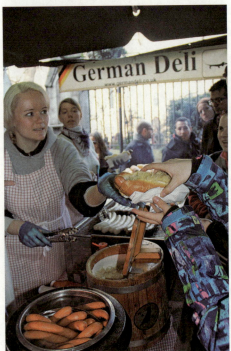

西方的热狗，就是将一个面包一分为二，中间夹一根香肠，再蘸以不同的番茄酱、蛋黄酱，如同我们的特色小吃煎饼一样受欢迎。包子被老外介绍成中国的汉堡，煎饼就是中国的热狗了。听说一外国留学生在北京留学期间，尝了而且学了煎饼，并改良发挥，继承发展，加了很多内料，带回自己国家，摆摊卖煎饼，还是中英文双语介绍，吸引本国还有中国学生，一套煎饼卖到人民币50元左右，生意火爆，还配了刷卡机可刷卡付账。

当欧洲 Crêpe 遇上北京煎饼

小小煎饼夹杂着文化的味道，人们怀旧说到底是怀念一种熟悉的感觉，味蕾的，视觉的。也许是童年的，或是家乡的，然后通过一种载体来传递。

——题记

一、北京煎饼在欧洲的故事

有机会在伦敦中国城做了我人生中第一份在欧洲的北京煎饼。记得当年煎饼刚进驻北京的90年代初，儿时的我也好奇地让摊主大叔指导了一次。这次在海燕的指导下，竟一次成形，她谦虚地说当年练这手艺用了一罐面糊，我比她强还省原料了。我答，怕你把这成本算到煎饼里，原本3镑，收我10镑呢。她笑，其实你并不是第一个要求尝试的。去年冬天，英国一个很帅的小伙子为了给他女友一个惊喜，带她来这里亲手摊了一个煎饼，女友被感动得稀里哗啦，求婚成功，煎饼助力。

边听边吃着我自己做的煎饼，格外香，里面还夹杂着童年的味道。想必像我一样好奇的人不在少数。我建议她应该鼓励让买者自做，尤其英国人和旅游者。想象一下摊前一堆金发碧眼的人排队摊饼，会多么壮观，简直就是移动广告。

二、欧洲煎饼的故事

欧洲的 Crêpe，翻译成煎饼。大致都是由面粉做糊摊饼，不像国内有如此多选择，五谷的、绿豆的，还有紫米的。欧洲的煎饼大多在里面做文章。

比如英国煎饼，分甜、咸两种，常见内放西红柿碎块、奶酪等。而法式的种类更多些，

比如巧克力酱的、香蕉的、蜂蜜的、简单大体撒糖的或是几样都要的，多一样加0.5欧元，一般3欧元起价，在旅游区更高些。常会看到公园里小小车摊外排长长队伍，往往被人们当成甜点。

法国很多卖此煎饼的餐厅，多集中在十四区，总被法国朋友带去尝试，里面有夹冰淇淋的，花色众多。上周在伦敦街角也看到一家这样的煎饼店，不禁走进去一试。后来公司的餐厅有天也做了这个特色煎饼，还是三文鱼馅的呢。

三、欧洲煎饼在北京的故事

小小煎饼夹杂着文化的味道，人们怀旧的情节说到底是种熟悉的感觉，味蕾的、视觉的。尝在嘴里，心离家乡更近了。所以我能理解在中国定居的外国人看到自己家乡食物的感觉。近来有在中国的法国人将这法国煎饼改良，加入青椒、黄瓜、白菜等等，俨然意大利比萨原料，成为欧式冷餐，方便快捷卖给上班族。16元一套高于其他却胜在新意。

煎饼虽小，故事却不少。

黑板式菜单 案板式菜盘

　　黑板式菜单，案板式菜盘是现在欧洲一些餐厅的新流行。

　　菜单没有，抬头看墙，上有黑板。要不然搬来把凳子，上面立着一块黑板，连同菜式一样，皆为本店特色。

　　曾经吃过一回案板宴。从前盘到主菜全都用案板，比萨也就算了，连虾、奶酪全在案板上进行。在意大利的那不勒斯，吃过一次案板装的意大利特色菜，厨师让我体验了一把，让拿着大铁锹，没错就是种树大小的铁锹将比萨从壁炉里取出，放在案板上，那案板有半米长。

　　这些高端洋气上档次的神器，还没吃就先饱了眼福。中国人爱吃全牛宴，全羊宴，是以食物指代，而欧洲是以器皿指代，一样过瘾。

生活是门艺术

巴黎地铁上，看到刚上车的男士的西服后面印着这样几个字——Life is Art（生活是门艺术）。的确，生活到处是艺术。没有绝对的幸福，只有不想要的快乐。发现它，创造它，每个人都是艺术大师。

一、玫瑰馒头

周末。电视上现场征婚男士展现着烙馅饼的厨艺，伦敦这边我和闺密在讨论玫瑰馒头的做法。我们准备下次加些蓝莓或紫薯，名曰蓝色妖姬。在情人节推出，胜过法国甜点。

不得不承认这世上天赋二字的存在，创意的，厨艺的。闺密在巴黎某名牌店工作，一日看到新款香水盒，顿来灵感，这不一试，大获成功，我一贴照，引来无数询问。是艺术，但不仅仅是技术。她是我周末收获的快乐。而这快乐正源于这美妙的馒头创意。

二、丹心

我将三文鱼摆成牡丹花型，旁边配以许多像心形的水果，比如草莓，蓝莓，覆盆子，樱桃等作为修饰，给它取了个好听的名字——My

Heart, 中文译成丹心。因为名中正好有个丹，又是红的意思。

曾尝试过三文鱼和不同口味的水果相配，发现和覆盆子的入口感觉是最好的。这点米其林特厨不一定知道，因为他不一定有我这样爱吃三文鱼。有次我将三文鱼塞入覆盆子开口处，变成迷你草莓形，拼成另外一盘丹心，可以在以后的主菜中做配饰。

三、甜点味道

在法国待久了，总觉得没有甜点做结尾，饭就没吃完。曾有个想法要尝遍天堂巴黎所有味道的甜点。都说甜点不单是味蕾的盛宴，同时也是视觉、嗅觉的感动。好的甜点师会在依次满足你的视觉与嗅觉的第一吸引后，再挑弄你其

他感官的渴求，最后才让你在味觉的赤裸触碰下获得最满足的享受。也曾去过多家久负盛名的欧洲餐厅，而香街有家甜品不是在菜单上冰冷显示，而是自由选择，就是满足了上述体验，我十分喜欢。难怪萨科奇选择在这里举办庆功宴。

甜品如爱情，你总会选择你喜欢的那款。爱情如甜品，没有会无味，太多会腻，刚刚好是调剂。我还发现个秘密，女人比男人更多选择甜点，这也许来源于最原始的感觉，内心深处渴望被取悦与满足。

世间唯甜点与爱情，不能辜负。爱情是甜点，没有它生活会乏味。两者共同点是总令我无法抗拒。前者给你味蕾与视觉享受，后者给你身心与精神愉悦。法国是甜点的天堂，吃的种类多了，也忍不住尝试。朋友聚会，我们经常会带来自制的糕点作为甜品。女友中手艺高的不少，大家经常会切磋技艺，满足味蕾，还会自创许多像图中这样的甜品。别看是在甜点天堂的巴黎，也不一定能买得到这独特的味道。

感受英伦下午茶

走进一家艺术家朋友介绍的茶厅，就听见一位英国妇人正对老板说，请装两份我常用的茶，好像是之前的藏酒一般。

我们坐下，环顾四周。油画与沙发色彩完美配合，轻柔的音乐似有似无，靠窗的客人低声交谈。

这是下午茶时间伦敦茶厅多见的场景。从饮茶文化的发源来讲，最早于下午喝茶的民族，理应是一向以茶文化著称的古代中国。然而随着时代的发展，将下午茶发展为一种既定习俗的文化方式，则是英国人。

有流行的传说认为，据说在英国，晚饭都安排在 20 点以后，贵族夫人们等得很饿，就安排厨房在下午做些小点心，这就是下午茶。还有一说是在位英国上流社会的贝德芙公爵夫人安娜女士，在下午时分因百无聊赖，让女仆准备了少量的烤面包片、奶油和红茶。这种简便的饮食方式很快就成为了英国贵族们打发下午时光的一种绝佳方式。有首英国民谣唱：当时钟敲响四下时，英伦一切瞬间为茶而停。在文学小说，影视作品里更是被视作英国的特色频频出现，在女作家简·奥斯汀笔下，英伦爱情的风花雪月便是那漫漫下午茶贵妇间的聊天与少女的心事。

然而下午茶的发展也受到了当地文化的影响，在以严谨礼仪要求著称的英国，下午茶逐渐产生了各式各样的礼节要求与习惯。并成为英国上流社会中每日必不可少的社交环节之一。

看英国纪录片里讲，英国人多喝红茶的原因是由于当年

活·色·生·香（美味飘香）

海运时间长，易保存。而由于难得到，所以价格昂贵，富裕的家庭才会备茶，而且往往茶罐会配上小锁，钥匙由女主人保管。需要时才亲自打开，由女仆量取。还有的贵族家庭喝茶时，佣人只端一壶开水上来，整个冲泡茶的过程都由女主人亲手郑重完成。待最后一滴茶都从茶渣挤出后，女主人就慷慨地把茶渣分给在座的人，大家把宝贝茶渣涂抹在面包上，加上糖和牛油吃了！而这英文"tea"正是取自福建话中茶字的发音，因为道远价贵，被炒得更显稀奇，好似当今时代的拉菲。无独有偶，俄国人亦喜饮红茶，而且与英国人一样也称之为黑茶。俄文发音更是与茶叶类似，可见在他们心中茶之根就在中国。最初茶只是宫廷和贵族的饮品。不仅在伦敦贵妇那里有吃茶渣的历史；在俄国生活时，我还看到了这样的俄文趣事记载：当时富人走王公贵族家仆人的后门，高价弄到已喝过的茶叶，冲泡上再次尝鲜，以沾皇家之瑞气。而喝下午茶的器皿也十分讲究，都有一个防止茶叶倒入杯中的小过滤器，每次在不同的地方见到的都不一样，非常玲珑精致。

鸡尾酒会

　　有个笑话，世界各国人带着自己国家的酒到一起比赛，要一决高低，中国人带的茅台，法国人带来葡萄酒，英国人带来了威士忌，美国人则两手空空。来了之后，美国人将所有国家的酒都倒在了一起，说，这是我们国家的酒——鸡尾酒。

　　关于鸡尾酒由来的传说很多，这是其中一个版本。不论庆祝活动，公司会议还是朋友聚会，无论是国家还是个人，欧洲多喜欢采取鸡尾酒会的形式，而非圆桌会议。目的在于可以相互走动，随时认识新的朋友，便于人们相互交流。

　　有次参加位于巴黎拉丁区的编辑部酒吧内举办的小型鸡尾酒会，与众不同的是这里不仅有美食，我还发现有一群姑娘已经开始演奏，每首曲子都是经典老歌。在巴黎文学编辑的集聚地，在整个书香浓厚的酒吧里，有这样一支红衣女爵士队伍助兴——真是书中自有女爵士手，酒吧中还有鸡尾酒。

　　在外面举行的鸡尾酒会，组织者往往会找一处环境优美的地点，被邀请的多穿正装或按邀请函上的要求着装，是对组织者和其他参与人的尊重。有一次参加巴黎塞纳河畔的盛夏鸡尾酒会，请柬上注明，配合节日让大家穿白色配红色色系的衣装，其中有对夫妇穿得很巧妙，女的一袭丝质白裙，腰间配一缕红丝装饰。旁边的男士一身正红色，左胸前口袋处露一丝巾小角，很是别出心裁。

　　我自己也组织并多次参加朋友的这种聚会，小型鸡尾酒会上不仅可以叫上自己认识的，而且也欢迎你带自己的朋友来访。很多信息、新闻都是在这样的场合沟通得到的。

　　我还发现一个趣事，参加过几次外国朋友的婚礼，都有相互认识过程的环节，原来很多都是在公司或朋友的鸡尾酒会认识的，原来这酒会不仅有"鸡尾"，还有红线，怪不得这样受欢迎呢。

谁动了我的奶酪

在荷兰的小村里，拍到了这些奶酪，他们还卖专门切奶酪的案板与刀子，专门对付这样像案板墩儿一样的大奶酪。而英国每年都会举行一场滚奶酪的活动，来庆祝丰收。人们从山顶各自同时推比图上还大的奶酪，像车轮一样从山坡上滚动而下，最快到达山脚下的终点者为当年冠军。邻居法国更是被誉为奶酪的天堂，戴高乐总统在回答记者有关法国总统难当的论证，就是用的奶酪做例子，他举例说这个国家说的奶酪一天一个口味，365 天换着不重样，你想象这是怎样的众口难调，可见这法国人有多难管理？

因为这个笑话，所以我一直以为法国奶酪有三百多种，后来在一家法国家族奶酪店里找到了答案，少东家是个专家，他说就我这店里就有不止 400 种选择，法国的奶酪口味怎么都有上千了。法国人离不开奶酪，在餐食中往往是主菜之后，甜点之间上。在法国高档餐厅用餐，往往侍者会推个小车，像送甜点一样让你选择，上面有各类口味的选择，形状有像香肠的，有成块的，有白的，奶黄的，不一而足。你点好想要的口味，他们会逐一切好放入盘中递给你。亚洲人往往会点些口味较轻的，那是多数入门级或不习惯吃的保险选择。而小车上有些看起来普通，奇大无比的奶酪却大受欢迎，那款最臭的有发酵的绿霉斑点奶酪很快就被分完了，再看正吃这臭奶酪的法国人还一脸享受。估计我看他们就像他们看中国人吃臭豆腐一样的感觉。

在法国朋友家做客，到这一环节，他们也能从冰箱里拿出一堆奶酪供我选择，好像我们家中常准备的水果——花样繁多，令人眼花缭乱。渐渐在他们的指点下，我也变得口味越来越重了。这也是入乡随俗，区别旅游者的一个表现吧。逐步了解了欧洲生活中常见的奶酪多种品牌及味道，我在超市里选起来也得心应手，不会选错。

复活节的巧克力

国际儿童节与三八妇女节在法国，并不如国内那么流行，被其他一些节日所代替。比如复活节，家长孩子放春假，一同出行。而且复活节期间的欧洲春假，一般在4月底，具体日期是按不同地域依次安排的。以法国为例，巴黎的早些，然后是马赛、里昂等城市，总体来说相差一周左右。

复活节是欧洲的宗教节日，耶稣在这天复活，很多活动在这期间举行，比如孩子在家院子里寻找"彩蛋"活动，被制成彩蛋、小动物形状的巧克力更是主角，兔子造型巧克力早早登场，亮相街头，同事间也会准备巧克力相互赠送。记得第一年，他们挑了各式的有寓意的法国复活节巧克力摆在我的办公桌上，让我度过了欧洲第一个甜蜜的复活节。

有年复活节假期，我邀请爸妈到欧洲来，看看我生活工作的地方。小时候总是他们带我出去，六一时给我买巧克力，吃蛋糕。这次复活节各式巧克力齐上架，我让他们挑爱吃的口味，也带他们过一次欧洲特色复活节。

鱼和薯条

在欧洲有这样一个天壤之别的组合。

在天堂——工程师是德国人；厨师是法国人；警察是英国人；情人是意大利人；一切由瑞士人统领。

在地狱——工程师是法国人；警察是德国人；厨师是英国人；情人是瑞士人；一切由意大利人统领。

英国菜的确是个矛盾的存在。英国人有着世界之最的科技文艺园艺,最时髦的各项创意设计。直到一百多年前，英国还依然消耗全世界最多的糖、茶叶和香料，但英国菜就像绑在这座大机器上艰难运转的过期零件。这个国家让人留恋的东西很多，但绝不包括它的食物。英国本身的确也没有拿得出手的好吃东西来堵大家的嘴。而素有美食之国的欧洲邻居们——法国、意大利等都经常就此取笑它。

英国人爱吃鱼，众人皆知。有趣的是斯大林对俄式大菜并不感兴趣，他钟爱烤鱼，还经常用这道菜招待英国首相丘吉尔。据记载，有次宴会当中，丘吉尔让人把一把又长又重的英国大剑抬出来送给斯大林，以表示苏联人民英勇不屈。没想到不一会儿，一名壮实的服务生手托大长盘走来，丘吉尔一看银盘上正摆着条长 80 厘米，宽 20 厘米的烤鱼。斯大林竟用同样长宽重的鱼来回敬长剑，让丘吉尔连声称奇，也让两个爱吃烤鱼之领导人过足了瘾。

这并不是说英国没有好吃的，英国强大的包容性，又使得它成为世界上难得的多样性最为丰富的国家。在伦敦这种国际化大都市，每晚有 300 多种外语被使用，你可以在街头邂逅世界上各个角落来的不同民族，各国各地风味美食也都可以在这里扎根。伦敦能找到超过 50 家的米其林餐厅，只是没有一家贩卖英国本土菜。街头最常见的风景是年轻人捧着纸包着的一大包鱼和薯条吃得正香。英国人也不争辩，就喜欢自己的国粹——鱼和薯条。若薯条脆而酥，鱼肥实鲜美，浇上一点柠檬汁和盐，也不失美味，但也不能仅此一出，而且旁人对英国人的喜好薯条炸鱼这国菜的持有热度表示不解，炸鱼薯条面糊得厚厚一层，吃到嘴里除了鱼味就是面粉味，哪有美味？认为如果不是集体无意识下的味蕾麻木，那肯定是英国人的傲慢使然。英国人可不这么看，说你没吃到正宗的，不懂它的好。而且他们说，怎么才是一道？我们的薯条有粗细胖瘦，鳕鱼去了骨，没有腥味，我们经常在鱼和薯条的煎炸上下功夫，变花样，有煎在一起，连体的，分开的……

　　周围的英国朋友也是如此，英国人特别爱吃土豆。土豆是他们的当家菜，百吃不厌，相当于我们的米饭和法国的长棍面包。他们可以把它做成任何形式与模样，薯条或是土豆块，配上汤汁，确实很好吃。还有个笑话，比如别人给他们描述了很多好吃的食品，末了，英国人会很认真地问一句，能有土豆好吃吗？英国驻华使馆最近向网民征集他们对英国食物的看法，要求用三个词形容他们印象中的英国饮食，结果收到的答案十分一致："土豆、土豆、土豆。"名副其实的"食土豆民族。"

　　近日，为了表达对土豆和薯条的敬意，有个女艺术家用薯条雕塑把英国著名的地标建筑雕塑做了一遍。从大本钟到尼斯湖水怪——"做这组作品确实让我馋得流口水，"她是一位食物艺术家，并一直尝试用英国人喜欢的食物来搭建英国地标建筑，之前她还曾经用奶酪和饼干做出了英国的巨石阵，用面粉烤制而成的意大利斗兽场曾经在伦敦博物馆展出。

杯酒人生

一、葡萄美酒波尔多

葡藤，老树，昏鸦——摄于酒庄品鉴之路。我曾受邀品酒在波尔多著名酒庄，与掌门人聊天品酒，好酒在手的震撼不亚于把玩珍宝藏器。来自波尔多的葡萄酒几乎都是混杂着各种葡萄酿制而成。选的红葡萄酒，可能掺杂着 Cabernet Sauvignon，Merlot，Malbec 等。

后来我在拉菲木桐酒庄外遍野的葡萄地穿梭，惊现雨后彩虹，浪漫至极。记忆中的波尔多，比巴黎还优雅，比里昂还干净，比安纳西还宁静。最美的法国大城市，没有之一。德·尼罗普说：当美酒与城市结缘，酒是有性格的，与城市一样。在很多波尔多的大小酒庄会看到这样的图画——希腊神话中的酒神，那个头戴花环，身披藤萝的美少年日日扛着酒罐四处游走，似乎罐中的美酒洒在哪里，哪里的人们就有狂欢的心情。波尔多就是这样一个被酒罐泼到的地方。说不清葡萄酒与波尔多究竟是谁成就了谁，只是身在其中，无时不感到它们之间那种默契，那种被美酒浸润了欢快的气氛时刻弥漫在城市中间。

电影《杯酒人生》（*Sideway*）中的玛雅（Maya）曾如是说道："我喜欢玩味葡萄酒的生命，

它是何等有生命的东西；我喜欢想象一年中葡萄是如何成长的，阳光如何明媚，揣想那里是否下雨；我喜欢琢磨所有那些照料和采摘葡萄的人们。如果是一款陈年酒，它该见证过多少作了古的人呢？我喜欢葡萄酒的变化，喜欢那种感觉——今天开瓶，味道和另一天打开有所不同。因为葡萄酒的的确确活着，它总在不断演变中，变得越发繁茂，直至巅峰，就像你到了61岁，之后，它注定要垂垂老去。"这就是葡萄酒，这就是葡萄酒亘古不变的魅力所在。

西方的餐桌上多是以菜配酒，好酒的价钱常比菜昂贵很多。而且并非按照红酒配红肉，白肉配白酒的所谓定律，而是看当天烹制的菜具体味道汤汁来搭配，才能尽显葡萄酒之美味。

二、勃艮第的土地

不止波尔多，法国勃艮第产地对于葡萄酒爱好者也是心头的爱，在博纳酒庄买酒品酒于我也是一种美妙的经历。当有人说"红色勃艮第"，其实他们指的是黑皮诺葡萄酒，当有人说"白色勃艮第"的时候，其实就指的是霞多丽制成的葡萄酒了。由于多数的法国红酒在标签上你是无法得知葡萄品种的，所以知道勃艮第有名的葡萄酒产区很有必要，如第戎和里昂之间的金坡地，马岗和博若莱（Beaujolais）等。勃艮第葡萄酒从品质上大概分四档。无论是谁酿的酒，几乎都与勃艮第每寸土地息息相关。而且土地多样性差异大，有句话这样说，在勃艮第的土地上吐口唾沫，落下来都是不同的土质。

一些土地可能会有数十个生产者，几乎每个酒厂都有几排葡萄树。勃艮第为何会有这样的体系呢？因为修道士曾在这片土地上耕种生活上百年，了解最适合种植葡萄的土壤。随着时代的推移，葡萄庄园被划分给不同的业主，但同时拿破仑法典规定，每个家族的葡萄园将被划分给他们的后代，而不是全部一起继承——很有意思的勃艮第葡萄酒历史。和朋友从葡萄园参观完了到酒庄后，来客会在入口处得到一个小杯子，做品酒之用。原先是纯银制作而成，现在每次使用时就将选择的酒倒入其中。品尝过后，将剩余的酒倒掉，再换另一种，直到选中自己爱喝的那一款为止。有次在这里品酒正赶上新酒博若莱上市。新酒色泽丰厚润泽，入口果香浓郁，如同它的法文名字一样，带给人美好和愉悦。要知道这天可是法国的大节日，每年的 11 月第三个周四，如同法国高级时装定制发布会一般热闹。对于酒客而言，这一天才是新的一年的开始。

三、松露盛宴的餐后酒

这种餐后酒的欧式量杯倒酒技艺，也是法国著名的松露餐厅特色之一。被称为餐桌之钻的松露甚至被用于甜品中。

每年一到黑松露季，高级法国餐厅要是没有黑松露的菜品绝对是要受批评的。在巴黎松露之家点了份鹅肝配黑松，又按图索骥地选了经典洒蛋卷，配红酒佳酿，口感更好。

有人说这杯中物，外行喝个热闹，内行尝出门道。喝葡萄酒，用的是经验，品的是人生的味道。

作为闯荡欧洲的东方女孩，我会用原有承载着传统中国文化的酒杯，去品尝别样文化的神韵，道出自己独特的品后心得。

何以庆祝，唯有香槟

欧洲的房产市场，有这样一个习惯，在买房人收房拿钥匙的那刻，都会收到一瓶香槟作为礼物庆祝。在巴黎是这样，第一次收到时会觉惊喜，没想到在伦敦也是这样。而且接到手中的还是一瓶来自法国汉斯地区的香槟，倍感亲切。

我曾被公司派驻汉斯四个月。在香槟的故乡，工作之余，我对爱好的香槟进行深入的探访。参观厂房看其如何酿造，还在葡萄藤地里学习修枝，并在著名的酒窖里品酒，那里面居然也都铺着红地毯。

后来与香槟区结下缘分，并随之挑选代理了一款香槟，每年 11 月份都会受到法国香槟酒会酒展的邀请，学到更多的知识，以酒会友，认识更多的同道中人。

喜欢香槟，是因为它传递着节庆、喜悦与祝福。不光巴黎人选择它，你看在西方重大的节日里，喜庆的活动中，胜利的体坛赛事后绝对少不了香槟的身影。随着砰的巨响，现场情绪也和开启时喷出的香槟达到高潮。为什么是香槟？传说1668年，香槟区有位叫佩里侬的传教士，因为喝腻了酒体浓郁的葡萄酒，便突发奇想，要酿造一款甘甜清爽的酒。于是他将各种葡萄酒随意勾兑后，用软木塞密封。第二年春天，当他取出酒瓶时，发现瓶内酒色清澈透明，他一摇酒瓶，只听见砰的一声，瓶盖不翼而飞，而就在酒喷出的一刹那，芳香也四处弥漫开来。于是香槟，这个世界上最浪漫的东西诞生了。

香槟是"Champagne"的音译，而且法国法律规定，只有在法国巴黎以东的被称为香槟区的地方产的起泡酒才可冠以此名，其他产地发泡酒无权使用，可见其地位。别说气泡酒，当年时尚品牌圣罗兰推出一款名为香槟的香水也被香槟省地区的酒商告侵权。后来输了官司却赚了眼球，做了活广告，那款香水的热卖，很大原因也来自于消费者对香槟名的认可。

灵感
+
性趣

灵动创意
感受艺术
情色性趣
乐闻趣事

生命中的每一次惊喜

一、法国版葡萄美酒夜光杯

　　收到好友法国作家克里斯汀的新年贺卡和新书，他的书最近被权威杂志引用，看到时替他开心。作家的贺卡每年都如期而至，且每年又内容不同，在众多收到的欧洲朋友的圣诞和新年贺卡中与众不同。在这个短信当道，邮件时髦的年代贺卡更显稀罕，况且克里斯汀每份都是手制而成。有次他将我一张捷克照片特意打印成明信片形式题上词寄来。记得他对中国

古诗词颇有研究，好王维词，常与我对诗。爱上摄影后，将自己的作品有心制成祝福送给好友。知小女喜红酒，今年配上自己的获奖作品并选了这句中文一笔笔描画而成。每一份都是独一无二。

二、私人订制的独特

　　很喜欢收到的一张专门为我生日印制的贺卡上的话，法语译过来就是——生活不应是简单地度过，日子是要用来庆祝的。在异国每次度过的生日，都令人难忘。每次收到的朋友礼物感受到背后那份沉甸甸的心意和花费的心思，都令人感动。

　　摄影师朋友知道我喜欢收集不同角度的埃菲尔铁塔图片。恰好从我家窗外和他家窗外都可以看到不同侧面的铁塔，于是我们经常交流拍摄不同时刻的铁塔照片的心得。去年他送我的礼物是他在塞纳河畔拍摄的作品。这份作品曾被很多人购买收藏。那船上的烟雾像个正在起舞的西班牙舞娘，与埃菲尔铁塔柔和的灯光相互映衬，美轮美奂。他特意将作品冲洗好，并找来画框，心细得让人感动。

　　另份礼物是个学设计的朋友送给我的，只用一根铁丝折成的造型，别致而有创意。比起法国艺术家罗丹的那个作品——吻，更抽象，不但有颗心而且是两个人的头像，且我是这世间独一份的收藏家。

　　除了摄影师，"雕塑家"、"甜点师"朋友，虽不是专业人员，但是兴趣爱好广泛，为我带来了无限惊喜。他们会自己烘制生日蛋糕，在上面写上法文的生日快乐再加上我的中文名字，比外面卖的还精致漂亮，生活在欧洲时间长了，不但有艺术的创意，更有完美的实践。周围都是生活的艺术大师，在每个不同的日子里为周围的人带来惊喜。

三、费劲心思的找寻

　　女同事来我家做客，带来一盆花和一张卡。看似普通，其实这张贺卡她找了很长时间才找到。因为上面有我们之前一起工作过的公司的摩天大楼。现在拉德芳斯的这座大楼已被重建，不复存在，公司在原址上建成了新的最高建筑，所以这张有着过去工作记忆的明信片就显得与众不同。

　　我感觉欧洲人很重视这种细节的表达，每种礼物都是带着各自含义与故事的。有次回国归来，我带了一套印有中国京剧脸谱及各种特色节日历史的法文图册给朋友。没想到第二天，他写来一封感谢贺卡给我，回忆了之前在中国旅游经历和与图册内京剧相关的故事，表达他对礼物的喜爱之情，让我很触动。

　　后来我们也会制造惊喜给欧洲的朋友，比如将小伙伴的相片收集好，让俄罗斯工作的法国同学订制了俄罗斯套娃，不同的是上面都是我们自己的面庞，比合照可立体多了。还

有次我们在蒙马特脚下的布匹店里，挑选有各自国家风情的布匹，量好裁剪。请专人缝制成被子，然后绣上自己的名字，给加拿大工作的法国女孩当礼物。我说这不仅是新时代的百家被，而且是跨越国籍，跨越洲际的万国被了。她接到后立刻围在身上，我想这床被应该特别的温暖。

　　而在一次集体生日聚会中，我们搞了抽奖，你一定想不到带来的礼物有什么。挪威帅哥之前在网上拍卖了一块柏林墙的墙石当作给寿星的礼物，特别有历史意义。

　　这样有创意的礼物还很多，因为有心所以创新。我喜欢这样的祝福与心意。

欧洲的中国红

一、埃菲尔铁塔被烧红了

看过欧盟之日的蓝铁塔，拍过夜暮时分的银铁塔，常见的巧克力色的埃菲尔铁塔在中法建交的 40 周年的除夕之日，披上了红装，好似新娘的红衣，又像通体被烙红的英雄本色。那个春节，埃菲尔铁塔专门为中国而红。

二、大红灯笼高高挂

大红灯笼高高挂，春节挂在巴黎市政府的门前，挂在伦敦中国城的街道上空。北京的好友看了，说这么密集，这么喜庆，比中国有些地儿还热闹。

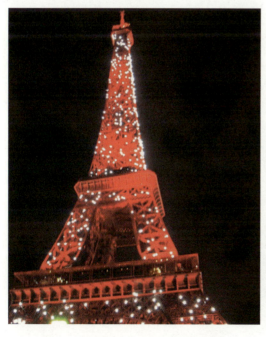 

身在异乡，过春节时看到了欧洲名城的市中心、主要街道，为中国而祝福，非常亲切而自豪。

三、伦敦眼，红了

印象中洋人金发碧眼，蓝眼睛居多，他们千禧年的伦敦眼也总是呈现梦幻蓝。

如同巴黎的埃菲尔铁塔，伦敦的标志之一伦敦眼也在大年三十这天为中国而红。红与金是中国喜庆的颜色。

四、大红汽车开起来

伦敦街头上本来就红彤彤的汽车上还有个大大的福字，一切都是节庆的火红。

灵（灵动创意）·感·性·趣

创意巴黎

没有什么不可能——这句话更适用于巴黎。它就是这样一个城市，在这里有一切的可能性。你佩服的不只是它创意的幽默，更是它实施的勇气。

那年夏天，巴黎随处可见奥运的宣传标语，飘荡在大街小巷上的五环旗，2012的字样的横幅被挂在铁塔、国民议会、市政中心上。在经历了两次申奥失利后，巴黎人踌躇满志，势在必得。浪漫的法国人将他们的想象发挥得淋漓尽致，申奥委员会的工作者在一夜之间就将城市中心的香榭丽舍大街变成了奥运赛场。

他们铺上塑胶，将凯旋门前的机动车道改成环形跑道，画上百米线，圈出跑马场，设有拳击台，围上铁网变成铅球投掷场，灌上池水形成泳道，还有篮球场……当然还少不了历届冠军指导助兴，与大家交流合影，现场报道那里成了大人小孩的体育世界。小运动员们身着运动衣在跑道上追逐，击剑场外有教练在做指导，而在远处的拳击场已展开较量。每完成一项运动的参与，就在你身上贴一枚奖章，将运动起源与技巧同时展现，既学习运动又体验竞技，寓教于乐。昔日两边林

立的奢侈品商店都成了奥运赛场周围的广告赞助商。巴黎人将这条世界上以浪漫著称的大道变成了奥运的竞技场。

那个周日，巴黎名副其实地成了奥运城。我在电视上看到正在现场直播这些活动。巴黎市市长正在做申奥讲话，背后是欢闹的人群和沸腾的香榭丽舍大道。我就一下来了精神，去香街。十分钟的车程就显出住在巴黎的好处，正往场

地走时，迎面撞见刚讲完话与大家握手的巴黎市长。我对他说，我是北京女孩，中国申奥成功，下届希望好运带给巴黎。若成功了，也会在香街这样比赛吗？他笑了笑："谢谢，真是个好主意，为什么不呢？"要知道环法自行车的终点颁奖可一直都在这里……

焰火——能吃的，会跳的

焰火分为很多种，你会说有颜色和花色的不同。我见过的这两次与众不同的焰火是以味道与韵律而区分的。

每年跨年前夜，泰晤士河上都有场盛大的新年焰火，就如同巴黎的国庆焰火。2013年最后一天的跨年焰火与众不同，在天空中升腾起橙色的烟火会带有橙子的香味，焰火过后会有红色的泡泡飘过，用手指捅破就是草莓味道，还有桃子的雪花，香蕉的果香，总之这不仅是一个视觉的盛宴，更是一场可以品尝可以闻到的焰火表演。对于那些提前六个小时跑到桥上占位的焰火粉丝们，这场焰火值得等待与拥有。

印象中有一年的焰火是在朋友家看的，他家毗邻伦敦眼，开阔的视野将伦敦焰火尽收眼底，那次赶上奥运焰火，电视里在转播，窗外就是现场，很难忘的经历。

在巴黎的家里也是可以看到铁塔边燃放的焰火，所以我也经常邀请朋友们一起"观火"。那是每年法国国庆的传统保留节目。白天香榭丽舍大街上进行阅兵仪式，到了傍晚夜幕降临的时候，众人集中在铁塔前开阔的草坪前野餐聚会等待焰火绽放。

同伦敦一样，不仅仅在国庆，巴黎在纪念埃菲尔铁塔120周年的庆祝焰火更是一场美轮美奂的创意表演。伴着焰火怒放，音乐响起，现场音乐会的音效随烟雾般四散周围。那焰火似乎能听懂音乐，随着节奏的律动，绚丽变化，色彩缤纷，每一分每一秒都不一样，最精彩的是接近尾声时，铁塔通体换成蓝色霓裳，加上每次夜晚整点时闪烁的银白色光点，与璀璨四射的焰火遥相回应，时而升入高空点缀星空，时而坠落人间化成尖叫。

相信那一晚懂音乐的乐符般跳动的焰火永远会定格在聆听过它的人们的脑海中。

火树银花呼啦圈

巴黎的凯旋门附近会在每年的圣诞伊始搞一个隆重的启灯仪式，正式宣告节日的到来。这个仪式一般由政府官员主持，并邀请当年有影响的人物来一起按下按钮，刹那间点亮香榭丽舍大街两旁的灯火。从设计到装灯，很多人从 11 月份就开始忙碌地工作，那一刻，揭晓了谜底。原来如此，今年的灯火是这个样子的。挺像中国每年揭晓谁是春晚导演的感觉。

2013 年的香街显然有复古的感觉，让我想起儿时在腰间旋转风靡一时的呼啦圈。显然法国的树技术蛮高，平均要转起三个，保持从傍晚到凌晨的姿态，在当年 11 月底到 1 月中旬期间定时绽放，风雨无阻，接受来自世界各地人们镜头的考验。

今年的主题被我命名为火树银花呼啦圈，色彩缤纷，有所创新。其实香街上的灯饰是近几年的事情。有一年圣诞挂了串灯，形成规模，效果很好，便保留了下来。

开始是在色彩上变换，黄的变成白的，第三年再变成蓝色，后来下一年又整体改成柱状日光灯型，从上至下像燃烧的火苗。我最喜欢的是 2008 年那个经典的白色，天黑了隐藏了树枝的形状，模糊了灯饰的衔接，像钻石般在天鹅绒似的夜空下滑动，与远方的摩天轮混为一体，令人惊艳。

不止在香街上，巴黎的 20 个街区都以各自的不同主题挂上灯饰。曾有一年我在圣诞前夕逛了所有的街区，拍下不同的灯饰。以自己所在的街区为例，因为是铁塔所在区，所以街道灯饰

灵（灵动创意）·感·性·趣

都是小几号的铁塔，大小辉映很有意思。

后来回到了北京，看到一些街道也挂起了这样的点缀，装饰了暗夜的景致，熟悉而美好。

香街花费了心思点灯是让大家有个节日的好心情，变来变去，想创新就没那容易了。但人们还是会对这个时刻的到来有所期待。每每开车路过香街，我都会抬头去望，我想很多人和我一样，其实人们期盼的是节日的欢乐，早些回家团聚的喜悦。而香街的灯照亮的也不仅是回家的路，还有更多人心头的温暖。

特殊圣诞树

每年 12 月初的周末，都会看到欧洲人去市场买圣诞树，两人抬着一棵树往家走的场面，就像我们买春联、鞭炮准备过年一样。

关于圣诞树的习俗最早可以追溯到 16 世纪的德国。在英国，圣诞树是乔治三世国王的德国王后引入的，但是并没有传递到皇室以外的民间。维多利亚女王儿时就熟悉这一习俗，她嫁给德国的表亲艾伯特王子后，这一习俗迅速传递。

在英国特拉法加广场上，每年都会有棵特别高大的圣诞树，也是在 12 月初送抵。那次路过时看到工人正在装饰它。这棵树是为表达"二战"时期英国支援的礼物，四十多年来每年的圣诞节时都会准时从挪威运来，象征两国的友谊。

其他的有以色彩胜出的巴黎圣母院前的绿灯圣诞树，还有伦敦一饭店门口前 57 棵圣诞树的装扮则以数量取胜。

有年圣诞节假期我穿越了三个国家，看到了另外一棵特别的圣诞树。那是在马耳他小镇斯利马的小广场上，有一棵由多颗玻璃球组成的圣诞树，通体红艳，神秘而华丽。原来古城以玻璃工艺闻名，特别在节日时做了棵与众不同的献给大家观赏。类似的不是用实体树，而是完全用层层灯饰变身的还有巴黎市政厅前的圣诞树，而酒窖餐馆内用红酒瓶子做成的圣诞树，配上用多个彩色避孕套制成的圣诞老人，则是我见过的最不可思议的圣诞组合。最近，人们又想出一游戏来延续快乐——等圣诞节一过完，比赛扔圣诞树看谁扔得远，据说还要评出冠军。

只是那么美，又花那么多精力装扮的圣诞树，怎么忍心下得了手？

灵（灵动创意）·感·性·趣

芭比娃娃与埃菲尔铁塔

一、百变铁塔

如同拍摄铁塔的万千角度，其昵称也有很多——铁娘子，大小姐（Un Grande Mademoiselle），足见巴黎人对她的喜爱。

在我看来，她就是芭比娃娃，可以换装。铁塔总在变换，随着季节伴着灯光。即便是夜晚，从自家落地窗看到的铁塔也是随着夜色的变化，灯光的闪亮，纵有万般风情，想在这里为你呈现。而且埃菲尔铁塔还可以依据节庆或特殊日子，纪念某位伟人或大事件，完成传递任务。

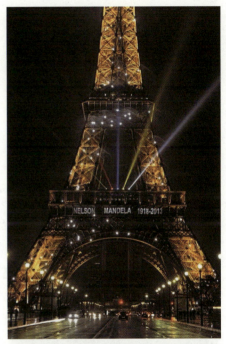

二、铁塔牌内裤

这样的角度，像不像条丁字内裤。你还别说，还真有人这么去做了。一个法国朋友不仅看到了，想到了还真就实践了，虽然过程并不如想象的那么容易。

要知道当年政府没有负担铁塔的全部建设费用，而埃菲尔为了实现铁塔的设计，四处筹款，曾将他的建筑公司和全部资产抵押给银行作为工程投资。他除了具有独特的艺术眼光，还有破釜沉舟的勇气和毅力。这背后的故事比铁塔更高大，更让人赞叹。

所以当那位朋友送我一条我的尺码的这样的内裤作为礼物时，我同样感到惊喜。我知道一个想法从创意到实现的不易，为她而开心，之后每次路过铁塔，就不由想到她。你有没有试过把铁塔穿在身上呢？

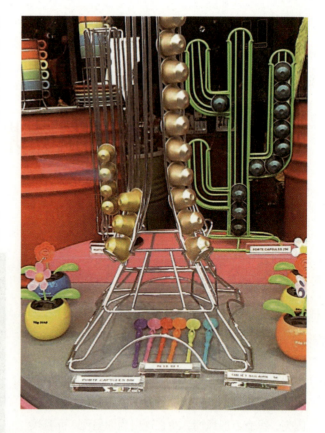

三、如果巴黎没有了铁塔……

该查查今年3月30日的皇历了。就在这一天，各种事件跟约好了的战友一样配合。这边凌晨小偷刚潜入自然博物馆爬上大象标本锯了左象牙，那边铁塔又出事了。警察局当天傍晚时刻接到匿名电话，巴黎埃菲尔铁塔拉响炸弹警报，警方随即展开了行动，已撤离包括游客和工作人员在内的1 500人。直到当晚近9点，封锁仍未解除。几番周折最后查明原来是和前年一样，此"诈弹"非"炸弹"也。其实这样的事件并非第一次，也绝非最后一次。埃菲尔铁塔自诞生之日起，就争议不断。从丑陋的怪物到浪漫的象征，再到巴黎的地标，已走过了100多年的历史，历经众多险情，在此往下跳的，贴标语的防不胜防。影视作品中也常拿老发生状况的铁塔说事。所以出台规定，为防止意外，晚间不再接受游客登塔。

可当你走在巴黎街头，以铁塔为原型的纪念品，咖啡架、启瓶器、调料瓶、便笺夹、酒瓶塞、镇纸石、雨伞把，甚至是性用品玩具应有尽有。铁塔早已成为人们生活的一部分，巴黎不能没有铁塔。

特殊时期的平常景点

一、奥运式伦敦

伦敦调整到奥运模式后，整个城市都变得不一样起来——完成了倒计时的牌子，奥运会馆外的蜘蛛人等造型，与场上的运动竞技一样引人注目。泰晤士河畔大本钟和国民议会建筑表面每晚都有魔术——随着赛程变换而滚动播放投影，让人耳目一新。

二、与体育相连的百变凯旋门

北京奥运在巴黎传递的时候，我中午没顾上吃饭，从公司直接到了凯旋门，举着北京的奥运旗子为家乡助威鼓劲。凯旋门是法国重大活动举办的地方，这一天为中国的奥运开道，很多像我一样在异国的北京人聚集在那里，等待火炬传递时刻的到来。

似乎凯旋门总与体育相关。平时或国庆，我们经常看到的是一面巨型法国国旗由凯旋门拱门顶端落下，迎风飘扬。而在 2013 年的环法自行车大赛当天，正值环法百年纪念日的凯旋门也时尚了一把，光束打到凯旋门上，靓丽新颖。环法自行车赛（Le Tour De France）是公路自行车运动中规模最大、影响最广的国际自行车大赛，每年 7 月举行，平均赛程超过 3 500 公里。每个赛段的获胜者将穿着著名的黄色领骑衫，而凯旋门则作为每次大赛的终点，迎接凯旋的骑士。

三、伦敦塔桥前的叠罗汉

在巴塞罗那曾看到这样的叠罗汉，但这次在伦敦塔前再次见到，可算惊喜。伦敦人认为这座塔桥才是真正的历史遗迹，里面发生了很多故事。而另一座被称为伦敦桥的是美国人修建的，可不能和这个混淆。塔桥在每次有大船通过时都会开启上方的桥架，如同看巴黎铁塔的闪灯一样，令人专程前往观看。

如今以这座古老的伦敦塔桥为背景，总有新的活动进行。在奥运会期间悬挂了五环标志，也曾经摆满了几百只小熊为儿童的慈善活动做宣传。

四、巴黎人的市政厅广场

这里被称为人民广场，因为遇到传统的面包节，市政广场就是作坊。你会在不同的小屋中学会羊角面包、长棍的制作方法，末了还被授予一张面包大师的证书。当年一幅广场上烤全羊让全市人民品尝的照片做足了广告，原来是厨师们搞的活动。也不要以为这里只有美食节，跳蚤市场也办过。想象一下，政府办公前的大集市，不同地方的人们摆放着各自家值万贯的宝贝是何种情景？在欧盟日活动期间，广场就像是联合国，各个房间是不同国家，你可以在镜头前正襟危坐，然后得到一张新闻发言人的纪念照，而且被制成鼠标垫，让你乐在其中。还有科普节时，这里便是花园和科技馆，一夜间会种满了花花草草，教你无从辨认。

赶上红土网球大赛。这里会铺成赛场的样子，小选手们跃跃欲试，与高手过招。要是世界杯等体坛盛事，不用想，直接约朋友过来就对了。这里总会支起大大的显示屏，一起观赛。如果说埃菲尔铁塔是一个芭比娃娃总在换装变色，那么这里就像一个多功能厅，可以发挥不同的作用。每次去都有变化，每次都有惊喜。

灵（灵动创意）·感·性·趣

卢浮宫金字塔的新风景

一、夜与昼，内与外

华裔设计师贝聿铭设计的这个卢浮宫的金字塔造型，在众多设计方案中脱颖而出，获得当时法国总统的认可，并建造。给古老的卢浮宫注入时尚的新元素。这张是从卢浮宫内部往外照的全景照。

每当傍晚，日光褪去，夜灯照射，尤其雨夜，倒影其中，便是另一番景象，真正的卢浮魅影，也成了很多情侣婚纱照的取景地，更是我饭后巴黎散步最爱去的场所。

二、倒金字塔的新展出

平时卢浮宫内，那个在《达芬奇密码》一书中总被提起的倒金字塔总是折射着太阳的七彩光芒。有天发现被新的艺术展览所包围。原来这是一群年轻设计师的新作展。白与黑，木质与玻璃，都是生活家居，却有新的独到设计，与倒金字塔交相辉映。巴黎经常有这样的展览，比如在凡尔赛宫会里会摆上一只巨型高跟鞋，或是在博物馆里摆放新的设计作品，让人在视觉冲击后达到艺术启发。

艺术是一种使我们达到假想的真实，最终又使我们从真实回归假想的满足。

模仿秀

中国内地很多节目都是借鉴了欧洲电视栏目。什么达人秀，歌手秀等，他们的创意很棒，走在欧洲街头也能感受到无处不在的新意。连火车站的信息牌子，都可以用披头士的音乐HELP引人注意。商家的广告更是如此。有次到巴黎机场送别妈妈，旁边的广告栏我看见了这个关于咖啡的广告。

广告海报用了意大利诞生的狼孩传说。古罗马帝国城市特洛伊城由于和希腊发生战争，被希腊人攻陷，守城将领伊尼亚带领一部分人逃了出来。经过漫长的漂泊，他们来到意大利半岛。伊尼亚的儿子在这里修筑了亚尔巴龙伽城，并当了国王。王位传了15代，努米托的弟弟阿穆略篡夺了王位，阿穆略怕努米托的后人报复，便杀死努米托的儿子，并逼迫努米托唯一的女儿西尔维亚做了贞女塔的女祭司。按照

灵（灵动创意）·感·性·趣

规定，女祭司必须保持终身童贞，不得与他人结婚。阿穆略为了防止意外的事情发生，就把侄女囚禁在一座孤塔之中，避免外人见到她。但是战神马尔斯却来到塔中，与西尔维亚相爱并与其生下一对双生子。 阿穆略得知后，急急忙忙命人将孪生兄弟投入台伯河中想将他们淹死。但是战神马尔斯救走了西尔维亚，两个男婴漂流到岸边，被一只母狼发现，母狼用乳汁喂养了这对双胞胎。

画面中以意大利斗兽场为背景的性感的妈妈下面的两个宝宝，不再看乳汁，而是咖啡，让人一下明白意大利咖啡之魅力。

没走两步，又看见系列广告的另一张海报。于是我也学着后面女人的样子，将模仿进行到底。

妈妈立刻照了下来。就要与妈妈离别，想起一个人在欧洲的时候，想家时我常跑到卢浮宫，去看那张世界名画，它对我很有意义。第一次看到画是六岁那年，在妈妈送我的一张书签上，然后就想若有天带她去到这幅真迹前，一定摆个同样的姿势，没想到20年后愿望实现了，可谓蓄谋已久。这也是如同那广告海报一样的模仿秀呢。

Play me, I'm yours.

我喜欢这句话，性感至极。

有段时日，在欧洲大城市的街头一夜间出现了很多架钢琴，摩登的、老式的、各色的就那么随意地放在公园中，街头边，商店旁。上面立一小牌写着这句话——Play me, I'm yours.（弹奏我，我是你的。）

于是过路的行人往前一坐，下班的白领提包一放，放学的孩子三五成群都可以弹奏。目的就是吸引大家参与练习娱乐，让大家都有条件与机会弹奏切磋学习，有舞台展示给旁人。由开始的生疏到后来的习惯，弹者不分专业，英雄不问出处。巴黎成了流动的音乐厅，你可以领取一份钢琴地图，上标有所有钢琴点，密密麻麻覆盖所有热闹地区。一时间满城遍是钢琴点。

让我印象深刻的是在市中心的地铁商业街上，有一架白色钢琴伫立中央，每天路过时会看到有人在排队演奏，周围席地而坐很多观众，像个小型独奏音乐会。轮到一青年上场，他很不起眼，穿着嘻哈，连头运动帽衫随意罩在后脑勺，可一落手，艺惊四座。肖邦的乐曲如河流般流淌，我沉浸其中忘记挪步。曲毕众人鼓掌，他羞涩谢幕让给下一位"钢琴家"，真是藏龙卧虎。

还有一次乘欧洲之星火车赴伦敦，刚出站台，就听到钢琴声，一位银发老者在弹奏，听出沧桑感。一时恍惚，分不清人在何处，以为那些钢琴也运来了这里。一问原来是欧洲同步进行。

我也小试了一下，旁边还有观众鼓掌鼓励。重在参与，这里就是个流动的舞台，每个人既是听众也是乐手。

音乐无国界，钢琴到处弹。它像双温暖的手延伸远方，安抚着不仅是黑白琴键，更是爱好者爱音乐的心房。

Play me, I'm yours。

处处盛开的向日葵

流畅的线条，天才的构图与色彩，每次看梵高的作品我都沉浸其中，他的画作就是曲流淌的音乐。英国国立画廊收有他的多幅作品。《向日葵》是其中最有名的一幅，每次都会有很多人驻足画前。

前不久去看，我发现只剩下一个孤零零的小牌子，上面写着，被借到荷兰展出。这种名画是很少见，几乎是不被外借的。直到下一次，博物馆工作的好友通知我，不但被还回来了，还有好几幅一起，这个向日葵展览很特别，一定不要错过。一去，队伍早排起了长龙，队伍中有各个国家的面孔，都是为这花儿来。

也许你在不同场合看过梵高的《向日葵》，但一定没见过这红外线版的《向日葵》。通过对这两幅画及红外线后的向日葵，用这种技术来分析画家在创作时的技法和不同之处，同时防止画作颜色改变变暗，也做了色彩的分析。工作人员得知我要写这个展览，还特别拿来资料给我。

现在流传在世的5幅同样主题的《向日葵》，都是他的真迹，略有区别，是梵高欢迎他好友高更到法国南部他家小住时创作的。除了展览的这两幅收藏在英国和荷兰的，其余三幅在东京，慕尼黑和费城展出。而采用高科技红外线版的《向日葵》这还是首次。

梵高的《向日葵》不仅仅出现在博物馆、艺术展上。我和这幅作品很有缘分，散落在世界其他城市的《向日葵》真迹我都曾见过，慕尼黑、荷兰等等，有的是专程，还有的是无意撞到。不仅如此，在我出差住的酒店里，正好也是梵高间，里面是这幅《向日葵》。

这家饭店很有特色，它每个房间不是以号码命名，而是以一个艺术大师命名，里面装饰有他的代表作。开始并没有发现，后来和同事约好同去开会，他说我住塞尚间，莫德住毕加索间，

灵（灵动创意）·感·性·趣

你呢。我才发现这个特色，非常巧妙。而且在上菜盘中也是有梵高印记的菜单与纸巾。第二周开会重新入住时，我又被安排到这间，还真是有缘分呢。

后来有年假期，我驾车沿着梵高的足迹重走一遍，将他生活过的房间、工作室，和给他以灵感的地方亲自体验一番。很巧的是梵高在巴黎时的住所，也在我初到巴黎时居住的区域。当走过熟悉的教堂和他将致命子弹嵌入自己腹部后踉跄跑过的田野，循迹就来到他的蜗居——那空间甚至比他画中描述过的还要狭小局促。百余年来不曾变化，卧室里散发着一种能够保存麦子的气味，似乎感到麦子就在远方的风景中摇曳。那曾在画面上出现过的浓烈的色彩显然是梵高的杜撰。但我想不出哪个织工会像梵高一样，可以从心灵的深处传达出其不可言说

的印记。他在日记中说："当我画一个太阳，我希望人们感觉它在以惊人的速度旋转，正在发出骇人的光热巨浪；当我画一片麦田，我希望人们感觉到原子正朝着它们最后的成熟和绽放努力。当我画一棵苹果树，我希望人们能感觉到苹果里面的果汁正把苹果皮撑开，果核中的种子正在为结出果实奋进。当我画一个男人，我就要画出他滔滔的一生。每个人的心里都有一团火，路过的人只看到烟。但是总有一个人，总有那么一个人能看到这团火，然后走过来，陪我一起。我在人群中，看到了他的火，然后快步走过去，生怕慢一点他就会被淹没在岁月的尘埃里。我带着我的热情，我的冷漠，我的狂暴，我的温和，以及对爱情毫无理由的相信，走得上气不接下气。"他活了37岁，而这是画家一生中住过的第38间房子，他自杀后再无人住。墙壁上贴的"梵高之友"协会告示上说，若大家捐款，我们可以尽力在这里挂张梵高的真迹。当他在世的时候，他让如此之多沉醉的线条绕着松散的草堆旋转；而当他绝望的时候，腹中的子弹用血将风景淹没，浸透大地，滋润盛开出大朵黄色花朵。当看到大片大片的向日葵时，不免又想到他的作品。向日葵被叫作太阳花，黄灿灿的颜色染了太阳的光芒，折射出希望之光。对于梵高而言，向日葵这种花是表现他思想的最佳题材。夏季短暂，向日葵的花期更是有限，而梵高亦如向日葵般结束了自己短暂的一生。称他为向日葵画家，应该是恰如其分的。就像梵高的幅幅画作，尽管他自己在孤独与绝望中死去，但是他留给世人的作品都是明亮的，欢快的，充满希望追求的色彩与主题，一如这处处盛开的向日葵。

信不信由你

伦敦最繁华的街道上有个商店，名字就是 Believe it or not（信不信由你）。门口的那个扁嘴可爱老头的雕塑会出现在无数游客的相机里。不止这家吸引你，欧洲很多商家吸引客人的方式大不同，目的就一个，停下脚步，走过，路过，不要错过。

和我们想象的还不同，不用喇叭，不用拦截，多数是无声的，出乎意料的，让你情不自禁往里走，不只是吸引，信不信由你。

一、穿特色服装类

通过特色衣着来吸引你的注意，卖什么穿什么。旅游纪念品就把整个英国穿在身上，各色商店就把产品亮在身上。一天，某内衣店推出新产品，请了一众模特裸着上身，只穿无痕内衣打广告，就在商店门口的街上走个来回，然后后面就跟着一帮女人进店购买，一帮男人跟着照相。

二、橱窗里的真人秀

如果不动，你根本不知道他们是真人模特在橱窗里展示衣服。

三、内部装饰跨界

你以为这是植物园？露天庭院？这是伦敦一家商店？一进去我面壁了半天，不是思过，而是触摸，看看是不是真的，是真的植被，是真的创意。

四、搞怪卖力类

先是在地上秀舞，看到来往大巴马上起立敬礼，看到有人拍照，立马上前凑近特写。看到我的镜头对准他，马上转移过来，配合得太近了，都对不准焦距，按不下快门啦。然后才发现他跟迈克尔·杰克逊有些像……

五、特色文化类

英国白金汉宫的帅气士兵，根据不同的客人做出不同的姿势与你拍照。或者是圣诞节附近，玩具商店请出圣诞少女来吸引目光。

六、展示身材型

分俊男靓女型。当晚活动欧洲美女花旦着盛装隆重迎宾。街上越来越多商家不只找美女，还会找全身肌肉的美男做店员，深秋穿着海滩服在门口迎宾，照相拍得然后立刻送给你，一堆美女在排队照了相，再进店。里面是卖牛仔裤还是卖内衣都不重要了——人都吸引进门了。

独家秘诀

欧洲的饭店、咖啡店多，有些店总是人满为患，提前很早都预约不上，有些却是门可罗雀。怎样才能脱颖而出，各家都有独家秘诀。

一、与众不同的品味装饰

如果不说，你会不会以为这是间博物馆，要不就是某个欧洲收藏家的房间。都不是！

只是位于西班牙老城特雷多街边的一间酒吧。刚进去的时候我有一样的疑问，看到了酒吧的装置，盛酒的老板娘，才揭晓谜底。酒吧本身的装饰可以反映其特色，往深了说是老板的品味。这间显然老板是个收藏家。光是看全所有的摆件就挺费时，别说了解他们后面的故事了。还是先看菜单吧。

还有像英国很多酒吧是百年老店，他们常引以为豪，老板指着店里把椅子对我说，不用说我这房子建造历史，单是经营这酒馆，这里面的椅子的历史就比美国历史长。

灵（灵动创意）·感·性·趣

这样的店历史久，有时常听说闹鬼，主人不但不避讳，遇到"幸运"客人把他家的鬼故事绘声绘色描绘一遍，有的干脆放在门口吸引过客，或是印在菜单上，甚至立传般摆在每个桌上。别说，有"鬼"的酒吧生意真的更好。

二、夺人眼球的夸张门脸

像巴黎市中心的酒馆，名为美国梦，果然齐聚"美国名人"常年为其撑门面，不论风吹雨打日晒。

三、按节日变换装饰

从新酒上市，都撒上稻草，铺成田园风光，到周末晚间撒上玫瑰花瓣，都是招揽客人的好方法。

四、温情特色惊喜取胜

在欧洲餐馆吃饭除了会发到你手机上一些优惠庆祝活动的体验信息，还有当知道你生日时，为你送上的惊喜。看到过好几回。还有一次朋友过生日，我悄悄告诉饭店，马上就去准备了生日蜡烛和自制糕点。你会为服务生的贴心而感动。

五、利用名人效应

在那不勒斯的比萨店里，我看到满墙的名人照片，许多来自世界各地的歌星、影星都在意大利这间名店品尝过。店主自豪地向我们一一介绍。家族式经营，到他这里已是第四代了。果然味道不错，连我这个对比萨不怎么感冒的人都连点了两份。关于比萨的由来有很多种说法，其中一说，是当年意大利人马可·波罗游东方时，将中国的馅饼制法带回国，没想到学得不精，馅全在饼外边了。于是将错就错，并发扬光大，成了国粹。

我还发现一特色，男高音帕瓦罗蒂不仅是个歌唱家，还是个美食家呢，或者是个比萨饼爱好者。因为我在欧洲好几家店都看到他的照片呢。

　　类似的还有利用欧洲名人名字故事作为酒馆名称的，在英国的名为莎士比亚之头的酒馆，我看到真有莎士比亚的半身雕塑被放置在门上，只是再仔细看，缺了只手，原来是在"二战"的城市轰炸中失了手，更吸引人来了。名人效应还体现在不光是成名之后的来访，还有未成名前的一起成长。那巴黎丁香园餐馆，海明威只用了两个星期就写出了他的新作，于是成名后，那个他常坐的高脚座被刻上名字，让欧美世界各地的文学爱好者慕名而来，然后后来轮流坐"椅"，餐馆更有名了。

六、特色驻演

　　和国内多数常见到的流行音乐歌手驻唱不同，欧洲的酒吧里更多的是主题式驻唱，或歌手或演奏，布鲁斯之夜，戏剧演出，一周中不同的时段或不同的酒吧有不同的演出欣赏。这样的特定时间特定演出的酒吧，可以使你有针对性地选择，比如伦敦这间酒吧每周三就会有知名爵士来演出。因为他的演绎，我更喜欢爵士乐这种风格。

七、特色服务

　　印象中的欧洲餐厅或咖啡馆的侍者都是白衬衫黑领结，彬彬有礼的样子，近年出现的轮滑侍者，或扮成吸血鬼模样的特色侍者我都有所见。而有家针对女性的半裸侍者服务更是吸引眼球，这家英国公司还推出了走出餐厅可在各家派对上斟茶倒酒半裸男性侍者，招聘服务员要求身材完美，要有腹肌。同样传统的侍者工作装在这里变成了小假领打领结，上身裸露，没衬衣只有个假袖口还带袖扣，下半身同样腰系短围裙，不过后面却春光乍泄。据说应聘者各行各业人员都有，而定制这些半裸侍者服务的派对还越来越多，竟然有供不应求的时候。

欧洲跑步者

在欧洲的公园、森林、马路、街巷里见得最多的就是跑步的人，他们装备专业，专用跑步鞋，紧身衣，还有导向仪、记速器。即使在等红灯，脚下步伐也不停，就在原地跑。你若上前问路，他们会摘下耳机，取下太阳镜，停下计步器，一系列动作完成后，然后开始听你的问题。这就是欧洲的跑步者。

跑步者也参加国际马拉松，巴黎、伦敦的马拉松我都见识过——比赛时沿路上会放着水供运动员喝，还有举着大盆水往头上浇的。有民众夹道欢迎加油，还有化装成大熊的啦啦队来助威，我也曾参加过几次。平时自己训练体能，在公司里报名，可以跑全程或半程，跑下来会有证书，还有一件印有完成马拉松字样的衬衫作纪念。

马拉松运动员穿着动物装跑步并不新奇，不过英国男子保罗·戈斯汀 (Paul Goldstein) 不仅穿着老虎装跑完 9 次马拉松，并且几乎环游了整个世界。他的马拉松服可不一般，大约有 27 斤重。他这样做的目的是呼吁人们打击非法狩猎野生动物，特别是老虎。在过去的 4 年里，保罗为保护老虎慈善团体筹集到近百万人民币，被用于建学校、诊所等。

有穿老虎装负重上阵的，当然时不时也能遇到这样的跑步者，这都是欧洲跑步者的"洋相"。

街头艺人十八式（上）

看遍欧洲，数艺人表演独具风骚。

光是记录他们就可以是一本书，相信每个来访过欧洲的朋友都领略过。给艺人们分类也不容易。按才艺——琴棋书画，说拉弹唱，都能见到。说——包括朗诵诗篇，话剧，评书，对，外国也有说书人；唱——有气势恢宏的俄罗斯演奏团在地铁里高歌，歌剧爱好者在庭院餐厅前放喉；弹——有贝多芬第九交响曲；舞，有当红的欧式骑马舞。按地点分，则街头上、地铁里、马路边、广场中。按性别年龄不大好分，因为，看起来都有，按国籍就更不好分，都是欧洲面孔，不过，最近也加入了亚洲元素。在我看来最难分类的是按时间，因为不分节假日，几乎天天都能寻到他们的身影。看到欧洲街头艺人的表演，很多时候不比专业逊色，令人震撼。既然武艺有十八般，那么且看艺人十八式。

一、艺高人胆大，当街开演式

塞纳河桥上，三人乐团中间一立，投钱的小箱子甚至摆到了街对面去。统一的服装，高超的演技，让人从车上下来，不忍错过。

二、才貌双全，女神范十足式

罗马街头拉风琴的美丽少女，光是坐那里的样子就

像尊现代雕塑，更别提手指尖流淌的音符了，还有伦敦考文特花园拥有好声音的麻花辫少女，都让人惊艳。

三、因地制宜，敢于叫板式

在音乐之乡扮莫扎特，名人故居摆造型，要不就是那些在法国博物馆前画岩间圣母，蒙娜丽莎的，在英国国家画廊前挑战里面的原作。他们敢于在意大利歌剧院前亮嗓，有实力有野心，说不定哪天就唱进去了，画作也真的被收藏了去。

四、与时俱进，紧跟时代脉搏式

一曲《江南 Style》红到伦敦街头，跳舞的人模仿力极强，看欧洲版的这个舞蹈还加入了他们自编的模式。

五、文艺复古风，气质极佳式

雨果故居前看到一对姐妹在演绎乐曲，周围是欧洲最热的盛夏，而在她们这里，你只会感到心一下静了下来，周围都不存在了。还有塞纳河畔自己营造出爵士风情的老艺人，细腻而奔放。

六、走国际路线，引发共鸣式

可能画工不是最好的，但是有想法，容易得到共鸣，也非常容易看出哪国游客最易慷慨解囊，或者是游客数量最多，不小心还做了统计。浪子回头的马努为我讲述的励志故事，一张小小的联合国杂志上的国旗改变了他。马努每周六上午十点来绘制他的国旗王国，然后傍晚擦掉，第二天周日上午又来重画。粉笔画的缘故，风不阻雨阻。

以前他是一个在特拉法加广场上的流浪者，吸毒酗酒。突然有一天他觉得人生不能如此虚度，想做些事情，就开始了国旗绘画。引得游客路人注意，纷纷往自己国家上掷币留念。和他聊天得知，卖艺不容易，警察社区会找他。不同于其他卖艺者，他算在公共区域涂画，而且占的地盘还不小。后来因为他收拾得干净又有特色，渐成一景。说话间又有人放下硬币。他一看对应国旗说道，Thank you, China.

七、以假乱真，无声胜有声式
八、借体表演，另类创意式
九、废物利用，创高难度式

猛一看以为是补锅匠，再一听是演奏

家。一个烂塑料墩子，一只破锅，也能发出声，弄出彩。另外喷火的艺人在欧洲各国街头倒是常见，可这样能喷出颗心形图案来的是不是另种精彩？

街头艺人十八式（下）

十、混迹人群中，静止时间式

曼彻斯特的街头艺人，乍看以为就是匆忙赶路的上班族，只是脚步跨的更大些，头发被吹得更凌乱些。若不是当时没有风，还真被他蒙住了，又混在人群中。哥们儿小心，上班高峰你不会撞别人，小心别人撞到凝固了时间的你。

十一、单个不敢，集体壮胆式

有些小女生商量筹措个零用钱，单人不敢唱，集体壮胆就可以了。有时也有学生合唱团来试嗓，还有就是业余爱好，练也是练，索性搬到街上来。羞涩的笑容动作暴露了她们的首秀，若干年后再回想起来，一定是个难忘的经历，为这份勇气投币。

十二、玩具卡通式，装萌耍宝式

路上碰到一个蜘蛛侠还会飞檐走壁，欧洲街头最常见的穿着是受欢迎的卡通形像，或者扮成笼中动物卖萌吸引游人。

灵·感（感受艺术）·性·趣

十三、实力雄厚，宝刀不老式

巴黎一号地铁线协和广场站那条长长回廊，是艺人们最爱去的地方，声效好，游人多。他们都是倒班制，在规定时间演出并轮换。莫斯科乐团演唱的经典曲目常常让人鼓掌叫好，他们是专业的演唱者，有自己的团队、唱片。还有其他艺术团体的演出，让游行中听到的人过耳不忘。

十四、深情演绎，旁若无人式

即使下雨天，也照弹不误。从家搬来琴和伞，姐弹的不仅是钢琴，还有对音乐的执着与挚爱，风雨无阻。

巴黎歌剧院地铁站还有一位常年表演者，四五十岁，有自己的演出服，常戴一条红色围巾。他将自己以往在酒吧里演出的照片打印展示。每次演唱至深情处，配以手势、眼神，特有舞台效果。

即使周围没有观众，没有人投钱，也依旧会完成整个曲目，他喜欢翻唱皮雅夫的巴黎经典老歌，很有味道。

十五、最炫民族风，展示特有式

一位演奏身着特色民族服装演绎蒙族音乐的艺人在市中心的蓬皮杜广场上，引得法国年轻人的兴趣。还曾在巴黎共和国广场的地铁站内，看到一组演奏民乐的四人组。看惯了老外们的表演，猛然听到乡音，挺意外的。演奏者岁数不大，估计是来尝试下，展示自己的特长。最近在伦敦花园广场，看见一位老者，在演绎中国的埙，旁边还长长地附加了一篇介绍文章，普及这件中国古老的乐器。

十六、群众参与，互动亲近式
十七、匪夷所思，引人猜测式

究竟是什么原理，从一人到多人，造型各异，遍布全欧。答案不难，但是会让你好奇上前，逐步停留，这，就是艺人的成功。

十八、魔术互动，小丑逗乐式

最逗的一次，是一位街头魔术师邀请一小女孩一起配合完成时，小女孩怯场不去，她哥哥大方答应替她上了。当看到魔术师在环节中要做切小男孩手指动作时，台下的小女孩一下子不怕了，冲上去抱着哥哥，说什么都不让魔术继续进行，逗得大家哈哈大笑。

除了这些还有杂技气功，身藏绝活式，往往需要大场面，多需配合者，最能调动观众气氛。耗时长，却会赢得最多喝彩，都是真功夫。还有举牌举工具式，那一竿子套上杯子做愿者上钩式等等，还曾见到一位妇女坐在入口处，笑着举个牌子，上面写道——你的微笑很美，冲我微笑吧，即使没有零钱给我。

无论什么样的形式，街头艺人都是欧洲城市的特色一景，让人难忘。

灵·感（感受艺术）·性·趣

借我一双慧眼

当你在欧洲经常看艺人表演，看多了，也会出问题。

那天在伦敦中国城等朋友一起共进晚餐，发现远处有个人，我等了多久，他就那样站了多久。开始以为是朋友等错地方了，再一看是个卓别林造型。可能是新来的吧，从没注意过。那逼真的造型，还靠在自行车上，卓别林也有自己的座驾，这创意值得肯定和赞扬，说不定一会儿他看见我一到他跟前，身体就动了，会从头上摘下高帽子画个弧线，向我致意或接住小费。就像上次我在瑞士街头碰到的那个悬空而坐的女读报人，靠近时她招呼我，邀请一起来读她手中的报纸，并做惊讶状。

据我经验，这是一般表演的套路，不给钱不动。

于是我从包里找了些零钱，径直走去也没抬头，谁知还是没动静，也没伸手。我准备给他放钱时才发现没有像其他艺人那样放个帽子或拿个盒子装钱。

突然后面响起笑声。我等待的朋友到了，看见我要放钱大笑不已，然后就成了晚餐的主题。那根本就是一个塑像，真真的假人卓别林。

一直都是以真乱假，这回是真正的以假乱真了，都是经验惹的祸，或者都是那批技艺精湛的街头艺人让我习惯成自然，自然就闹笑话了。

欧洲马会，美"帽"争艳

历年的欧洲马会都会吸引很多女性参加，每年英国的艾斯考特赛会，法国的马会都是欧洲上流社会的重要活动。说是"头"等大事，还真是从头开始打理的,因为比赛现场简直就是一场美"帽"的时尚秀。这个传统从1807年就开始了，当时把赛马会的第三天定位金杯日，是整个赛程最关键最繁忙的日子。不过很多人都把它称为女士日，这天女士最多，而且进入看台男士们要礼服笔挺，女人们身着最漂亮的衣服和最有创意的帽子亮相。置身其中，我大开眼界。在比赛现场，一眼望去是帽子的海洋，看见马儿出场之前，先看这些夺人眼球的帽子闪亮登场，也是主角。靠设计帽子起家的可可·香奈儿小姐也说，帽子是人类文明化的标志，一度，人们从一顶帽子就可以给一个女人定性，社交季节，帽子更是不可或缺的日常装饰，代表一个人的身份，权力及才识修养。在英国人眼中，穿一套像样的服饰，比活动更重要，在不同场合换装，不仅是礼节和展示外

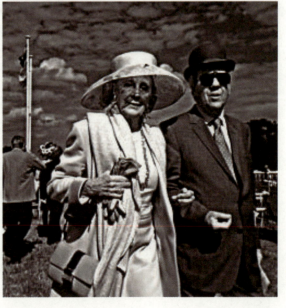

在魅力的需要，而是已经渗透英国人的内在情愫了。

帽子不但要有，而且色彩款式要有新意。当天当场被认为的美女貌美标准都是源自美帽的样子，而且是极尽夸张之能事的那种，最好是立马吸引眼球，引发尖叫的那种。商场买不到，那就定做，所以别的重大场合是定制衣裙，而为了马会的金杯日，可是要定做帽子的。

如果你没有戴一顶帽子或一顶有看头儿的帽子进入会场，就跟人家都在全日光浴，你穿戴整齐进来一样的不合时宜。你看那次日的报纸，上面这香槟的酒瓶酒杯造型是不是很吸引你呢？

苏格兰男人的裙下风光

女友 Sophia 今寄来一些我们一起旅行的照片，对我早前的热情招待表示感谢。航展那天约她在伦敦见面，她老公为表达对朋友的尊重，特地穿上了他家乡传统的苏格兰裙装见我。而穿裤装的我好奇地左右打量他的裙子，要知道 7 年前去苏格兰时总对那些男子的苏格兰呢格裙与风笛表示极大兴趣，还有威士忌这三样特产都与男人有关。这次可抓了机会问了个够，他向我详细讲了其历史与传统。起源于基尔特的裙装以特殊呢制成，由腰及膝，配特定鞋袜，腰间饰袋原有严格等级区分，像我们印有鸟兽图案的官服，后随着时代变迁，原先代表不同等级的格子大小、花色区别已不再明显。

我和他合影时都忍不住拽下裙子，逗得 Sophia 哈哈大笑。她老公很紧张，不是担心风，而是担心裙角被故意掀起。我说里面不会真像你说的传统，什么都没穿吧，还是怕露出你藏在袜子里的匕首。他说前面答案是有穿，后面答案是没刀。

苏格兰男人的裙与风笛如我们古代男人的袍与剑。他们以裙配剑显示的是英雄本色，以笛配裙则是铁汉柔情。裙装的男人是苏格兰的文化标志，说来也怪，高大男儿着裙你不会感到娘娘腔，反而会显阳刚硬气，这也许就是民族服饰的魅力所在吧。1745 年，英国汉诺威王朝镇压了英格兰人的武装起义后，下了历史上著名的禁裙令，违背者处监禁或放逐。苏格兰人为取消禁令，展开了长达 30 多年的斗争，最终为自己赢得了穿裙的权利。

现在女王的丈夫、儿子也会在重大场合穿着裙装。在苏格兰旅行时，大堂门口的老爷爷也是裙装打扮。伦敦街头的艺人，还有球赛时苏格兰的球迷遍布伦敦，见多了就没有那么好奇了。只是裙下的风光让人觉得特别。

面具人生

一、精美绝伦，独一无二

以面具著称的意大利，连音乐会也采用这样的方式，神秘又特别。在这场音乐会里我同时感受到歌剧、宫廷服装、面具等元素。看完后，又逛了圈威尼斯。正经去逛威尼斯有四回，且次次都迷失小城里，确切地说是在面具店里，自觉能读懂那些或悲喜，或嗔怒的表情故事。曾经跟本地的朋友去拜访制意大利面具的大师。对于他，制造了一辈子，每一次创作都是一次心血的凝结，他教了我很多面具背后的知识，而手工制造与机器磨具成批生产的面具，无论在价格和质地上都有很大区别。

我收集美丽的面具亦不光为在舞会上一用。记得一个金色的夏日午后，走进店里一下看中了，拿起那只闪亮的面具，店主说，价格不菲是因家里祖辈手制

设计，这一面是小岛或是世界上唯一的。只为这句，我成了她的主人。

二、女王驾到

威尼斯的面具世界闻名，你注意过伦敦面具吗？那边的面具很像我们小时玩的孙悟空面具，有塑料和纸质两种，往往是影视歌明星和皇室成员居多。而且是人气指数的风向标，谁的最受欢迎，卖得最多，被大家在化妆舞会上用得最广泛，一眼便知。不仅是英国本土的还有异国明星露脸，那个韩国鸟叔的面具也新出来。除了英国人娱乐舞会，还在女王庆典上以及游行时佩戴，很有特色。那天我刚从欧洲之星火车站出来，发现女王驾到了！

联合国教科文组织里的"无影手"

在巴黎，经常会受到法国朋友的邀请，去看关于中国的节目，这是一件很有意思的事情。

有次是接到邀请函听中国的民乐演出，周围老外朋友如醉如痴的神情让我印象很深，尤其是演奏前每件乐器的演奏手会依次介绍乐器的名称与历史。我小时候学习过琵琶，之前给他们介绍中国古典民乐时，他们很认真地听，觉得很神奇，甚至一根弦就可以奏乐，对二胡、琵琶这些民族的东西感兴趣极了。

这次看看这排的长队，拐了好几个弯，原来都是在等入场去联合国教科文组织的中国文化晚会。

看到队伍中的洋和尚了吗？猜到今天的主题是中国功夫与少林寺。前不久刚去了少林寺，没想到今天，在巴黎，在联合国的旗帜前，国际的舞台上，又见面了。二指禅、无影手把老外看得如痴如醉。少林寺大师们的表演一如既往地精彩。一个气功表演中还有个小意外，当棍子被劈成两段后，一段儿像把匕首飞着直接插到舞台背景的幻灯幕布上，再也没掉下来，观众们连连惊叹，而那块幕布也亲自体验了中国真功夫的厉害。

巴黎的联合国教科文组织经常有来自世界各地的特色文艺节目，每次节目都很精彩，来自不同国家的演员在这里展示本国的文化让人们通过这个窗口了解世界。这是一个国际大舞台，从这里可以了解到很多国家的风情与民俗。我曾受邀参加过斯里兰卡、印度、韩国、克罗地亚、土耳其等国的晚会活动，还有中国的非物质文化遗产都曾在这里展示，越发深刻体会到那句话"越是民族的，就越是世界的"。

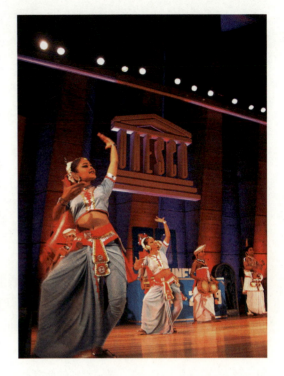

舞魂

一、原汁原味的弗拉明戈

在巴塞罗那看了三场弗拉明戈舞。一场在酒馆，一场在剧院，另一场在街头，各有其味道。其中一位台湾女孩在西班牙专门学习这种舞蹈，已有三年。

喜欢看这优美而又充满着力度的弗拉明戈歌舞表演，沙哑的嗓音透着高亢。动作看似粗犷有力却透着精准细致。弗拉明戈是借风窜跃的火，是鼓火烈烈的风。每一声踢踏，每一次掌击，每一嗓顿挫，每一扫吉他，都领着你的脉搏隆隆地加速奔动。不亲睹弗拉明戈，怎能领会加泰罗尼亚人骨子里的火热激情。无论男女的演绎都别有味道，而那服装、眼神、手势、节奏无一不是细节的配合与展示，令人如醉如痴。

二、西班牙餐厅里的舞娘故事

在巴黎想念西班牙美食的时候，跑到共和国广场那家西班牙风情的餐馆用餐，吸引我的不仅是那里可以点燃的甜品，还有满墙的西班牙弗拉明戈舞娘的主题画作。老板曾告诉我，几十年前他请了一个有名的画家，然后在餐馆打烊之后，应画家要求，准备了两箱啤酒，然后画家用了一晚上的时间，完成了全部壁画，原来是个醉李白式的画家。

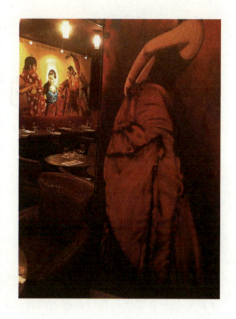

全部壁画都是一个主题。就是弗拉明戈舞娘，而这个原型就是天天来这里跳舞的女人。画上她舞姿摇曳如桌上跳动的烛台火焰。举手投足间演绎出塞维利亚风情。据说她的舞姿风情独到，受到很多人的追捧，有谁知舞娘是个疯女人，只有沉浸在舞蹈音乐中才流露出天才的禀赋。

没有见过她的真人舞姿，但从这些画作中依然可以体会其为舞痴迷。跳到癫狂到如此境界，我知道对于任何一种艺术投入极致，都会成疯。所以当年她的舞无人能敌。

流动在生活中的那些音乐

音乐就是把相爱的音符放在一起。

——莫扎特

一、又见莫扎特

有年欧洲搞了个莫扎特年的纪念活动，有很多音乐会在各国先后举行，向这位音乐大师致敬。

以伦敦为例，城市里总有不同的音乐会等待你的发掘，时间长的如之前参加的在皇家艾伯特音乐厅举行的巴赫诞辰 200 周年纪念音乐会，从早十点到晚八点，还有 BBC 全程直播。简短得如同 Lunchtime Concert（午间时光音乐会），顾名思义就是在工作日的中午休息时间，你可以选择与同事午餐，可以到商店去逛，也可以邂逅一场音乐会，开始一段难忘的音乐之旅。音乐会主题不同，历时一个小时。印象最深的是上次演奏莫扎特作品的音乐会上，在午间时光与莫扎特重逢交流。

午间音乐会一般在下午 1 时开始，在一间如教堂式的音乐厅进行，我早早订票入场，发现周围已坐满了像我一样的莫扎特迷们。无论是十年前在他家乡萨尔斯堡故居中看到的乐谱，还是奥地利维也纳金色音乐厅外扮成他样子的少年在演奏他的乐章。每次重逢莫扎特的音乐都是欣喜。2006 年是莫扎特诞辰 250 周年纪念，我还专门收藏了他的作品集。听他的弦乐四重奏，能感受友谊的默契，听他的钢琴协奏曲，是爱的表达与生命的旋律……

灵·感（感受艺术）·性·趣

二、肖像画廊的合唱团

听音乐会不一定是在音乐堂里，还可以在画廊里。背景是描绘英国国家议会的古老油画，面前是一组洋溢青春的合唱队少年，没有伴奏，合音非常悦耳。他们曾经在中国演出。

英国的国立肖像及 V&A 博物馆每逢周五都会举行这样的音乐活动，非常独特的艺术尝试——很好地将音乐与绘画，古老与现代结合起来，美妙的歌声展现出画面感，又在画中看到流淌的音乐，每次都享受了视觉与听觉的盛宴。

三、荣军院里的音乐会

荣军院是拿破仑为战后的退伍军人和伤残战士们专门修建的疗养场所，与法国军校毗邻。其里面的军事博物馆收藏着讲述法国参与的历次重大战争的印记。而拿破仑的棺椁也在荣军院里，棺椁上可不是国产贺岁片《私人定制》里的调侃——露脸和现眼只差一步。在生命最后流亡在外的岁月里，他曾留下遗嘱："我愿我的身体躺在塞纳河畔，躺在我如此热爱过的法国人民中间。"几经周折被运回法国，并长眠于此。拿破仑的棺椁跟中国天子一样，也是七椁，特殊质地，据说还可防核武器攻击，最外一层是红色大理石的棺椁，上由有 12 尊胜利女神像的 12 根柱子包围。地上用马赛克镶嵌着很多地名，都是他打胜仗的地方，不过滑铁卢肯定没有。他比历史上著名的军事统帅亚历山大、汉尼拔和恺撒指挥的战役总和还要多，伟大的音乐家贝多芬曾专门为他创作了交响曲，后来听说他复辟了，气愤之下将为他而作的交响曲收回，改为英雄交响曲。在荣军院的教堂里经常会有组织的音乐会，除了参观还可以聆听音乐。当交响乐在空灵的教堂上方回响，加上教堂独有的风琴合鸣，真是余音绕梁，独特的音乐之旅。

在欧洲看戏

妈妈知道我爱看戏，很多年前就买了这对小望远镜给我。在欧洲看戏，少不了它们。坐在金碧红墙的包厢里，举着它，看台上身着中世纪服装的演员演绎经典，真有种时光穿越的感觉。从莫斯科看到巴黎又看到伦敦，一次次与戏剧的约会让我更深入地了解欧洲的历史文化，语言艺术，选几场有意思的场景与你分享。

一、只演一个作家作品的剧院

泰晤士河畔的莎士比亚环形剧院就是当年莎翁亲自建院的旧址，虽说这里只演他本人的剧作，但有来自不同国家剧团不同版本的表现形式来诠释他的经典。仲秋下午我独自看了场俄语版莎翁戏《李尔王》。演员们的激情与爆发力贯穿始终。他们根据剧情需要的几次全裸并不突兀，一如外界给出的四星评价。热不热爱自己的职业瞒不过观众的眼。在这里每一场都是创作。演出中间的时候，香槟杯滚落，趴在舞台边上的观众一伸手扶好。剧院里有坐席有站位，靠近演员的舞台，伸手可触，真正的零距离，是环形剧院的一大特色。时不时院中的观众也会成为剧中的参与者，只见一张大幕往

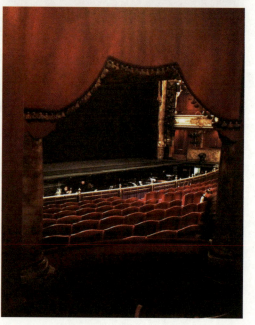

台下一铺，站着的观众，头从布里的窟窿中钻出，成为场景的组成参与其中，与舞台上穿着古装的演员一起表演，一同穿越时空，活在那个年代，同样的布景，同样的语言。只是时不时伦敦上空的飞机从露天影院飞过，又把人带回到了现实。除了现场互动，另一部喜剧（《仲夏夜之梦》）则真是在仲夏夜进行的，看夜场的露天剧院戏真是另一番震撼的感受。以星空为幕，大地为席，演出完毕，每个人都做了一场仲夏夜的梦。

《仲夏夜之梦》是2013年环球剧院的三部莎翁戏之一，其他两场我也看了。最后一部上演的是悲剧《麦克白》，这部长达两个半小时的戏还是莎翁悲剧中演出时间最短的一部，也是他作品中最血腥的一部。作为大多数英国人的初中课本，是英国大众及广大莎士比亚迷们熟知的作品。

另一部悲喜剧《暴风雨》曾给英国导演以灵感，被运用在奥运会开幕式上，用莎翁作品中的语言与场景向这位英国最伟大的作家致敬。

对于每个演员而言，在古老的莎翁剧院演出是最大的梦想。

对于莎士比亚而言，自己的作品被多国翻译各国排演至今，是个奇迹。

对于我而言，能够见证这梦想与奇迹亦是种幸运。

二、室外露天剧

以蓝天为幕，阳光为灯光，草坪为后台。皇家公园内就有一家这样的露天剧院。有天被邀请去看首映式。一个新写的剧本，有些像欧版的《赵氏孤儿》。很有意思。旁边的小男孩很像哈利波特，随着剧情蹦来蹦去，演员们的感染力很强。

三、即兴表演剧

剧名叫《相亲》，外文直译是《蒙着眼睛的约会》。

就是事前不知道约会对象的情况。这是个单人剧，真的就是在现场随机选一名男观众，展现两人从不认识到认识到最后结婚生子的过程。对女主角的挑战很大，需要随机应变。我连着看了两晚，因为被选的观众都不一样。最逗的是，当晚选的那位男观众是带着未婚妻及其妈妈，还有自己的妈妈一起来的。你可以想象那男观众要有多放不开，那兼导演的女演员有多费劲。

四、传统英伦戏剧

舞台背景在一场戏中根据剧情需要更换多次，往往演绎名著居多。一部戏要演出一年之久。

五、音乐剧的朋友

伦敦音乐剧很多，《歌剧魅影》演了一百多年。我经常在周末去看戏，有时写写剧评。那天在路上巧遇刚演出回来的安迪和她的小伙伴们。你看在剧中，经常有女扮男装呢。

六、特定地点的情景剧

迪斯尼乐园的经典人物，在新年跨年时加入与平时表演不一样的元素。成年人的童话世界，孩子们喜爱的游乐场所。每次体验，都是快乐。

两处橘园，别样风情

欧洲的公园里经常会见到色彩斑斓的花绽放在不同的枝头，很多的果实落在树下，被小动物们寻觅着。不同的季节不同的花果，像首四季歌在轮回。其中橘园的橙色是我最爱的色彩，在法国南部梵高待过的小城医院的中心庭院，玫瑰之城图卢兹等欧洲城市我都见过，其中印象最深的有两处。

一、那不勒斯的橘园

与橘园相遇是个意外。

意大利旅游局的朋友马西得知我来访那不勒斯，也了解我那学了8个月的半吊子意大利语，不知从哪专门请来了一位会讲中文的女导游，一小时近二百欧元还要看时段，让我觉得会讲中文太了不起了。她带我游览了中国人熟悉的歌曲圣塔卢其亚描述的港口，从庞贝回来她说，有处橘园推荐你去。于是没多久我们就站在了橘园中间。椅子上描绘的都是当时人们的生活状态，很多年过去依旧精美清晰，院子中橘子随意散落在地上，就像一幅已经画成，油墨未干的油画。

二、巴黎昔日皇家公园里的"橘园"

确切说是橘园美术馆，它坐落在巴黎皇家杜伊勒利庭院的一角。据说路易十六、玛丽·安托瓦内特、拿破仑等人都非常喜爱这座宫殿和庭园。19世纪中叶法国二月革命后，拿破仑之侄路易·拿破仑当上了总统，他为了迎接来访的西班牙王妃，而在杜伊勒利花园里建造了栽培橘子和柠檬的温室，据说当时处处充满着清爽的南国水果芳香，因此被称为"橘园"。

后来这座温室被改成为美术馆，并对民众开放，就像一棵结满果实的艺术之树，静待人们的细赏。美术馆中陈列着从印象派到 19 世纪 30 年代的巴黎画派的作品，这些大师名作，在昔日飘散着果香的温室里，向世人展示出丰硕的艺术果实。

要说橘园的镇馆作品当属大师克劳德·莫奈晚年所创作的壁画《睡莲》。记得在橘园装修 6 年后重开放时，我第一批参观，那时还可以照相。整个常设展厅就是环绕一墙的睡莲，不同色彩不同形态，非常美丽。

来欧洲前，我总以为是西方画家想象力丰富，凭空创作出很多好的作品。后来到了欧洲我发现风景其实就是这个样子的，很美。梵高笔下的星空咖啡馆，特纳画中的风浪等等。反而让我更赞叹的是画家为再现景色所下的功夫。

比如，为了画活英国大风暴的海浪，特纳把自己绑在船上在风浪中观察，差点被淹死。而莫奈在巴黎近郊 Givenchy 就弄了一处园子，种植睡莲等花草，小桥流水，风景秀丽。在这里他日夜观察，晚年时梦想要把睡莲画满整个房间。为了协助画家实现梦想，橘园美术馆将内部改装以配合莫奈作画，画家直到去世前一直都在埋首创作。1927 年，《睡莲》系列作公开展出，轰动至今。橘园就成为印象派画作爱好者不可错过的圣地。

成人的童话世界

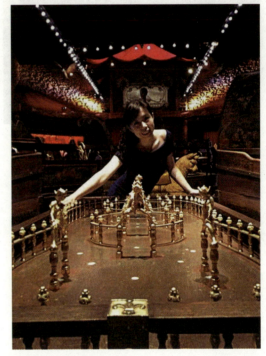

在巴黎众多的博物馆中，有一家隐秘在幽静园中的博物馆，不仅一般旅游者找不到，很多法国人也不见得去过。因为它基本不对外开放，只在大型活动中偶尔露峥嵘，就更显得神秘了。

一次法国年度媒体的颁奖仪式设在这家博物馆里。里面所有的游戏设施几乎在颁奖仪式后全部开放，让我们这些成年人过足了瘾。

其中一种游戏叫作转陀螺，曾流行于荷兰的皇室，后来普及到民间，逐渐失传，博物馆里收藏有其中的两台。因为桌面镀金，还有王室标志图案，更显得稀罕。游戏规则，将一个金属陀螺用连在桌旁的线缠好，然后猛然一拽，同时另只拿陀螺的手马上松开，陀螺在桌面上旋转前行，穿梭，直到能触到对面小金人两腿间的小铃铛为胜。

说起来简单，力道不够或是撒手晚了，陀螺就会中途倒下，淘汰出局。当然也有高手，有的人转陀螺可以来回在门间穿梭十几次，碰到目标处铃铛十几次，叮叮当当响个不停。工作人员告诉我，游戏发明者最初是这为了给荷兰王室解闷，后来流传于民间，多设在妓院，为那些排队的男士们打发无聊的时间，原来如此。旁边玩的人起哄，看来这是个男人的游戏。

博物馆的镇馆之宝是架很古老的南瓜车。这里搜集了很多法国传统的游戏工具，木偶剧

道具等，成人们也在这里玩旋转南瓜车，荡秋千，丢沙包。最吸引人的还算厅内的歌剧。

在巴黎伦敦听过不少歌剧，这里却是头一回。主角们身着精美宫廷服装，在灯光的照射下依次演唱，在二楼的阳台上不同位置，还戴着面具。当然都是木偶，却可以自动挥手歌唱，有故事有造型，让你觉得恍惚，仰头观看，就是他们在演唱。

后来推荐这里给公司年会场地，那年元旦我们部门的同事们就在这里度过，重温了儿时熟悉的游戏，这里是真正的成人童话世界。

戴珍珠耳环的少女

刚看部电影，记录荷兰画家和他的画作《戴珍珠耳环的少女》的故事。带爸妈去荷兰度假，就看到了画展的信息。有时在欧洲就是这样巧，刚想到就碰到。

那些艺术家们在不同的欧洲小城创作，寻找灵感。梵高生在荷兰，创作在阿尔勒，葬在巴黎。毕加索生在西班牙，生活在巴黎，到处都有他们的痕迹。那天上班，出门看到地上又有一个戴珍珠耳环的少女，不知是哪颗未来之星的涂鸦？

城市间处处有临摹的画家，我也来凑个热闹。

在欧洲练摊儿

欧洲有不同的集市，小摊儿，按种类分有古董集市、艺术品集市、跳蚤集市、鱼市等，按时间可以分为日常、节假日或周末等。带你去逛圈欧洲特色集市吧。

一、最常去的集市

伦敦考文特集市是我最常去也最爱逛的集市之一，每次都有收获。这里不仅东西漂亮，卖主也养眼，静静地坐在那里，沉静得根本不像个卖主。旁边的大妈倒是活泼，冲你招呼。在通往集市的长廊上，我看到了最早的集市规则，已经泛黄却保存完好，浸着岁月的痕迹。这是否是最早的行规？

二、法国跳蚤市场

这个在跳蚤市场卖中国收藏的女摊主，把旁边的喷泉雕塑也红袍加身，融为一体了。在法国，经常会不定期地有这样的跳蚤市场。有时会固定在某一街区的周日一天，什么货品都能找到。我有个女友，专门收集银匙，就是过去

灵·感（感受艺术）·性·趣

贵族家出生小孩，都会定制一把刻有孩子名字的银质勺子。从她得知后，买的第一把小勺开始，一发不可收拾，还嘱咐我在世界各地旅游时帮她留意。像她这样的收集家可不少呢，要不这市场怎么这么火爆？

三、鹿特丹市民集市

各家都把自己的宝贝拿出来卖，欧洲有这样的民众集市。为生活居民提供方便，在里面没准真能淘到好物件呢。有个电视节目专门到现场请专家为他们的宝贝估价，有时还把物件主人吓了一跳。这可不是跳蚤价，能赶上拍卖行了。

四、威尔士的自由摊

在英国威尔士自驾旅行，发现这种自助式练摊的方式。每家门口支个小桌，有些卖的是书和瓷器，有些是新鲜的鸡蛋，但都没有摊主，只是有个放钱的小罐，全凭自觉，自己找零，自取商品，有点意思！

五、法国小商贩和城管

各国都有小商贩，这类摊主流动性大，组成的集市也类似于国内的街头小贩。城管是警察，他们一来，小贩们也兜起一块布，跑为上策。埃菲铁塔前我看见过一次围剿，不过城管也很通情达理，还帮着小贩收拾散落在地上的商品，从没有肢体冲突，完全没有印象中的剑拔弩张。

欧洲的沙雕与纹身

中国的春节时候路过一家伦敦表行，发现洋老板摆了个中国字庆祝新年，只是把马字摆倒了，都是不懂又想摆惹的祸。对于他们，那漂亮的中国方形字就是一幅美丽的画。这让我想起在英国海边，有个小小流动纹身车还排了长队，上面还有中文图案，就是把"你真漂亮"和"你真可爱"写反了。还好汉字本身没错，再看看老板，是个英国人。还没张嘴，他就笑着冲我说，我知道错了，也知道你要说什么，每个路过的中国人都纠正我一遍，我一定花时间改了。

近两年老外在身上纹中国字成了时尚，巴黎伦敦的街头经常能见到老外耳朵背面写着——爱，或是胳膊上写个"我爱你"什么的，就像当年英文在中国流行一样。朋友在伦敦开了家名叫"不素之刻"的纹身店，生意不错，也多是老外上门纹中文，找中国人，靠谱。洋人们说这才是真正爱中国的文化，不仅体现热爱饮食，老去中国城在尝试中国的饭菜，还要忍受一针一扎的刺痛，将另一国的文字纹上，变成永恒。上次访华的英国球星贝克汉姆在与高校互动时不也展露自己新的汉字纹身。

纹身也好，沙雕也罢，都是想要做个印记，在生命中留下回忆与痕迹。只不过一个时间短一个恒久远。

曾在戛纳的海滩上还有威尔士海边见到大规模的沙雕工程作品，令我印象极深。我问他们，

灵·感（感受艺术）·性·趣

不怕下雨毁坏吗，建设者说，当然会怕，那就抓紧时间，把它建好，与天气赛跑，与耐心较劲。天气好时，建造中也会有坍塌，但是不能放弃呀。

　　我想他们建的沙城终会坍塌，但却永远保留在建设者的心底，见过者的脑海。还有我的镜头中和文字里，成为永恒。

钥匙酒馆

小酒馆坐落在马耳他三姐妹城的市中心。那个阳光明媚的下午无意走进时，吸引我的并不只是橱窗里当地的特色鱼肉饼，还有墙周围挂的长短不一的各色长柄钥匙，就像古堡里用的一样。我倒不是没见过，自己的钥匙串上就挂着一把，用来开巴黎家里地窖的，比起这个，无论是个头上还是色泽上都不一样，这里的每把钥匙似乎都有故事。

果然，酒吧老板看我对这些钥匙看得入神，从柜台下又拿出一个袋子。里面又是很多把这样的钥匙，不同的是，有迷你型的，有锈迹斑斑的，有长得出乎意料的。他说，我准备把这些都挂上去，你要知道，这些都是马耳他城市里历史上曾用过的，还有GOZO岛上的，我费了很大经历和时间来收集，专门有这样的集市去寻找收藏。我想起了潘家园，问他，你就没有竞争者和你抢？他笑笑，其实很小的时候，就对这种钥匙感兴趣，一直积攒爱好到现在。城市不大，彼此认识，知道他有这个爱好，一般都会帮他留意。不小心还碰上了马耳他钥匙收藏达人了。这个我也有感触，十岁左右收集钥匙链，到现在也有不少宝贝了，只是没有像他这样的酒吧来展示分享，每个物件都有来历和故事，这点让人着迷。

老板说，你光注意钥匙有没有发现旁边的横梁很特别呢，我仔细一看，就像是教堂花纹的标记，难道这是改良版？老板拉我到酒馆外，答案在这菜单上方的古迹牌子。原来这个建成于16世纪的建筑原来是个小礼拜堂，"二战"时候被毁坏，后来就改成这家小酒馆了，店里出售的

灵·感（感受艺术）·性·趣

明信片上标得明白。

怪不得老板感到自豪呢，这间在历史古迹上重建的时尚酒吧，墙壁上那悬挂着的串串钥匙便是开启连接现在与过去的那扇大门。

四季歌

大自然的情绪片段是那些散落飘移的季节碎片，寻找生命的变化流失和自然与内心的相应时段密码，去捕捉短暂凝固的视觉停留。从欧洲的树看一年的轮回，唱四季的旋律。

一、春之花

繁花似锦的景色不仅仅在英伦皇家摄政公园内，还在巴黎等各个欧洲城市的街头树梢。到处是树，满目是花。都市小镇，上班沿途，转身巷角，都仿佛一座花园。欧洲的春天是最美的季节。巴黎春天，布拉格春天，随手一拍，都是美景。

二、夏之形

夏日在拿破仑的老家科西嘉度假，小岛上发现了这样的一组树，好像树的家族，而且整个一串都长在岩石上。根基紧紧地扒在地上。引得好多人的围观与合影。

三、秋之叶

一叶知秋，叶子用坠落证明了换季。欧洲的秋天有随风漫天飘舞的黄叶，有铺满小径的厚如地毯般的落叶，还有秋雨过后，这样印压在马路上的落叶，好似一床地衣。

四、冬之枝

落叶飘去，树木突兀。冬季的节日即将到来，除了有白雪点缀，更多的是灯光在树枝间闪耀。从圣诞集市到主要大道，两侧的树被各色的灯饰、条幅装点，披上了节日盛装的树枝再次绽放灯花。

妓女的布洛涅和总统的爱丽舍

冬末初春的法国总统官邸爱丽舍宫最近很热闹，接二连三的性丑闻吸引了全世界人的目光，给法国民众一针兴奋剂，在任奥朗德总统持续走低的支持率也往上晃了一晃。

历史上这爱丽舍宫里总能传出一些绯闻，不过多是在总统卸任后或身后多年才曝光。比如密特朗总统一直周旋在情妇与家庭间，有个私生女直到 20 多岁和情妇一起参加他的葬礼才首次曝光在公众面前。还有希拉克的日本情妇，法国影星情妇等，他年轻时风流倜傥，在当巴黎市长时就绯闻不断，甚至一度曾闹出离婚危机。后来被自己的顾问劝阻后，又为政治生涯未来前途左思右想，最后忍痛割爱。不过希拉克也承认，他多年来其实一直小心翼翼地维护着这些秘密。

而现任的总统奥朗德就没那么容易隐瞒了，被媒体率先曝出性丑闻，让法国前总统们也大呼惊讶。这可能是法国历史上头一遭。因为法国人对待保护隐私是很注重的，在密特朗时期这是不可想象的。所以这就不难理解为何法国人民对待总统这些性丑闻的宽容态度——既然是自己的私生活，随便怎样丰富多彩，有人喜欢说明魅力常在，有魅力的总统一定有能力，当政也不会太枯燥，情妇都搞不到，搞不定，会不会太没意思？当然让我们老百姓知道些就更好了——反正我们不会向美国那样弹劾你，也不会让你做出解释，因为这根本就没有什么好解释的，就那点想都想得到的事情——法国总统也浪漫。又浪又漫，跟普通人一样，再说解释就是掩饰。我们说不定还能帮你作个参考意见得出最后决定。因为出轨丑闻曝光后，总统支持率不降反升，最后居然是以奥朗德第一女友黯然离去为结果，这与近百分之九十希望总统更换女友的民意调查是不是也有关系？我和总统奥朗德同住在巴黎15区，而且相隔不远，刚当上总统时，他不愿入主爱丽舍宫，一直还在自己租的公寓住着。所以家附近总是两辆警车驻守，有时碰见还握个手。如今他的第一任女友搬回来了。记得在他支持率为历届总统最低的

时候，经常有法国人聚集在楼下，拉着横幅晚上喊着荷兰豆总统（因为他的姓与国家荷兰一样）下台。法国人也会在街上游行抗议，都是表示对当政政策和社会经济状况低迷无所改变的不满，但你放心，不会是针对总统私生活的。法国是可以公开谈性的国家，这点在我看来，比想象中的美国、英国更开放。而法国人为什么可以对总统如此宽容，区别于开放的意大利等其他欧洲国家，我想有更深层次的文化原因。追究历史，可以发现法国上流社会，宫廷贵族都是情妇缭绕，成为传统。女人也不例外，若是没有情夫，会被认为是没有姿色吸引不到人的表现，被人笑话。在这种大环境下，就不难理解传统在当今的影响。

但也曾是爱丽舍宫主人的上届总统萨科齐就对奥朗德这次的性丑闻有看法，首先对他骑摩托戴着头盔频频去爱丽舍宫外约会，在只有一名保镖的护送下不顾安全的行为，评论为"荒唐"。其次，他总是脚踏两只船，两次都是因为劈腿第三者长达两年，最后被发现而与前任分手。

不像萨科齐总是结束一段再开始下一段——当然有时也是无奈被结束的，总统也被蹬，也有烦恼经。萨科齐精力充沛也经历丰富，有过自己劈腿与当总统时被劈腿的两段婚姻，成为历史上第一位在爱丽舍宫结过婚也单过身，离了婚又再婚生女的"全活儿"在任总统。刚当上总统的萨科齐时任妻子西西里亚在他竞选前就与他分居，后来按照说好的协议——回来帮助丈夫竞选总统。当完成"任务"后，她马上要重投情夫怀抱。即使给了面子，随总统丈夫出访美国，也缺席了与布什夫妇的聚会，西西里亚以身体不适为由拒绝出席却被发现和没事人儿一样逛街，摆明不愿撑面子的无所谓节奏。她对当第一夫人一点兴趣没有，追求自己的幸福，是法国现代版的不爱江山重爱情的故事。可怜萨科齐一直挽留，即使要和模特女友布鲁尼结婚的前夕，还给劈腿的西西里亚发过去短信——只要你回来，我将取消一切。

当然这些总统秘闻在现代媒体与信息社会，早已成为老百姓的饭后谈资。同时媒体与总统又是互为影响的一对儿，萨科齐本人也是特别会利用媒体和第三任名模妻子的知名度来提高自

己，赢得大众关注与支持的。他也是首位将总统私生活更全面展示公众，颠覆了爱丽舍宫以往的神秘印象。他的第三任妻子布鲁尼同时也是位多才艺跨界模特与歌手，当年用总统府里的风景当唱片背景，发了自己的新专辑。CD 唱片的法语广告语是这么写的——与法国第一夫人共度午后时光，而她作词作曲的一首歌里，自己曾和 400 个男人上过床的这句歌词也让开放的法国听众大呼受不了。

说了这么多，你会问，发生总统性丑闻的爱丽舍宫与布洛涅森林有什么联系？在我看来，这俩地儿都是让我这个来自东方的女孩感到不可思议的地方，还都同性有关。要说不同，反倒是遮遮掩掩的爱丽舍与光明正大的布洛涅的不同了。

熟悉巴黎的人都知道 16 区有个大名鼎鼎的布洛涅森林，那里著名的除了有个赛马场，平时可以做高尔夫球训练，平时的小径上经常会有晨跑锻炼的体育爱好者，更有名的是森林中的妓女。

我有次开车回来恰好路过那里，车上的法国朋友冲着那里说，快往右看，那是布洛涅森林一景——原来在密集的树林前，已经有三三两两的穿着裙装的性工作者站在那儿了。大冬天的，她们只穿个超短裙，上面套个外套，搔首弄姿，吸引来往过路的行人注意。法国朋友解释说，在法国这样是合法的，但是有组织的拉皮条就是违法的，跟荷兰不一样。这让我想起了法国电视台曾做过的一档节目。通过暗访的形式讲述欧洲性工作者的现状。除了鼎鼎有名的性都荷兰橱窗女郎，还有这巴黎的布洛涅森林的女郎了——不，确切地说是变性女郎。

不知从何时起，布洛涅森林几乎成了变性人的地盘。如果不说，你缓缓开过的时候根本看不出他们的区别，妖艳甚至比真女人还柔美，无一例外的丰乳肥臀，浓妆艳抹。一开口，听出了性别是他而不是她。当得知减速靠近并摇下车窗的我，是好奇询问的，她（他）也不恼也没不理，好脾气地而且很热情地回答你的各种问题，还指指后面的隐约光亮处，介绍他自己的工作地点。不同于看过的花枝招展的泰国人妖歌舞秀。她们或者他们的展示地盘——是后面隐秘在树林中的大车里。有的是卡车前面闪着烛光。树前一张毯上 30 欧，有遮蔽物的车内 50 欧，跟着外出另算。正聊着，后面有车靠边停下。生意来了，她（他）抱歉地冲我眨眨眼，妖媚地扭着腰招呼去了。

法国城堡内的爱恨情仇

　　法国不止有巴黎,还有蔚蓝海岸的美景,普罗旺斯的花田,波尔多的酒庄,玫瑰之城的图卢兹,更有布满中西部卢瓦尔河两岸的近50座城堡群落,它们如同被这条河串起的项链上的明珠从古至今熠熠生辉。如果说中国的皇宫建筑群里发生的都是历代社会的皇权更迭,那么在这法国的大小城堡里就是法国文明与权力的角斗场,精彩得让你无法错过。

之爱

　　达·芬奇在弗朗索瓦一世的积极热烈的邀请下来到此地为法国国王设计城堡,当时他身上带了三幅画,其中一幅就是现珍藏于法国卢浮宫的《蒙娜丽莎》。到现在意大利还总想着要回去,明明是意大利人的达·芬奇被邀去设计,没想到连人带画都留在了法国。记得年事已高的达·芬奇在快咽下最后一口气时,被特意赶来的法国国王抱在怀中,国王痛哭不已,那真情流露让众人动容。之后国王将达·芬奇就葬在他生前喜爱的城堡的意式教堂中——那个一直抚慰老年离家的寂寞达·芬奇的心灵之所。如今达·芬奇故居依然在城堡里,与他的设计同在。有个城堡中最巧妙的双螺旋行构造楼梯设计,就是出自达·芬奇之手,走上这所特别的楼梯,你会发现即使另一边有人同时使用上下楼,却只闻其声不见其人。我和同伴试了两圈,果然如此。据说这样的设计是那个时代的需要,可以避免皇后与情妇相见时的尴尬。

　　还有在城堡内部房顶上发现的刻写的国王与皇后名字的缩写 LA——也是爱的见证。这对国王夫妇是路易十二和安娜。有意思的是原先他们的关系是叔嫂。路易的哥哥查理八世与安娜虽说是被介绍的政治婚姻,而且是典型的闪婚,但不影响婚后的甜蜜感情。没想到好景不长,在一次看球时,不小心撞到走廊的横梁死了,留下新婚妻子。于是他弟弟接下了大哥的江山和妻子。并找人重修城堡,刻上彼此名字纪念爱情——这是卢瓦河上城堡之一布洛瓦城堡的故事。

之恨

　　你可知道著名的法国凡尔赛宫是一座因嫉妒之恨，赌气而建的宫殿，当路易十四被财政大臣邀约到自己宅第做客，没想到好心招来杀身之祸。当乘兴而来的路易十四败兴而归，因为当这位太阳王见到部下的城堡如此金碧辉煌，闪耀得令他自己任何一座皇宫都黯然无光，次日便以贪污罪把财政大臣关进牢中，没收家产，之后还有了铁面人的传说——给他戴上重铁面具，直到死去不得摘下。这个铁面人的模型，我在后来参观那座令国王嫉妒羡慕恨的财政大臣城堡时也曾见过。后来为建凡尔赛，法国规定十年内其他建筑不准用大理石，以保证这最奢华的城堡完成，就是如今人们看到的样子。欧洲的城堡千百种，建造缘由不一而足，或为纪念而造如迪斯尼的原型德国天鹅堡，或为王室起居而修如英国爱丁堡等，而凡尔赛宫的建筑初衷就是——路易十四的嫉恨。这点我想就不如中国古代大臣来的聪明，想起一个故事——山东孔府主殿前的雕龙工艺精良，又是石雕，各方面都超过了紫禁城的木雕龙，于是在乾隆来时，底下的人便将所有石雕龙用红布包上，唯恐皇上看了不悦，于是乾隆来了八次，都没见到过，当问及这殿前红布包的柱子时，大臣们答，里面是野龙，见不得您这真龙，故而包之。

　　想想那法国大臣有中国大臣的一半聪明，也不至于因此而引来杀身之祸。这是后话。

　　而卢瓦尔河上的另一座已经修好的昂不瓦兹城堡门前曾经血流成河，那是国王弗朗索瓦二世的血腥屠杀——他将企图推翻他的胡歌诺派处决。一开始用五马分尸，后来改成绞刑，因为处决人多，马都跑累了，吊绳也找不到可挂之处，最后索性刽子手上来砍头更快处决。摆放了一千多具身首异处的尸体是杀鸡儆猴，然后尸体高挂暴晒城门之上是警告另外那些漏网逃掉的人。这与看过的中国古代史书的君王对叛军俘虏的格杀勿论相似，中外帝王之狠，解决方法如出一辙。

之情

　　欧洲的国王虽说没有后宫的三千佳丽，但都有自己宠爱的情妇，并将整座城堡送给佳人讨其喜欢。我认为最漂亮的舍农梭城堡就是这样一个礼物。它几番易主，经历了几个女主人，每次都发生不同的法国历史事件。其中有位著名的主人是法国国王亨利二世的情妇戴安娜·普瓦捷，她曾是国王的家教老师，小亨利二世在当皇储时爱上了这位比他大 20 多岁

的金发白肤美女家教。在被首次告白后，戴安娜内心狂喜但表面平静，她熟练地引导情窦初开的小亨利触摸自己完美的身体，未来国王的第一次就在这样的特殊辅导课中被奉献了。后来当上国王的亨利有了自己的正妻皇后，但仍眷恋戴安娜，虽然根据当时法律，任何属于王室的财产都不能出让，但亨利国王还是想方设法把这个美丽的城堡送给了心爱的女人。他甚至把王室的传国珠宝，连同归自己支配的税收也作为礼物一并送给戴安娜。城堡经过戴安娜亲自摆设装饰，既成了他们的温柔乡，又成为戴安娜几次举办王室花园夏日性爱派对的场所，是6个世纪前那时最顶级的情色俱乐部。戴安娜经常安排手下精选的性感辣妹在派对中助兴陪伴，让酒过三巡的大公们兴致盎然。这样做当然是为了能够搜集重要情报资料给自己的爱人亨利国王，以掌握宫廷内的动向，划分敌我，以防叛乱，如此心计与胆识难怪国王喜爱。这也是欧版的美人计了吧。

之仇

有爱就有恨，来自情敌的嫉妒和仇恨，无论古今中外都是一样。亨利的正妻凯瑟琳一直不得宠，也不明白为何丈夫对这个比自己大20多岁的女人情有独钟。于是亨利死后便秋后算账了。彻底打翻了醋坛子的她宣告要收回丈夫和情妇的爱巢，但同时用另一座靠河的城堡作为交换条件。那座城堡也很有名，我去过之后觉得另有味道。所以说皇后不算心狠手辣，比起我国历史上的受宠的戚夫人在皇帝死后被原配残酷地割去手脚变成人彘的悲惨经历，简直一个天上一个地下。换换地方到另一个城堡颐养天年，省得睹物思人，这亨利的皇后真算宅心仁厚，看来当初这亨利二世选的女人倒都不一般。

欧洲的王室，如同中国的后宫一样，充满着说不尽的故事。作为皇后，很不容易。在城堡的注释牌上，我读到有意思的一段。据说城堡里皇后的住所有时就被当成了舞台，上演真人版生产情景。法国国王路易十六的皇后在她自己的床上，在众目睽睽之下诞下皇子。当时产婆大声喊——快生了，如同起跑线上的枪令，众人还都是贵族，大臣就争先恐后抢好位置，准备观看生产过程，有的没抢到好地方，便爬上桌子，不顾挤掉的鞋子，还有的已和旁人下注打赌，猜起男女。我想这就是现在博彩的雏形。

王宫内观众们的叫嚣声之大，似乎旁若无人，全然不顾主角产妇玛丽王后的痛苦，她几次差点昏厥过去，也顾不上仇恨他们了，这在我们这里是难以想象的。而在法国王室上演的这样一处的原因，不是说他们有多开放，也许你已经猜到了，绝对跟中国是有相同之处，只是表现形式大不同——这是防止狸猫换太子的欧洲版。而类似这样的玛丽王后要在新婚时在众贵族夫人前换衣穿衣的规矩可以在影视作品中看到，还有特色古堡等书籍中都能了解到那个时代的历史重现。

这些法国城堡内的爱恨情仇已随潺潺的卢瓦尔河水流逝了几个世纪，河水承载了皇室手足间的权力内斗历史纷争，聆听过如圣女贞德在城堡劝谏收复失地的荡气回肠的英雄故事，讲述君王爱人之间令人感动的爱情传说，这些历史与传说如同这些城堡一样继续流传。

丘吉尔背后女人的风流韵事

温斯顿·伦纳德·斯宾塞·丘吉尔，在媒体的调查中获选为有史以来最伟大的英国人。他曾于1940—1945年及1951—1955年期间两度出任英国首相，被认为是20世纪最重要的政治领袖之一。他带领英国获得第二次世界大战的胜利。不只是为人所熟知的政治家、演说家，他还是画家兼作家及记者。他不像其他领导人多获得诺贝尔和平奖，丘吉尔是1953年以作品《第二次世界大战回忆录》成为诺贝尔文学奖得主，而且据传他是历史上掌握英语单词词汇量最多的人之一，用现在的话说他成功跨界，并取得很高成就，可谓多才多艺的精彩人生。

都说成功男人背后都有位伟大的女性，那么于丘吉尔而言，这名伟大的女性就是他的妈妈Jennie Jerome（珍妮·杰罗姆）——一个让大英帝国神魂颠倒的美国女人。

珍妮出生在美国纽约布鲁克林的华尔街股票投机暴发户的家庭里。当她十一岁时，因为母亲看不惯丈夫在外拈花惹草，一气之下，便带着她及姐妹移居巴黎。小珍妮在母亲的严格教导下受到良好教育，师从肖邦的朋友，使她达到了很高的钢琴演奏水平。加上高雅的谈吐和身材容貌俱佳的条件，使她成为贵族社交圈和舞会的常客。不久，普法战争爆发，珍妮一家离开巴黎到伦敦。在皇家舞会上，邂逅英国没落贵族伦道夫·丘吉尔，三日后求婚并获首肯，然后才与双方父母谈婚论嫁，八个月后，他们的大儿子温斯顿·丘吉尔出世，有的说爱交际的她因跳舞而早产，更可能的是珍妮当时就奉子成婚，而出生地点正是丘吉尔母亲珍妮喜欢的那所不属于他们的大庄园，但后来因他儿子丘吉尔庄园更加出名。

珍妮生产后越发美貌而且时尚，并拥有难得的智慧幽默，加上早年的童子功——一手好钢琴，使她同样在伦敦贵族圈如鱼得水。舞会、音乐会、慈善会更是都以她的名字打头，连英王爱德华七世也拜倒在她的裙下。她风流韵事不断，连原配亚历山德拉皇后也对国王韵事，睁一只眼闭一只眼，尽管她俩还是好朋友。至于其他王子、公使、男性贵族，大都与她有染。据珍妮的姐妹说，丘吉尔的弟弟是珍妮跟另外一个贵族所生的。

她的长子丘吉尔如同当时的贵族一样，童年是跟保姆长大的，他七岁就到寄宿学校读书，后来在哈罗贵族学校，但学习成绩很差，父母也极少到学校看他。他对母亲珍妮非常崇拜，写了多少封信恳请母亲来看他，无奈母亲整天在贵族圈子里，风流快活，无暇顾及。后来父亲只好把他送到军校，最后丘吉尔以前二十名的成绩毕业。他毕业后去过印度，在那里他每天花四五个小时广泛阅读历史和哲学，为他后来写书写演讲稿打下良好基础，在南非当战地记者的经历大难不死后，回到英国开始他耀眼的政治生涯。

珍妮以她的美貌才智和身体征服整个大英帝国，她左右逢源，通过与国王，贵族政要人物的暧昧关系，为她的夫君和儿子丘吉尔日后在政坛仕途晋升，铺平了道路。珍妮本来平庸的夫君伦道夫·丘吉尔，也官升至财政大臣，更由于丘吉尔有美国的血缘关系，使英国在第二次世界大战中，获得美国大量物资和军事上的支持。当日本偷袭珍珠港，丘吉尔非常兴奋，因为他知道美国会出兵对日对德宣战，英国得救了。罗斯福总统最后说服美国国内反对出兵的，占大半人口的德裔，爱尔兰裔和意大利裔，出兵支持英国，打败德国，否则，英伦早就被德人的铁蹄踏平。

她一生风流快活，丈夫去世后，她和跟一个比她年轻二十岁的苏格兰军官结婚，几年后与他分手。在六十四岁时，珍妮跟一名年龄比儿子丘吉尔还年轻的非洲商人结婚，很明显是出于性爱伴侣需求的原因，但也是聚少离多。六十七岁时，珍妮到朋友家参加派对，如往常一样，打扮得花枝招展，穿着最时尚的新款高跟鞋，但在下楼梯时，不慎摔倒，脚踝受伤，由于血循环不好，加上没有太注意，受伤下腿出现坏疽，名医只好给她高位截肢，截肢后却因股动脉出血不止而去世，结束了她不一般的一生。

这个女人不寻常。

荷兰红灯区的"橱窗女郎"

性都荷兰绝对是个将色情进行到底的国家。

先前曾有报道荷兰政府准备批准一间连锁式经营的妓院，在机场开设分店，主要目标锁定为搭乘飞机的长途乘客。到了机场准备离境或转机之际，将会看见机场内满是打扮妖艳的美女，四处向男乘客抛媚眼，然后将他们拉进一家机场内的妓院。黄色事业极蓬勃的荷兰，竟容许妓院的"地盘"延伸至国际机场。是否是宣传噱头不得而知，何时实现尚未确定，但早前这政府决定已让人惊讶。

荷兰的红灯区世界著名，到了阿姆斯特丹，没走遍红灯区，就跟白去一样。听当地朋友介绍，有条著名的非洲街，清一色黑肤色性工作者。还有一条很小很难找的巷子里全是男人变性后成为女人的性工作者。这让我想起了巴黎的布洛涅森林里以变性人闻名的妓女出没处。

据说荷兰女王在新年祝辞曾感谢此行业作出的贡献。荷兰妓女上岗还需要许可证，有年红灯区的亚洲裔性工作者因大出血而死，身体结构差异造成，新闻还上了报纸引起重视，于是减少了给亚裔性工作者发放的数量。在欧洲其他国家，法国在 1960 年正式通过废除卖淫法律，但屡禁不止，内政部说法，法国有两万妓女，百分之九十来自国外。英国有 8 万名，百分之八十为外来移民，60 种不同国籍的性工作者分布在欧洲性产业中，百分之五十二来自东欧。

去过荷兰的人知道红灯区街道两边的橱窗女郎只准看，不许照。她们搔首弄姿吸引路人注意，等人上前询问交易。在荷兰的有偿性服务是合法的，并且有严格的制度和完善的服务体系，现有的 400 名橱窗女郎每年体检一次，每天 8 小时工作制，每次拿到付费时一般不设找钱，给多少，她们拿多少。荷兰规定，妓女只能在橱窗里接客，不许出来，被警察发现要罚款 100~300 欧元，如果要带回酒店，就要找"应召女郎"了。

这条街上的窗户窗帘是暗号。若楼上房间的窗帘紧闭，说明在工作中。她们接客的房间不大，不超过 10 平方米，工作间里有一张单人床，简易洗澡间，暖气设备。若在透明橱窗中出现的是

灵·感·性（情色性趣）·趣

准备接客的妓女。你若对准其并闪光灯不停，她们会往后躲，或用窗帘遮挡，甚至竖起中指表示愤怒。

然而，最近也可以拍照了——条件是你自己做橱窗女郎。原来红灯区将其中几个橱窗开辟出来，提供摄影师为你拍照服务，你可以穿上性感衣服比基尼或者不穿，展示魅力，也在橱窗里感受一把，专门满足那些想在红灯区橱窗照相或被照的人们。

精明的荷兰人抓住人们这种心理，带火红灯区。服务一推出，还真受到追捧，把影楼那套搬到红灯区了。半小时几十欧元的价格吸引一些女孩结伴去拍，感受一把新奇。

只是拍摄橱窗女郎过程中她们会不会被错认，被不明真相的人拍了去，误以为是真的橱窗女郎？

45 分钟的初次性体验

荷兰定居的朋友 May，有天决定和小伙伴们一起送给玩得很好的哥们儿一份特别的生日礼物。

想到这男孩年龄不小还一直没谈过恋爱。May 和其他小伙伴们商量之后就把他带到红灯区，让他初次性体验作为生日那天的惊喜，然后由他们几人凑份子埋单。事后 May 给我讲述那天的经历，让我认为这是史上最特别的生日礼物，搞得如同成人礼一样，也对，成为男人的礼物。

那哥们儿当时听到当然又惊又喜，走了一趟挑中一东欧漂亮姑娘，冲对面大家挤挤眼进去了。行情统一是 15 分钟 50 欧元。May 认为，这是他的第一次，体验下肯定差不多就出来了。于是连咖啡馆也没去，和其他小伙伴站着等。没想到这一等，就在寒风中立了 45 分钟，等到给他埋单。

那哥们兴冲冲出来说，怎么样，我有本事吧？那意思是时间够长吧。May 想，应该是那妓女本事大，把你留了 3 个 15 分钟，让你多花钱才放出来。

45 分钟的初次性体验，别具特色的生日收获。虽说时间和价格都超出了预期，不过倒是跟派个卧底一样，让听闻者都开了眼界，包括凑份子埋单的 May。

欧洲性教育——从娃娃抓起

对于性或裸体。很多人持有的是窥探。主要是源于好奇或不解。

对于欧洲人来说，性不是一个禁忌话题，这样开放的性态度在其他国家会让人忧虑。但这边的青少年有最健康的性关系。他们的第一次性行为的平均年龄比美国青少年更晚。很多种方式的性教育在学校与社会中都是必需的。

这是巴黎常见的若干宣传加强儿童性教育的海报之一，在巴黎的科技园中我见到了一个别开生面的性教育展。很多家长带着孩子来。通过图片机器人互动从小认识男女差别。其中有一个看台给我印象颇深。从科学讲男人与女人从相识到性行为的保护措施到孕育孩子的过程。其中一组是仿真怀孕母亲与腹中胎儿

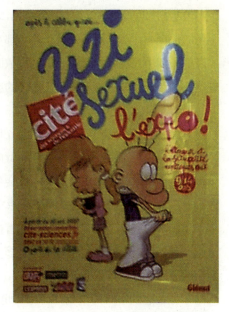

的互动很有创意。当你拉动拉杆为母亲选择进食奶酪等营养食品，食物就会顺着怀孕的妈妈的食道往下走，里面孕育的孩子就会弹起吉他载歌载舞做开心状，表示欢迎，可以茁壮生长。若是选择让孕妇抽烟喝酒，那么里面的孩子就会弯下腰做痛苦状，还不时咳嗽。甚至连咳嗽声音都模拟出来。对大人小孩都是直观的教育。

英国更是有一套教材，让家长老师告诉儿童最管用的避免伤害的方法，比如被衣服覆盖的地方不允许让别人摸等。回国时看到不少外文读物已被译成中文让中国的父母了解如何给孩子透明而实用的性教育。

对于中国日渐增多的校园性侵案件应该引起社会重视。毕竟未雨绸缪胜过临渴掘井。而这些必须从娃娃开始。

庞贝城的色情俱乐部

我手指的方向是当年火山爆发的山口。金色熔焰褪去，灰色烟雾升腾，一切都在岁月的长河中湮没。然而傍晚的庞贝依旧是这两种色调。夕阳的金黄印在灰色的废墟，一切在你心中还原。

以酿酒闻名的庞贝建于公元前 6 世纪，游览庞贝时请了一名当地人为我做向导，讲了很多这座城背后的故事。他会带你去一般书上不会讲的地方，同时分享一个意大利人的视角，知晓他们是如何看待

这座城市的。我发现庞贝的地上有很多秘密。比如庞贝古城的街道的减速墩。它在古城的主要街道上到处可见。这个 "Stop Sign"（相当于美国的 Speed Bump) 有两大功能：你会清晰看到马车减速急刹车时的车轮印，除此也可以下雨时过马路用。你会惊叹这里有的豪宅遗迹，男女的浴室起源，游览中还看些其他印记，一家大门口有幅用马赛克组成的一条猛狗的图案，龇牙咧嘴，两眼圆睁，前腿下趴，后退蹬地，一触即发的样子，下面写着一行字——"小心猛狗"——原来这是当时庞贝极为流行的做法，警告来人此家养有猛狗。最逗的是一出来还真看到一只长得很相似的狗穿过，好像是从地上的图案一跃而起，又或者那地上的就是小狗在庞贝的祖先。除了这个，在导游的指点下，我看到另一处，若不是他说，我几乎没有留意脚下这个印记。原来顺着这个男性的生殖器的指向，你就会找到庞贝城的情色俱乐部。这让我想起在受琴海小城地上看到的一处类似的"妓院指示牌"，据说那是世界上最早的广告——由一只脚，一颗心和一个女人头像构成。那时可没有证件验明身份，于是脚印大小成了标准，尺寸大过它意味成年，否则被拒之门外。而这妓院毗邻古罗马图书馆，那时男人们会以借书

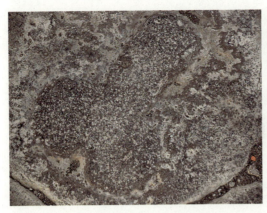

为由通过地下通道溜进妓院。

　　显然庞贝这家显然不用如此费尽心思，大摇大摆地顺着走进去，你依然会看到墙壁上保留下来的壁画。上面有各式的体位姿势，还有像当今海报一样的画作，吸引来访者。令人惊讶的是，色泽依然很鲜艳，有的还很完整地保留下来，重现了当年庞贝人的生活。

　　就是这样曾经一座繁华安逸的城市，被火山的瞬间喷发而湮没毁灭，从那些各种姿势用石膏复原的人像身上看到被铁链锁住的角斗士，怀抱婴儿哭泣的母亲，蜷曲在墙角的身体……有人说庞贝的毁灭是上帝对荒淫奢靡的庞贝人的惩罚，就像圣经中神以洪水淹没世界一样，但在庞贝却没有诺亚方舟，有的只是全城旦夕之间灰飞烟灭于历史的尘烟中，唯留那些断壁残垣亘古永恒地站在那里，讲述着曾经的辉煌和富饶，留给后人永远的触目惊心。

裸还是不裸，是个问题

一、在大自然里"自然"

　　裸露不仅在现实中，还永恒存在于公园里。北欧挪威有个花了四十多年时间雕塑建成的维克兰公园，有六百五十多尊人像，各式裸体以人生为题，被称为爱的公园。其中最著名的柱形雕刻 Monolith 直耸云端，被人戏称"挪威大阴茎"，而在上面盘旋的是一百二十多个裸人。

　　不同于国内一些景点的部落图腾与生殖崇拜。酷爱裸体是这里的人对大自然对阳光亲密接触的直接表达。想象北欧每年三分之一的积雪期，再加上冬季 15 时左右便天黑了。总不见天亮和阳光，有人告诉我，抑郁症在英文里就叫斯德哥尔摩症。阳光显得如此稀缺，而裸泳或是裸体太阳浴就是稀松平常之事了。

　　也许你会对欧洲人对裸体的偏爱不解。尤其当你在英国或北欧旅游看到此类景象时，想象一下那些穿着长袍只露出双眼的女子看到这些所带来的震撼。

　　别说她们，我初到巴黎时也震撼过。某个初春的中午打开窗，看到楼下草坪上坐着晒太阳的人们，穿着比基尼尽情享受阳光的

爱抚，顺着看下去，双脚还挂着一副潜水用的脚蹼。看来是向往夏日的海滩了吧。他们的行头、神态，对裸露肌肤是如此的自然，反倒让穿多的我们显得不自然了。

当然以后就习惯成自然了。欧洲阴雨天多，碰上阳光就迫不及待要沐浴。晒的不仅是身体，还有心情。其实在德国慕尼黑，解放身体文化（FKK，Freikorperkultur）一直非常的盛行，从 20 世纪 60 年代开始，英国公园就开始出现裸体晒日光浴的人群，但一直没有法律保护。自从 2013 年秋天该州禁止裸体日光浴的法律有效期满之后，慕尼黑掀起了一场讨论公共场合裸体是否应该合法化的热潮。近日，慕尼黑政府证实即将把包括英国公园在内的 6 个地点设为合法的裸体区。有超过 2 000 家酒店以及数量众多"裸体主题"的度假酒店，常年适宜的天气和温度。这里的裸体区非常的大，并不限制在海滩上，即使在一些街道上，你也可以自由裸体。没有那对裸体精神的崇拜和赞美更甚的地方，而法国波尔多则有著名的天体营，也是世界最大的天体海滩，将近有 100 英里长。但来这里你必须持有会员卡或国际天体联合会的认证，否则不能入内。在你的朋友们纷纷开始在朋友圈晒潜水证的时候，你有张天联会认证，想想也有趣。

欧洲人爱裸体不说，更爱在大自然里"自然"。据一项调查显示，近一半的挪威人时常或偶尔在卧室外的地方做爱。挪威百分之二十六的男人和百分之十八的女人喜爱在大自然里做爱。就算天寒地冻也浇灭不了这亲热的热情。

二、将裸露进行到底

统计表明丹麦有近五千公里的海岸线是裸体地盘，挪威瑞典更是有几十个裸体海滩。有次度假，正躺在海滩上，走来一个卖冰激凌的，买完后，他又问旁边的同伴，我这还有太阳镜，买副吧。同伴说不用，那个人请他试戴，看什么都方便些。说罢还会意地眨眨眼，冲着满场的裸体嘟了嘟嘴。这段后来被我们当作揶揄他的谈资。买太阳镜除了可以保护眼睛，更可以掩护地让眼睛吃"冰激凌"。不过只准看不许摸，也不能拍。

想起当年一则旧闻，中国旅行团中有人西装革履持相机进入某法国海岸著名天体浴场"考察"引发了比裸体者更多的注视，被评为最不受欢迎的行为。后来在伦敦看到一个节目，巡逻者发现在裸体海滩的偷拍者，会将相片调出询问当事人，若是未经允许的偷拍，则被带走，追究责任。所以要提醒，用眼睛感受就好了，入乡随俗，若要进入海滩，请"坦诚相见"。

再有裸不裸是我的自由，照或录你没有权利。

欧洲脱衣舞艺术大赛

我在欧洲参加过不少选美大赛的现场活动，俄罗斯校园美少女选美，法国小姐比赛等，受朋友邀请，做观众和评委的经历都有，最特别的一次，要算是那次欧洲脱衣舞艺术大赛了。

当天的决赛现场，我坐 VIP 席环顾四周，发现无论台上台下评委席都是美女。中场的现场观众最佳着装评选环节可见一斑，那气质不输王妃。不光是评委，在现场每人都有投票权。

这比赛再次印证我那句话，性感其实并不是裸露，而是恰到好处的遮掩。色情与艺术仅一步之遥。能把分寸与情调掌握好绝对是门艺术。来自世界各地的选手们将软功、杂技、焰火、芭蕾、特技、法国康康舞、肚皮舞融为一体的表演，让人满眼都是欣赏与赞叹，唯美与创意尽在其中。

最后来自意大利的选手夺冠，我猜是由于她加入的亚洲元素让欧洲人感到神秘与新鲜，一段中国音乐加上汉式长袖起舞弄影，搞得大家神魂颠倒，虽然有些甩袖动作并不到位，但胜在不同。

灵·感·性（情色性趣）·趣

红磨坊排练间的舞娘们

好友马修是法国著名的摄影师，为很多欧洲名人拍过照片，经常在巴黎及南方的城市办画展。一次他邀请我去他新开的摄影展做嘉宾。欧洲画展或摄影展往往在开幕前一天或当天都有一个小小的鸡尾酒会，邀请自己的朋友亲人或圈内好友先一睹为快，提出意见。有点像小范围首映式的意思。

在这次画展中，我看到了他为某著名的欧洲艺术团演出前拍摄的排练照片。作为巴黎最有知名度的演出节目，人们多数看到的是演员在台前精彩的美丽绽放，而这样穿着排练服的样子恐怕只有特殊情况才能见到。而舞台一分钟，台下十年功的道理在这张照片上一览无余。

后来有机会和演出团的经理成为好友，并邀请他和他的演员们为生日及其他活动出演助兴。从他那里得知，像红磨坊等有名的巴黎演出团体，对于跳舞演员的挑选极为严格，身高、年龄、三围都要统一，才能在舞台上带给大家美感与艺术享受。合同是聘任制，每年一签。在团里有严格的饮食及排练制度，保证每晚两场的表演质量。

红磨坊之前的当家舞娘练就一身好舞艺，可以一脚踢飞客人的帽子，踢得越高越准，小费就越多，就越出名。自夜总会建立以来，有很多舞娘出名，吸引无数客人一睹风采。

那闻名于世的法国康康舞最早是洗衣姑娘的踩踏动作，布鲁斯音乐起源于美国种植园黑人奴隶的劳动歌曲，性感的脱衣舞起源于一个舞女在寻找身上的虱子，后来发展演变而来。知道

这些你可能大呼意外。艺术来源于生活，高于生活。如今到欧洲到巴黎都要看看这曼妙的舞姿，特有的文化。而每每在台前看到这些姑娘们美丽的笑容，高难度的踢踏旋转，都会联想到这张照片和其背后下的苦功。

让内衣飞

　　也许你看过铁塔，却不会看到漫天飞舞内衣做衬的铁塔景色。此时那里有众多内衣抛出，原来是某组织为提醒女性对乳腺癌的关注而举办的活动。这幅年度获奖作品让我想起一次不经意走进的巴黎酒馆，撞入视线的是一排重叠放不下的各色胸罩，下面是吧台及忙碌的酒保。闪过 N 个念头"节日？噱头？展览？"点酒时不经意问："行为艺术还是失物招领？"法国那侍应生冲我眨眨眼："看来是初次来。我肯定里面没您的。应该说是战利品，她们跳舞快乐疯狂时扔向酒吧的，收集起来没人认领呢。"

　　噢，巴黎。

埃菲尔铁塔前一群飞舞胸罩引发的思考：1.原来胸罩功能不只是佩戴，还可抛向铁塔，扔向吧台；2.姐抛的不是内衣，是自由；3.胸罩扔了，离扔内裤还远吗？粉红色内衣协会下次会组织关注前列腺活动吗？就是会，我也一点不会惊诧。果然巴黎不久就有了宣传关爱前列腺活动。这次没有扔内裤，而是活动组织者到城市中心摸男人的敏感部位，以提醒人们对前列腺的关注。

这项宣传活动由三位女性完成，街头随机挑选男性并实施。不预先通知，每次摸完与对方握手再说明活动情况。被摸者年龄不限，国籍不限。有在街口看地图的游人，有刚从书店走出的老者，有正骑自行车的亚裔青年人，还有一对情侣中的男性，甚至正在表演的街头艺人。他们被摸后也反应不一，有羞涩躲避的，有大方配合的。有反摸组织者的，还有叫来同伴一起支持活动的。每次参与者在被摸后还捐出10欧元左右的善款以支持这项宣传活动。

对于每次活动，给我的感觉是，巴黎活动组织者的宣传创意只有你做不到，而且同时也未必想得到。

摸 在 欧 洲

不仅中国人喜欢摸寺庙的鳌头龙身图个好彩头，外国人也喜欢摸来摸去，增加运气。

欧洲也是不分男女老少齐上阵。布拉格查理大桥的那只小狗的身子，梵蒂冈大教堂那只耶稣的脚等，有来头的全都被摸得油光锃亮，引人注目。

摸圣人的脚可以理解，现实中被摸脚的可不只他。

英国议会下议院长久以来有一个习惯，摸一下前首相雕像的脚，会带来好运。当然也不是随便摸。新议员刚进议会或发表演讲前会摸丘吉尔，希望能有他一样的智慧。保守党议员去摸撒切尔雕像的脚。工党会摸自己党派前首相埃德礼的。自民党当然是摸劳合·乔治了。

这传统使得下议院大厅四尊雕像表面已出现了裂纹和小洞。于是议会不再给新议员介绍这个带来好运的秘籍。对于知道这个秘密的老议员也摸不到了，最近去时，我发现了一个围栏和新牌子——不要触摸。

这些是知道他们的故事，摸也摸得明白，还有些看到别人摸自己也去摸，或是看见那块发亮，一定要再去贡献一把，要不吃了亏。可怜维罗纳罗密欧与朱丽叶故居中，那尊美丽姑娘朱丽叶的铜像。

不知谁说的摸她的右胸会带来爱情和幸福。于是那右胸被摸得越来越亮，比左胸显眼很多，没有变大反而听说要掉了，最近听说严重损害，要重新修葺。

为了自己的幸福，快把朱丽叶的胸摸没了的游人啊，手下留情。没了幸福又没了右胸，原本就是个悲剧故事里的不幸姑娘，又增添了新时代的痛苦。

为什么受伤的总是我？

小美人鱼是被我撞见的。

那么小而且不起眼，不经意看就会错过，要不是身上的这些色彩让我多看了一眼才发现是她——可一点不像二十多年前妈妈出差回来送我的那个纪念品上的她。

小美人鱼总是受到虐待。20世纪60年代，她的头发被弄成红色，胸部画上了胸罩。几年后，头居然被砍了，寻找未果便给换个新的。直到20年后才被一丹麦作家在书中披露自己是始作俑者。再后来她整个人被搞下去掉到水中，一个半月后才爬上来。

所以下次问你到芬兰不是看见小美人鱼了吗，而是看见什么样子的她？

一样是雕塑，但却是两种境遇。比起芬兰的小美人鱼，比利时尿童小于连简直幸福多了，衣服天天换装，还有各个国家在不同节日，以不同名义送来新衣。由于总在被打扮中，在比利时，能看到裸体的本色于连倒是一件新鲜事了，这正好与小美人鱼相反。关于这个第一公民小尿童的版本有很多，有尿尿浇熄广场火苗，救了市民的英雄版，有说他顽皮在门口小便，仙子发现后用法力将他变成石像，警告小孩不随地小便的好笑版。

他如同堂吉诃德，在世界各地分身，被制成小纪念品，小鸡鸡还被弄成了启瓶器造型。人们看得最多的肯定是那巧克力店门口的雕塑，同样不起眼，一不小心就会错过。其实在城里另一处墙壁上方还有一个小女尿童，是小尿童女生版，原本是家餐厅噱头，但人气知名度不如小男孩。保留也算男女平等吧，或者说是一对儿小尿童。

我在比利时曾经出差一个月，利用周末，好好把这城看了一遍。发现它就是一座成人的童话之城。遍街丁丁历险记的涂鸦，还有小尿童的纪念品。最值得一看的是他们的博物馆，里面

有关于城市的介绍，还收藏了所有小于连的衣服，简直成了他的衣帽间，制成扑克牌也要好几副不重样呢。特殊假期小尿童会换上新衣，有时遇到节日，还会看到人群拼命上前争相饮尿，别惊讶，原来是政府将喷泉换成啤酒，颜色都一样，更像尿了，看那人们争相喝的场面，让人发笑。

欧洲的雕塑众多，造型各异，严肃搞笑，古典抽象的都有，比如一反常态的肥胖版亚当夏娃，罗丹的作品穿着睡衣的巴尔扎克等，大都分布在欧洲街头，街心花园，还有博物馆里。总能听到关于这些雕像的故事，比如说梵蒂冈大教堂的镇馆之宝——《米开朗基罗的圣母与耶稣》，手指被人砍断了，英国金融城市政厅的撒切尔夫人全身雕塑也被反对者破坏，受到了芬兰小美人鱼身首异处的遭遇。于是很多珍贵的雕像艺术作品，纷纷成了"套中人"——被玻璃罩套起来保护，以避免被无意地触碰或有意地破坏。而在俄罗斯新圣女公墓的斯大林夫人娜杰日达墓碑上她的头像也被罩起来，却是有另外的原因。

她是斯大林的第二任夫人。随丈夫上过前线，在列宁的办公室当过秘书，深知民间疾苦，与斯大林有不同见解。因为这些原因，娜杰日达内心非常苦闷，于"十月革命"15周年的次日自杀，享年31岁。苏联政府为娜杰日达·阿利卢耶娃举行了隆重的葬礼。斯大林只参加了与遗体告别的仪式，没有护送遗体到墓地，以后他也没有到妻子墓地去凭吊和扫墓，只是墓碑上留下了他的名字。据说许多参观者总是去轻轻地抚摸她的脸颊，于是为保护娜杰日达的美丽与纯洁，管理人员用玻璃罩把她的白色大理石头像罩了起来。

监狱式饭店与饭店式监狱

　　这是在英国牛津城开会时住的星级酒店。由原先的监狱改成，成了吸引人的噱头，也成为牛津城最有名的特色酒店。到这里感受不一般的监狱特色，你看它的外观与内景，那张小小的窗，还有走廊，无一不在提示它的特别之处。

　　而欧洲另一个国家有个地方——每天明媚的阳光从窗户洒进房间，干净舒适的大床让人完全放松。独立套间中不仅有基本的家具，还有独立的卫生间，可以上网。有攀岩墙，健身房，慢跑锻炼时还有美女教练相陪。你以为这是五星级酒店的客房吗？这是挪威叫作哈登的监狱套间，这所监狱还没有任何铁窗，狱方说是为让更多的阳光洒入狱房，同时为了犯人能够和家人过夜，监狱备了带两个卧室的套房，狱警安排一半为女性，据说可以缓解并减少囚犯的侵略性。

　　当然狱方也修建高混凝土墙，计算机也准备了安全防火墙。你还是不

灵·感·性·趣（乐闻趣事）

能相信这里是监狱，应该是个计算机总控室。挪威那个恐怖爆炸枪击案的制造者就在这里服刑21 年。这是挪威最长的刑期，这个国家没有死刑。建立这个奢侈的占地近 80 英亩的监狱旨在减少这个国家的犯罪率，百分之二十的重犯率比起英国的百分之五十以上来是低了不少。但仍有人质疑这比五星级酒店还舒服的监狱，会不会有人，为住而住呢？不过，北欧的监狱向来以人性化著称，伊拉克前总统萨达姆、前波黑塞尔维亚总统普拉夫希奇等在审判时，都曾表达过想去北欧监狱候审的愿望，正当美国墨西哥等国为监狱人满为患而发愁时北欧瑞典传出，"囚犯太少，监狱关门"的消息。

不管怎样，无论是挪威的酒店式无铁窗监狱还是牛津的监狱式铁窗酒店，都有特色，让我大开眼界。

帐篷风景线

一

场外这些帐篷不是在风景区的露营基地，也不是为音乐节的狂欢守候。而是为一年一度的温布尔登网球公开赛准备的。球迷为买到好座位，提前一周在外搭建帐篷过夜排队守候，长度至少绵延一公里，成为温网一道独特风景线。

过了夏至的城市仍不见夏的踪影，如同温布尔登的赛事，频频爆冷。

男单纳达尔首日出局，费德勒爆冷止步，女单五位世界一姐同日出局，是温网历史上最不可思议的一天，没有最冷，只有更冷，2013年的温布尔登变成"冷"布尔登了。

二

2010年的秋天，是伦敦的多事之秋。闻名世界的三大教堂之一的圣保罗教堂让旅游者们吃了闭门羹。原因，看看广场前的这些帐篷就明白了。

不仅如此，那周还有一些示威游行活动在金融街进行，与占领华尔街的活动遥相呼应。媒体上称之为，占领金融街。

灵·感·性·趣（乐闻趣事）

三

在欧洲和很多背包客露营者一样，自己也经常有居住帐篷的体验，有时还会搭在伦敦自家露台上看星星，学生时期自带的简易小红帐篷在美国国家公园的森林里出现过，在法国南部的小岛上搭建过，一次次的拆装重搭，技术也越来越娴熟，甚至黑夜中几分钟之内也能搞定。后来就把它送给第一次远行露营更需要它的师妹当个纪念。帐篷经历最难忘的一次是在东非草原，看到一排排已经搭好的帐篷旅馆，走进里面还有淋浴写字台，再掀开双层围帘——帐篷外便是动物出没的塞伦盖蒂，那晚的当空皓月和帐篷前的灯盏一直是我记忆中的明亮光点。

四

对于欧洲孩子来说，最开心的时刻莫过于圣诞节在树下拆礼物，除了圣诞节，还有自己的生日。长辈组织的庆祝生日聚会，请来亲朋好友，和孩子的小伙伴们一起见证。参加干女儿的生日聚会，帮她一起拆礼物，她一一展示并向送给她礼物的人鞠躬表示感谢，可爱极了。要问哪个最喜欢，一定是那帐篷，你看，刚拆开就支好钻了进去，和小伙伴们玩得不亦乐乎，不愿出来。

英国皇室最不愿意去的地方

　　这里有戴安娜王妃和他情人多迪的纪念碑。这座伦敦最有名的商店曾是多迪父亲的产业。在他俩遇难后，就在地下一层开辟了这样一个角落。将他们的订婚戒指和信物展列，供凭吊他们的人来访。也许正是有了这些，据说成为伦敦现在英国皇室最不愿去的地方。

　　这家商店历史悠久，1889 年英国第一部自动扶梯就装在这里。当时英国人对这先进的东西紧张，不敢坐。商店想出了一个办法，给每人一杯白兰地！壮胆了。虽然现在没有白兰地送了，不过最近又搞了一个寻宝活动，找到有香槟送，那天我去，什么也没有，不过有现场歌剧。一位歌剧女演员在楼上开唱，与周围埃及复古式风格非常搭配。

欧版关公战秦琼

相声艺术大师侯宝林有个很有名的段子叫《关公战秦琼》。这样的故事在欧洲的街头也时有发生。这不穿越时空，中欧名人相会在现实中。旅游者总会看到街头艺人表演时的常态，我还经常看到他们上岗前的换装态，回家路上的生活态，古人莎士比亚与哥伦布打招呼致意的穿越态……

不仅如此，中国龙，大红狮子从中国舞到欧洲，从巴黎舞到伦敦，而且是洋人在舞。看冬日里身着少林拳字样短袖衣衫，手持长棍的洋人舞狮，是另一种感受。

每年伦敦中国城都有舞狮活动，舞狮队伍在城两边的商铺店家一一做表演，后面跟着忠实的粉丝队伍，拍不够，从一家到另一家，队伍越来越大，壮观极了。不得不出动警察来维护治安。

饭店楼上正在用餐的客人也会起身站在窗口拍照，天时地利，而且好彩头。我正好还加个人和。饭店老板邀请我进门从里往外拍照，角度更好。只见老板把一棵白菜用红纸包好，然后外加一个红包，放在门口小凳上的盘子中，有的会悬在门上，等舞狮系列动作结束后，最后狮口一张，收入腹中。

刚走了一个洋人舞狮队，狮子眼睛还是荧光的。老板招手叫我回来，指着即将到的下一拨让我接着看，不要错过下队舞麒麟。白色麒麟是中国客家的吉祥动物，有特殊意义。老板小时在家乡过年总看，如今在外打拼，春节又见到，分外亲切，一眼就认出了。对我说，一会儿，他将会让麒麟舞进大堂。果然，好不热闹，当麒麟舞进里面，英国人哪里见过这架势，全都掏出相机，看呆了，一面喊着，太幸运了。太美了。

与中国有关

一、挪威机场的中文诗

The winter may pass and the spring disappear

And the spring disappear

The summer, too, will vanish and then the year

And then the year

But this I know for certain, that you'll come back again

That you'll come back again

And even as I promised, you'll find me waiting then

You'll find me waiting then

Yes, even as I promised, you'll find me waiting then

You'll find me waiting then.

——Henrik Johan Ibsen

这是作家易卜生的诗句,在挪威机场的我看到中文版的译文后,回来查的。只短短几行译文,不禁感叹中文的博大精深,怪不得挪威人民舍近求远了。不仅这篇,欧洲非常受欢迎的英国女歌手阿黛尔的成名作 *Someone Like You*,也被翻译成中文,受到热捧。

I heard that your settled down。已闻君,诸事安康。

That you, found a girl and you're married now。遇佳人,不久婚嫁。

I heard that your dreams came true。已闻君,得偿所想。

Guess she gave you things, I didn't give to you。料得是,卿识君望……

那韵律与节奏感,简洁而深情,为歌增色不少。每每看到这样的作品,都会为自己国家的语言而自豪。

中文被评为世界未来使用得最多的语言前三名，现在周围英法同事的很多小孩都选择了中文作为第二外语。导师的儿子中文成绩好还被选拔到香港去实习。一些英国的小学还即将开设中文，同时中文诗句和文化也受到了欧洲人的喜爱和研究，诗词讲座展览参加的人很踊跃。好友克里斯汀经常发来法语版的中文诗词，和我探讨，他说中国诗人中最喜欢王维，因为诗词有画面感。

新结识的朋友也会对我说，他家里有会说中文的成员。那天在伦敦英文问路，回答我的小伙子一口流利的京腔，吓我一跳。

二、欧洲街名叫中国

无论是洛桑奥运体育馆的中国武术刀，还是海边小城墙上的中国茶壶，异国他乡每每碰到有中国元素的新闻或图案我都会格外留意。有天法国好友邀我去一个地方，上了车也不说是哪里，神神秘秘说给我个惊喜。左拐右拐到了目的地。他对我说，你了解很多巴黎的街道，但你不一定知道这里。带你到这条之前并不知道它存在的街道，作为一个中国女孩，很有意义。那天我发现后，回去我还查了伦敦街名，好像没有。看来这是唯一的呢。

我抬头一看，发现这条街叫作 Rue De La Chine——中国街。

这条街并不在中国城，也不好找，但却是以中国来命名的，巧的是街名下方就有一家中国餐厅，与这街名相互印证，也不知道是先有了谁？

后来我就留意，在巴黎还看到了北京胡同，在另一个资料里见到——位于法国阿尔贝市北部还有条以天津命名的街道 Rue De Tien Tsin。那是在"一战"德国占领期间，城市遭到严重破坏。天津人民自发为饱受战争摧残的欧洲募捐，超过两万人在大街小巷声援该运动。为表达对慷慨相助的天津人民的感激之情，阿尔贝市便于 1920 年以天津命名城中的一条街道。

圣诞奇遇记

一、2012 那天警察开道

圣诞节当天，很多人到巴黎圣母院祷告。我在外面陪朋友游览，突然听到一阵喧闹，看远处警车开道，一路仪仗。同伴兴奋地说，一定有外宾，要不是总统来讲话？我太有眼福了。

我猜是主教，往这赶一会儿要演讲呢。正巧遇上红灯我拽着同伴从教堂门口赶过去。看到由女警组成的车队仪仗整齐分列两侧，人们已围得水泄不通。警察们虽戴头盔，却含微笑，你猜不到主角。

突然空下一块儿，低头一看居然是坐在警车摩托车头的圣诞老人。他穿着红红的特有装束，慈爱地和每个围上的人握手，到我还用中文问了句圣诞快乐。原来警车开道的不是总统不是外宾亦不是主教，而是圣诞老人。

他就那样胖墩墩地塞在里面，没有挡风玻璃，没有御寒措施。在圣诞清晨沿路迎着冬风，像太阳般温暖了每个幸运见到他的人。没有钻烟囱，也没有驾驯鹿。由可爱的法国警察来实现。

为我们带来了今天的主角，将童话变成了现实。

二、圣诞老人的困惑

有时候面对着欧洲的房顶，大大小小，高高低低，整整齐齐，排排罗列的烟囱。我在想，每年圣诞时分，圣诞老人一定为从哪个烟囱口进入而困惑纠结，又黑灯瞎火的，平添难度。对于欧洲房顶的烟囱，他一定有本指南。

三、圣诞老人不是那个圣诞老人

西方过圣诞节，有一个习惯。除了自己家里照张全家福，还会带孩子去跟圣诞老人拍合照。

曾经有一个德国男人找出从自己刚出生到 30 岁有孩子时的与圣诞老人合照的相片，在网上展出。一个循环，一个习俗，自己的容颜已变，圣诞老人也不是那个圣诞老人，可是习惯还是那个习惯。照片还是一如既往地到时去照，从未改变。

长大后到欧洲生活的我没有这个习惯，但遇到圣诞老人，还是会觉得很开心——在巴黎商店门口，在芬兰圣诞老人村里，在滑雪场的雪道上，甚至在火车站台上。最有意义的是在马耳他的巧遇，当时正值圣诞前夕，邮局关门时间不固定。想给朋友们寄的卡都写好几天了，却总是

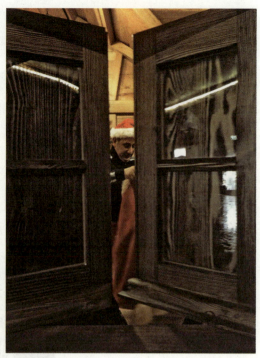

没找到开门的邮局。后来有人告诉我，小城中间有家圣诞老人邮局，可以寄。于是我早早去了，还是闭门羹，这次是没开。透过窗户看到一个大鼻子男人正在穿刚送去的干洗外套，红艳艳的，原来他是圣诞老人。没过一会儿，营业了，门一开，我就进去找邮箱。

圣诞老人招呼我过去照相，他一定不知道我看了他刚才变装前的样子。工作人员也帮我照了一张，打印了半天，装好递给我时说，抱歉让你久等，因为我们还不是很熟练打印器材，这是第一天圣诞老人邮局开业，也是马耳他国家第一年举办这个活动，你是第一位顾客。不小心成了马耳他国和圣诞老人合影的第一人，这照片我要好好留着。

想想圣诞老人，他们是每年只工作一天的人，却是世界上最受欢迎的人，原因很简单，他们给别人送去惊喜，带来欢乐，向他学习。

裸骑在英伦

一、亚当，去哪儿

2013年有意思，西方的情人节我在中国度过，传统的中国七夕那天我正巧在伦敦。刚出来看到一群接近裸体的男人从远处骑来。欧洲人崇拜天体，穿上衣服也要和没穿一样，这组还挺幽默。白的穿粉的，黑的也挑个靠肤色的棕，然后如亚当般还画片树叶挡上。

正巧赶到一处红绿灯，我问，这是去哪儿，听意思是赶去参加一个活动。没好意思再问，难道是七夕节，亚当们集合，组织欧洲牛郎在过节？

二、将裸露进行到底

出门一下子碰到伦敦每年6月举行的一年一度裸骑自行车活动，之前听英国的同事告诉过我，我表示怀疑，美国波士顿还有圣诞节裸跑，也一样该穿的都穿着。

没想到，今遇见了，还真是这样，一点不打折扣，毫不遮掩，唯恐穿多了违反规定。有意思的是，有些参与者戴上了头盔，保证行车安全。才不在乎身体，难得出太阳，又运动又游行又晒了肤色，一举多得。

骑车的队伍浩浩荡荡一眼看不到头，起码有几百人。大多数人一丝不挂，把鞋子和背包绑在车上。有很多人用的就是鲍尔森自行车。自行车的速度不快，大家边骑边聊，有说有笑，就像是在 6 月正午温暖的阳光下出去郊游。路上的行人惊讶之余都纷纷掏出手机和相机拍起照来。这世界裸骑单车组织是由英国人创立的，风靡世界，主旨在抗议当今社会过多依赖汽车对环境造成污染。

今年裸骑除了环保，提倡自行车出行，并呼吁政府尽快健全自行车道，保障自行车人的行车安全。说到这点确实，荷兰人，骑自行车的荷兰人更幸福。我在那里看到了专门为骑自行车上班的人提供的红绿灯按钮，和行人的一样，只不过按钮上面画了自行车标志，而且高度也是专门为骑车者考虑周全的。相比起来，伦敦没有自行车道，因为之前更多人把它当运动而做，而近几年得到大力提倡。我目睹了几次事故，其中一次是因为自行车在机动车道穿行，被撞开很远。这修道的倡议很有必要。可是有必要这样兴师动众，赤裸裸吗？

组织者回答我，不这样怎能引起重视，裸骑只是一种手段，让大家关注，引起重视才是目的。果不其然，没过几日，看政府首相表态了，要在不久的将来，完善自行车道路建设，保证骑车安全。预计这个项目要在 20 年内完成。

20 年？太长了。看来明年的裸骑活动还会继续……

车趣

一、骑士篇

欧洲街头时不时还会来个时空的穿越。

一个头戴贝雷帽,脖系丝巾的帅哥像从电影海报里直接驶出来的。

一名像是古代炼丹大师携宝贝去参展,感觉这脚下不应蹬车,应是驾祥云才对。

西方人生性好动,不喜欢囿于一地生活。在周围生活的人们都来自四面八方,不同地域。吃饭时问他从哪里来和故乡在哪里,或是出生地在什么地方,答案绝对不是一样的,更别说曾在哪里工作过。他们喜欢游走,经历丰富,向生活不断索要新鲜和刺激。

而且,国外车的普及率相当高,拥有车并不是身份地位的象征。在整个国家的日常生活中,不论穷富,无论老少,不分职业,都是建立在汽车轮子上的。而中国的留学生到这边来,只要有需要,也会在不长的时间里购车。法国家庭里一家人有几辆车是再普通不过的,就好像我们一家有几块手表一样。

所以说,国外是轮子上的国家。而且有这么多各类骑士花样百出。自己享受乐趣的同时,又制造出快乐带给更多人以享受。

二、坐骑篇

　　城市街头经常会看到非常意想不到的场景，其中各类有趣的车，就是最常见的。说是最常见的有时也不尽然。实际上都是不多见的各类车，五花八门、别具一格。

　　比如伦敦街头全身黑丝天鹅绒的法拉利；像变形金刚一样的五彩跑车；比利时一辆副驾上载着一具端坐微笑的骷髅骨架的敞篷车；荷兰街上可以直接伸入垃圾桶吸尘进行清洁的环卫车；卢森堡街边时常举办汇集展的众多名牌老爷车；巴黎旺多姆广场附近酷酷的摩托车；摄政街商店内悬于高空正中赚足眼球的方程式塞车；在奥地利沿途看到的农用拖拉机车，还是兰博基尼牌的……说是街头，所以这还不包括欧洲各大车展上看到的酷车。巴黎香街上常年展出并经常替换某品牌的概念车，让所有爱车的人流连忘返。那车里还有椅子，车外还有洗涤注意事项——不能熨烫……当然也别忘了这些欧洲可见到的原本可驾驶如今只可欣赏的坐骑们……

　　想当年，苏东坡的词里说他自己是"老夫聊发少年狂，左牵黄，右擎苍，锦帽貂裘千骑卷平岗"。假如老先生如今还在，恐怕"千骑"要换成"千乘"了。若是再看看欧洲这些形态各异的洋车，不知会有什么新的感受。

　　车轮滚滚，不仅推动着经济的发展，满足了人们生活的需要，更承载着历史的变迁，也符合时代的节奏。而我们的生活半径由于有了车轮而变得无限延长。我们的生命距离由于有了车轮而变得更加遥远，我们的日常生活由于加了创意而变得更加有趣。

锁桥非索桥

> 桥上本没有锁，锁的人多了，也便成了"锁桥"。
>
> ——题记

巴黎塞纳河上的桥几十座，每座都不同，好友曾逐一拍过每一座，每一个细节。

每座桥都有故事。那座名叫新桥的，实际上是最古老的。新桥之前巴黎的桥都是有屋顶的，商贩在桥内两侧做生意。而新桥打破这一传统，开放式的桥体在完工后还一度引发了争议。现在我们看来很平常的事情在那时就是新事物，新既是年代又是创新，而能保留到现在更是新的奇迹，名字一直未改，成为了最古老的新桥。而那座艺术桥现在成了人们聚餐最爱去的地点，艺术家没那么多，倒是警察走来走去，检查聚餐的人不可以在桥上带玻璃瓶装的酒，以防危险。艺术桥的栅栏在我们常聚餐的2009年，几乎没有一把锁。后来不知谁挂上了第一把锁，然后就慢慢挂满了整座桥，现在慢慢延伸到了桥的

侧面。以至于人们现在不是去聚餐，而是去看这些锁。这是同一个地点三年间的变化。锁比桥更出风头可能是建桥者当初没有想到的，锁的重量，爱的愿望，日积月累使桥栏竟达到了几只大象的体重而且逐渐让桥身"不堪重负"也是情侣没想到的。这座铁桥位于塞那河畔，始建于1804年，在两次世界大战期间遭到德军轰炸被毁，最终在20世纪80年代得以重建。来到这里的游客，在把锁固定在桥上后，会将钥匙扔河里表示"忠心"。欧洲人在桥上拴锁的传统始于20世纪初，以纪念在战争中阵亡的情人，人们将这个传统保持至今。现在，很多桥梁因此不堪重负，存在重大安全隐患。由于挂锁的人太多，而桥上空间有限，为了能把自己的锁放上去，很多人开始变得异常疯狂，他们往往要冒着危险爬到更高的地方，或者探身到水面上才能完成"任务"。

　　从零星几把锁到满锁缠身，挂不下了怎么办，正在奥地利旅游的女友告诉我维也纳也有这样一座锁桥。后来在伦敦，在德国，都看到这样的情形，那天看见英国泰晤士河畔也被锁上了几把精致的小锁。一个英国姑娘锁完后还在细细对焦留个纪念。这些情侣将爱锁定桥身的做法渐渐传遍了整个欧洲，它们的区别只在于锁的数量多与少，它们的名字有个共同点，都叫锁桥。不过，随着越来越多情侣将"同心锁"系在桥上，巴黎那座桥终在6月8日晚间发生部分垮塌。幸运的是，没人在本次事故中受伤。看着清洁工人用大桶一箱箱抬走卸下的锁。也不知艺术桥是否可以和其他城市里的锁桥一样，继续"不负重托"，屹立不塌？

纵观观众

在欧洲参加大大小小的节庆活动，艺术展览。每次我拍摄活动中有意思的图片时，纵观那些和我一样的观众，他们也是一道风景。

一、女王摄政 60 周年庆典众生相

2012 年对于伦敦是个特别的年份。奥运会、女王生日庆典、登基 60 周年庆典，一个节日挨着一个节日。大街上总是飘扬着庆祝不同节日的条幅和一直没摘的英国国

旗。年轻人脸上的油彩刚擦掉又画上，将英国国旗女王头像都往身上戴。为了观看泰晤士河畔的千船表演，人们纷纷想出高招，登上红绿灯柱子的，用双层望远镜看的，好不热闹。

二、没有眉毛的蒙娜丽莎

说到卢浮宫是看三个残缺的女人——没有眉毛的"蒙娜丽莎"；没有胳膊的"断臂维纳斯"；还有没有头的"胜利女神"。当然这是戏言，三个女人在艺术史上地位极重，以至于让每位游客到达之后都迫不及待地想要一睹芳容，卢浮宫宝贝那么多，却好像都是给这三个女人站岗放哨一般。

你看那一进去的地图，随处可见的指路标记，还有各国的语言翻译，都将目标指向她们仨，极大地方便了世界各地的游客，哪怕你只待上一会儿，也不会错过这镇馆之宝。《蒙娜丽莎》从一开始没有任何保护，到罩上玻璃罩，围上防护栏，再到限制停留时间，不准用闪光。看着她这些年一步步的保护逐渐变化。而前来参观的人却从来都是一个姿势。双手举着照相机，左拍右拍。有时拍他们也挺有趣。而蒙娜丽莎即使没有眉毛，也胜过红毯上任何一位明星，这么多年来，不用换发型，换妆容，不用换衣服换姿势，甚至不用换表情，她那神秘的微笑就一直是焦点，一直被拍照，被无数不同国家不同肤色不同年龄不同性别的粉丝们凝神关注。

互拍之乐

一、欧洲狗仔队

欧洲是旅游胜地，在这里度假的名人们也很多，常常在咖啡馆，在海滩边会碰到。难拍一点的，记者们就蹲守在其住处旁，活动范围内。法国总统、英国王妃、意大利球星、明星政客都是他们镜头的目标。之前法国总统的情人就是被八卦杂志曝光后，总统支持率还上升了。但随后加耶对杂志提出刑事诉讼，理由是该杂志1月17日刊出的一张加耶驾私家车的照片，侵

犯了其私生活隐私。因为私家车被视为私人空间，走在马路上你可以随便照，但在车里就侵犯了私人空间！可惜同在巴黎车内被拍的另一个名人——英国戴安娜王妃，连个申诉的机会都没有，便香销玉殒在狗仔队追逐的巴黎地下隧道中，那刻的镜头分明就是枪口。

没隐私空间不愿意，没爆料新闻则不火。好的彼此成就，不好的就相互伤害。明星与这些拍照者的关系也很微妙。西方人注重隐私，但难免会被记者摄影师拍到踪迹。这次他们拍别人，我拍他们。

二、动物保护组织示威抗议

在欧洲穿皮草可得小心，倒不一定会像影片《欲望都市》中，直接被抗议者泼油漆，但一定会以他们的方式对待你。所以欧洲皮草多为仿制，而且衣服上一定会注明不是真动物的皮毛，人们才敢买，穿上后遇到质疑的目光，赶快翻出小标签做证，以示清白。

在意大利街头，看到一对穿真皮草的夫妇就被动物保护组织盯上了。这些抗议者举着牌子，跟着他们走，以作无声的抗议。虽然什么都不说，但包括我之内，所有人都明白怎么回事，纷纷拍照。我能体会那对夫妇的感受，天又冷没法脱，花了大价钱但在欧洲此刻穿着倍感耻辱，后面还有注释的牌子。最后那位男士非常尴尬，也举起照相机对拍抗议他们的人。就是这一幕。

三、活动之趣

巴黎塞纳河边的一个展览上，金发美女对这组中国小伙子产生了兴趣。而泰晤士河畔的伦敦南肯辛顿区也有这样的趣图，那里总是很热闹，有接连不断的文化活动，似乎一年365天都有不同名义的活动。有次越南好友邀请我去参加他们春节的活动，有表演，有小吃。还有互拍，然后有被我捕捉到的美女。

四、返欧前的藏区寺院留念

给藏区寺庙喇嘛学生们上完语文课，又讲了欧洲生活的见闻。临别前，扎西尼老师提议帮我在学校的操场上留个念。然后有了这个互拍镜头。

跋——写的乐趣（后序）

写作于我是一种乐趣。

每次结束工作，或是在异国旅行，总忍不住写些文字。在这次写书整理照片的过程中，我看到了一些特别的留念，比如在挪威峡湾的山谷中，在瑞士滑雪的旅馆里，在巴黎咖啡馆萨特和波普娃写作的桌椅前，都有我写作的状态——那是同行伙伴的抓拍为我留下的回忆。记不清当时写的文字，但心情一定是快乐的，如同每次提笔，每次按下快门，目的无非一个——留住美好与感动，将瞬间变为永恒。因为那些瞬间，经历时没什么特别，回想时笔下已万语千言。

每次旅行给我的感受都是不同的，有人说旅行是为了看未知的美丽，我想更多的时候是在远方的风景中重新找回了自己，认识自己——如同镌刻于古希腊德尔菲神庙上的那句铭言。所以说旅行的意义对于我而言，不是要拥有去过的更多地理坐标，而是那归来沉淀过后具有的更开阔的眼界。人们常说生命本身就是一场旅行，而旅行也是浓缩的生活。那些爱旅行的人的生活密度要比别人更高些，而且还会越觉得生命短暂，时间不够用，如同智者，知道得越多，越明白不懂的地方更多——知识无限，世界无边。人生就是不断地出发，到达的都属于过去。在路上，见识世界。于途中，看清自己。

生命于我，还是一个失去与收获的过程，失去时间，拥有经历。在不断失去又不断拥有的过程中逐渐成熟，慢慢长大。然后继续前行，让每一天都过得值得书写。这本书的完成既是永远留住，也是纪念失去。

记得快完稿的时候，我最重要的那个硬盘出了故障，一些信息提取不出来。朋友们以各种形式帮我解决，一直关注书的进展。在此感谢靖儿、崔鹏一家、聂浩、大树、禹铭、张婷、向荣、谢意、林自场、洋洋、张黎、小川、万徽、翟志勇、ChaiChin、Mathieu、Simon、吴刚、八月照相馆、宋洋美术馆、山的那边设计大咖等众多伙伴的支持与帮忙，还有为此书作序的大英博物馆馆长 John 勋爵和欧盟首席经济学家 Philippe。感谢读过我的文字便做出约稿出书决定的编辑们，和那些为书成形出版辛勤工作的所有幕后人员们，有了你们的鼓励与辛劳，才能让这本有意思的书如期与广大读者见面。

最后特别感谢生我育我的父母，他们总是我的忠实听众——无论是来到人间的第一次啼哭，还是异国求学工作期间的越洋长途，他们几乎没有错过我成长的任何瞬间——喜悦与挫折，成功与低谷。他们的角色又不仅仅是我人生的听众与观众，更如同所有我爱的人和爱我的人一样，会及时给予我鼓励与指正，让我在前行的路上更有信心和力量。如果说还有些欧洲的生活重要时刻被错过了，那么希望这本书的内容可以弥补这些遗憾，透过它看到了这些异国日常生活中的景象与精彩。

记得梵·高曾说"我梦见了画，然后画下了梦"。我说，我在现实中感受到了这些画面，然后把它们记下来——是为欧洲洋相。

有意思的是，有个创意也是在一个伦敦雨夜梦到的，醒来这个面孔便清晰起来：把我长居的双城——伦敦及巴黎，加上比萨斜塔等其他欧洲城市组合，再将各城地标性建筑巧妙嵌入其英文名字中，然后搭配协调——罗马斗兽场为帽，比萨塔斜成烟斗，家窗外的埃菲尔铁塔是顶直的鼻梁。点睛之笔是被称为伦敦爱（London eye 的谐音）的摩天轮。用伦敦眼代替伦敦英文字母 O 做眼镜，我也画下了它的模样。于是有了这个欧洲洋相图画。这是我对欧洲城市的独有创意。

在我看来，每个城市都是有表情的，对准初识的城市轻按下的相机快门如同泛泛的点头之交，镜头记录下的往往也是早已设计好的完美妆容，那如出一辙的客气面孔；而亲密的挚友之交的区别就在于城市这不断出现的隐秘表情与窃窃私语——而这正是我愿意与你分享的"悄悄话"。

你可曾留意法语中的嘴唇（Lèvres）与书（Livres）就是一个字母之别。每次书页翻合犹如唇齿相碰，向你娓娓道来我经历过的欧洲故事，希望读到此处的你已感到了同样的乐趣。